播音主持艺术
系列教材

XINWEN
BOYIN SHIWU

新闻播音实务

《 李强 / 著

中国传媒大学出版社
· 北京 ·

序

过了八十岁，除了必须的社会公益活动，总想歇歇了。所以，昨天快递员送来的李强厚厚一袋书稿实在令我望而生畏。

李强是我在天津师范大学国际女子学院教学时2002级的学生。在我的印象中，他是个好学多思、经常找我切磋提问的学生。2004年，我辞去了女院的教学工作以后，很少与他再联系。后来，他告诉我毕业以后去了湖北黄冈做了专业教师，我当时很为他自寻寂寞、面壁修炼的抉择捏了一把汗。然而，几年之后，李强在繁忙的教学间隙，竟成此几十万字的大作，其对播音主持艺术的热爱，苦心孤诣的求索，着实令我钦佩，同时也感到欣慰。面对书稿，在这溽热的中伏天，我突然觉得它似深山里的一股清泉，给我送来清凉的惬意。

从2002年我在天津师范大学教授李强播音课程之日算起，已过去十余年。今日他已成长为一名高校播音主持专业青年骨干教师，在湖北开辟出自己的工作天地。

前些日子他打来电话，请我为其撰写的《新闻播音实务》一书作序，顿感后生事业希望之所在。翻阅这本教材，我仿佛看到了教授李强的每一个场景。他出生于三晋大地龙城太原，学习播音专业勤于钻研，尤其对新闻播音和小说演播情有独钟，课余休假之时经常请教我相关专业问题。记得有一次他和同学一同来我家作客，还拿着一本专业书和自己录制的作业磁带请我指导点拨。

天津师范大学国际女子学院自开办播音主持专业以来，非常重视新闻播音的专业教学。我们和北京广播学院（现中国传媒大学）蔡乃雅、高蕴瑛等老师共同编写新闻播音的相关教程，倾注了全体国女人的智慧汗水。时至今日，二十余载已过，作为天津师范大学播音主持专业的品牌课程，新闻播音始终焕发着勃勃生机，形成了天师新闻播音专业教学的规范化、系统化体系框架，为兄弟院校所学习借鉴。在我们的邀请之下，中央台于芳、金锋，天津台郑晖、何佳，山东台朱山，都曾为我们的学生讲授过新闻播音的相关课程，从理论和实践层面传授了丰富的专业知识。我想，李强能够在教师岗位积累教学经验，写出这本教材，在相当大的程度上是得益于大学所学所思所感的。即使在毕业走上工作岗位之后，他还经常通过多种方式请教老师专业教学问题，尤其在新闻播音方面思考颇多。他将自己对此方面教学科研心得所感写成一篇篇学术论文，发表在多种核心期刊上，他还带领学生参加全国、省市播音主持专业竞赛，积累了专业实践教学经验。理论和实践两个方面的不懈探索，使李强于今日写成这本教材。我相信他会在这条道路上走得更远。

《新闻播音实务》从消息播音、通讯播音和评论播音三大板块入手进行讲解分析，脉络清晰，思路明确，有较强的指导性和实用性，理论知识基本涵盖了有声语言表达的知识范围，尤其贴合新闻播音相关的理论内容，在播音实践方面，例稿和练习材料的选取注重与理论知识的承接性，为读者增强播音实践能力。

千里之行，必须脚下一步一个脚印地跋涉。治学要严谨，来不得半点的自满和虚妄。李强如今取得了可喜的成绩，但要百尺竿头更进一步，必须广学博采、兼收并蓄，更勤奋地充实自己。

谨以此共勉。

2015年8月9号于天津

引 言

“问渠哪得清如许，为有源头活水来。”科学知识的深入探究，需要我们有勤于钻研的恒心和敢于质疑的勇气。在播音主持艺术的探寻追索中，同样需要我们秉持这种科学研究的精神与品质。在本书的撰写过程中，我细致梳理了新闻播音主持的相关文献资料，阅读了诸多前辈的学术著作，这使我深切感受到新闻播音的理论深度和实践广度，建构起关于此书的理论与实践分析要点。

基础性——播音主持艺术的起始点

记得2009年暑期笔者在中国传媒大学参加全国高等学校播音主持艺术专业青年骨干教师高级研修班时，张颂老师曾说过，新闻播音是播音主持艺术的起始点和原动力。结合这些年的教学工作积累，我深切感受到张颂老师的话是如此意味深长。因此，我在撰写这本教材时着重强调了此点，加入了许多语言表达技巧的基础知识，能够使学习者在阅读中“温故而知新”，在扎实的知识铺垫之上对新闻播音有更为清晰完整的学理认识。

规范性——用声用情章法的精细点

新闻播音是考量播音员主持人从业能力的重要尺度，这其中包括用声和用情两方面的精细点把握。笔者在撰写中注意到这两者的内在逻辑关系和外在表达样态，突出了自然畅达、稳健持久、贴切平和的表达特点。在理论知识的分析中，着重探寻用声用情的理论原始点以及与此相关联的理论延伸点，将胸腹联合式呼吸作为用声之要点，将因稿而异的情感外化作为用情之要素，有序达到两者交融提升的理论高度。在实践表达的阐释中，侧重对不同文体播音的具体解析。消息播音、通讯播音和评论播音各有表达要求和表现形态，掌握这三者的共性与个性是播音能否做到精细化的关键。它们的共性在于语言平实自然，毫无矫饰；合乎逻辑，有序推进；疏密相间，错落有致；愉悦身心，开启心智。而它们的个性在本书中有详尽分析，这里不再赘述。

系统性——文体语体运用的核心点

在有声语言表达中，我们追求不同文体与语体运用的和谐生动境界。在规范性中，我们谈及了消息、通讯和评论这三种文体的表达特点与要求，那么不同语体，如叙述、描写、抒情和议论又该如何综合运用于新闻播音之中呢？叙述的核心点在于流畅自如，平实亲切，无浓墨重彩刻意雕饰之感；描写则要求我们首先设定情境，在精细化情境中进行细微具象的语言处理；抒情是感而不过分外露。过去我们强调新闻播音感而不露，然而随着时代的发展、受众的需要，新闻播音用情应形成因稿而异的情感不过分外化的表达形态。议论则要求语言有力，归音干净，节奏鲜明。

基础性、规范性和系统性是新闻播音的三大特性，是有效推动播音主持艺术科学发展的不竭动力，学习者在使用本教材中应注意此点，在工作实践中也应将其贯穿始终，在生动具象的语言表达中达到信息共享、认知共识和愉悦共鸣的创作境界。

目 录 *Contents*

中编　通讯播音

下编　评论播音

上编
消息播音

第一章 时政类消息播音

第一节 时政类消息播音指导

新闻消息是一种记叙性文体，属于新闻报道的范畴，人们通常也把消息叫做新闻。广义的新闻包括了消息、通讯、特写、调查报告、评论等多种报纸体裁；狭义的新闻就是指“消息”。时政类消息是新闻消息的重要组成部分，集中报道党和政府有关方针、政策的贯彻实施，党和国家各级领导工作信息，国际社会最新发展动态等，传递着关乎国计民生的重要信息，更肩负着上情下达，下情上达的使命。

消息播音是提升播音主持专业素养的基础环节和关键要素。当前，随着新媒体技术及传播理念的不断更迭，播音主持工作的内容和形式发了一些变化，这更需要我们认真学习消息播音的基础知识，锤炼播读基本功，这样才能夯实播音主持专业根基，取得专业发展的不竭动力。

时政类消息播音具有依据事实展现社情、鲜明醒目简短精粹、传播快捷讲究时效等表达特点，将社会发展中具有代表性的时政事件通过广播电视媒介传播给受众，涉及时事政治的方方面面，有着传播面广、受众人群复杂等特点。消息报道的时间性要比其他新闻体裁都强，而消息播音语速快慢则成为传播快捷性的生动表现，直接影响到受众对消息内容的理解。时政类消息播音通过事实说明问题、影响受众，具有针对性、思想性和指导性，有组织、鼓舞、激励、批判和推动的作用。在播读时政类消息时具体可从以下几点把握：

一、深度解读稿件内容，积极挖掘稿件主旨

消息报道以其快捷、全面、立体和动态的传播特性成为众多文体中最为普遍和常见的传播样式。在时政消息播音中，更应将事实性、时效性等作为重点加以深度解读。

1. 新闻事实——多层面加以剖析

事实性是新闻消息的基本属性，脱离了事实的消息等同于空中楼阁。可根据稿件内容和形式采用抓主题、找缘由的方法来进一步明确新闻的事实性。可在通篇浏览全文后由内而外地抓住新闻主题，明确宣传主旨，进而找出新闻事件发生的原因所在，这样形成事件客观、真实的发展脉络。消息报道紧密结合所处时代特点，将具有代表性的新闻事件传播于受众。这里涉及广义备稿，播读者不仅要对我国社会经济发展动态有较为广泛而深入的了解认识，同时要对我国政策、方针、措施等有一定理解，这样才有助于对上情和下情的充分把握，在播音中也会自然真切地将其表达出来。

2. 稿件主旨——多维度加以解读

稿件传播主旨的有效挖掘对于消息播音而言亦有着重要的实践意义。稿件主旨是消息内容的核心所在，统摄消息的每个部分，体现着消息的时效性和影响力。挖掘稿件主旨，首先应通览全篇稿件内容，认真找出该条消息中的“5W＋1H”，明确消息的基本结构和主要内容；其次，结合当前社会发展实际，准确把握时代脉搏确定稿件中心思想；最后，科学运用气息，充分调动丹田之气的支撑作用，以实声为主，让受众感知到稿件主旨的传播价值和社会意义。

【例稿 1】

原文	分析
当地时间9月5日，国家主席习近平在圣彼得堡出席金砖国家领导人非正式会晤，同巴西总统罗塞夫、俄罗斯总统普京、印度总理辛格、南非总统祖马就金砖国家合作以及重大国际和地区问题交换意见、协调立场。习近平强调，面对各种风险和挑战，金砖国家要凝聚在重大问题上的共识，加强团结合作。	备稿中应深刻认识到：习近平主席同各国首脑亲切会谈有效推进中国同上述国家的友好往来，加强双边交流，实现共赢。体现出蕴含于其间的稿件主旨，突出“凝聚共识，加强团结合作”，这是本次会晤的重要目标之一。
习近平表示，金砖国家要协调行动，推动即将召开的二十国集团圣彼得堡峰会取得积极成果。当前形势下，一是要共同应对好发达国家宽松货币政策外溢效应。发达国家要切实进行结构改革，把握量化宽松货币政策退出的时机、步骤、方式。中方对新兴市场国家经济有信心。	充分认识到发达国家与发展中国家之间互利共赢的发展格局是理解稿件内容的关键所在。语气应积极上扬，分句之间连接自然、流畅。
二是要共同维护和发展开放型世界经济，反对贸易保护主义，维护好多边贸易体系，推动多哈回合谈判达成早期收获。	开放型世界经济需要各国坚持开放引进原则，备稿中应认识到这是第二点的核心之处，同时注意正反两方面的对比，在表达中突出正面的有益价值。

原文	分析
三是要共同提升新兴市场国家在全球经济治理中的代表性和发言权，推动落实国际货币基金组织份额改革决定，制定反映各国经济总量在世界经济中权重的新份额公式，同时改革特别提款权货币组成篮子。要加快建立金砖国家开发银行和应急储备安排，构建金砖国家金融安全网。	一系列金融举措的提出是习近平主席对金砖国家相关领域发展的长远之见，备稿中应结合前两点对此点有更为深入地认知。保持畅达、平稳的播读语气，注意句断气连。

——《习近平出席金砖国家领导人非正式会晤时强调：金砖国家要凝聚共识加强团结合作》，《新闻联播》2013 年 9 月 6 日

二、有效贯彻方针政策，积极倡导文明新风尚

时政消息是当前最新方针、政策和指导思想的生动传播方式，体现出党和国家指导思想和方针政策的全新走向，折射出国家建设和人民生活的多样图景。

1.有声语言和副语言相融合

播音员在播音创作中应通过有声语言和副语言体现出这种新意。有声语言的新意主要通过内外部技巧的协调统一来实现。备稿时始终从相关指导思想和方针政策出发，做好广义备稿，使播音具有一定的时代高度，不是就稿论稿，就事论事。一篇新闻消息往往折射出多个背景信息，我们在备稿中应深入挖掘稿件背后的深层信息，围绕着消息传播主旨将这些背景信息有机整合为一体，为播读做好积极准备。副语言作为有声语言的重要辅助方式，有着丰富多样的表达样态，如肢体动作、面部表情、眼神手势、发饰衣着等非语言因素都对消息播音有着积极重要的传播作用。我们应将这两者有机融合于播音创作中，充分发挥各自传播优势，将时政消息播音提升至创作更高层面。

2.内外部技巧表达协调一致

时政消息类播音是新闻播音中把握难度较大，表达要求较高的类型之一。它在语音发声、吐字归音和语言表达中需要播音员主持人精细加工、灵活处理，将稿件主旨、思想内涵和社会影响生动地传达给受众。可将内外部技巧综合运用于播读中，语气自然、生动、可感，充分体现出时代风貌，语调上扬、跃动、鲜明，传达出稿件内容的新鲜性、快捷性和及时性。停顿和连接彼此呼应，在做到少停多连的基础上，加大每一层次的语意连接；重音和语气彼此呼应，运用重音应考虑到此时语气的变化，转化语气时要有对应的重音处理。情景再现和对象感是非常重要的播读技巧，它们可有效表现出时代文明新风尚的普及和扎根。

【例稿 2】

原文	分析
本台消息　中共中央纪委和中央党的群众路线教育实践活动领导小组发出通知，要求落实中央八项规定精神，坚决刹住中秋国庆期间公款送礼等不正之风。《通知》全文如下： 近日，习近平总书记在辽宁考察时强调，重大节日期间，是对干部作风的重要检验；中秋节、国庆节就要到了，要坚决刹住公款送节礼、公款吃喝、公款旅游和奢侈浪费等不正之风，过一个风清气正的中秋节、国庆节。为贯彻习近平总书记重要指示，深入推进党的群众路线教育实践活动，切实落实中央八项规定精神，坚决反对"四风"，现重申如下纪律要求：	这部分文字是对《通知》的背景内容说明，旨在进一步强调深入贯彻落实党的群众路线教育实践活动，领会其重要意义，切实做好各项工作。播读中应注意语气的适度调控，要有这样的精神品质，即坚定不移地将纪律要求贯彻要实际当中。同时语速不可过快或过慢，过快会使执行《通知》有草率敷衍之感，过慢则有懈怠轻视之嫌。
节日期间，严禁用公款送月饼送节礼；严禁用公款大吃大喝或安排与公务无关的宴请；严禁用公款安排旅游、健身和高消费娱乐活动；严禁以各种名义突击花钱和滥发津贴、补贴、奖金、实物。	该段文字主要说明了《通知》中规定的要严禁的具体内容，播读前应划分好层次，即禁止出现送节礼、吃喝宴请、娱乐活动、突击花钱和变相花钱等现象。可在文中标注的词语中加以重音，以强调突出纪律要求的主要内容。
各级领导机关、领导干部要把刹住节日期间公款送礼等不正之风作为党的群众路线教育实践活动正风肃纪的重要内容，对出现的问题敢抓敢管，及时提醒、坚决纠正。/各级领导干部特别是一把手，要严于律己，从我做起，并加强对亲属和身边工作人员的教育和约束。	该段文字强调了各级领导机关和干部应认真履行的职责和责任。文中标注分为两层：第一层说明刹住节日期间公款送礼应坚决纠正，不可姑息；第二层强调了领导干部应坚持的基本准则。播读语气应保持一致，保持一定的严肃性和警示性，同时将文中加点文字作为重音，表现出应切实做好的具体工作。
各级纪检监察机关要充分发挥职能作用，强化监督检查，对顶风违纪的，发现一起，查处一起，严肃追究直接责任人和有关领导的责任，并对典型案例予以通报曝光，坚决刹住"两节"期间公款送礼等不正之风，切实巩固改进作风的成果。	各级纪检监察机关对于切实贯彻落实《通知》的具体要求有着积极促进和有效监督的作用。播读中应体现出做好该工作对坚决反对"四风"有怎样的执法价值和深远意义，同时应明晰纪检监察机关的执法监督管理作用，梳理清楚其内在逻辑关系，对文中加点词语予以重读，传达出党中央刹住此类不正之风的坚定决心。

——《中共中央纪委和中央党的群众路线教育实践活动领导小组发出通知　要求落实中央八项规定精神坚决刹住中秋国庆期间公款送礼等不正之风》，《新闻联播》2013 年 9 月 3 日

三、不断发现新闻新意，持续传递社会正能量

消息主要是报道正在发生或新近发生的事件。它将社会发展中各类具有代表性的事件通过广播电视媒介传播于受众。播音中要充分体现出消息传播的新鲜感和传播社会正能量的内在属性。

1.语言表达着力体现新意

时政消息传播中的新意，是播读者在创作表达中应着力体现之处。它不仅需要充分调动起思想情感，还应有相应的表达技巧，形成灵活自如、生动活化的表达样式。时间新，不仅指播出时间与事件发生的时间相距较短或“零距离”，也指播音话语表达充满新鲜感，有着语调上扬、鲜明跃动的播音特征。语调上扬有助于语言节奏富有动态感，能够体现出新闻事件就在当下发生，可以给受众以身临其境，如闻其声，如见其人之感。停顿多为扬停，讲究“声断气不断”，即语句的短暂停顿并不代表语意的终结，而将语意连贯自如的“利器”就是气息的持久恒定。科学运用胸腹联合式呼吸，充分调动小腹“丹田”气息的动力，形成稳健、持久、鲜明和集中的消息播音创作样式。

2.具象化传递社会正能量

传递社会正能量是新闻工作者义不容辞的责任和义务，在时政消息播音中此点显得尤为重要。播读者应细致对待备稿、表达和受众反馈等每一个环节，将有情之声，正义之声，诚信之声播撒四方。在播音主持工作中我们运用声音传播社会信息，用话语构建交流平台。体现正能量的新闻事件是消息播音的主要素材来源。播音员在播音创作中要善于发现最新事件，运用现代传媒技术将其整合为优秀播音作品，有效开掘出稿件蕴含的社会正能量，使社会新风吹进每个人心间。应善于从稿件中发现先进人物闪光点和先进事迹的感人之处，通过语气、语调和节奏的变化将其转化为有声语言。通常语气坚定有力，热情礼赞，语调积极上扬，跃动鲜明，语速较快，体现新闻新鲜性和传播快捷性。

【例稿 3】

原文	分析
今年以来，国家税务总局在县级税务机构推行纳税服务规范。汇集各地税务机关推出的2000多项具体举措，税务部门进行整改落实、将纳税人的办税环节减少了一大半。	播读中应注意加点词语的重音处理，在导语中传达出该条新闻的主要内容。

原文	分析
家住成都市城北金牛区的敖建民是30多家小微企业的兼职财务人。趁着在南城走亲戚的时间空闲，他到就近的办税大厅就办了税。 利用这个装有“蓉税通”纳税软件的手机终端，纳税人不仅可以实时沟通纳税信息，也可以办理大部分涉税事项。/ 而在重庆市壁山区，国税、地税通过后台衔接，在一个窗口就可以办两家的事。 并且，当场就可以办妥的即办涉税事项，由原来的48项增加到110项。非即办涉税事项则压缩到了3项，办理时间减少了四分之三。	应划分出该部分的两个小层：第一层是“蓉税通”纳税软件的具体使用，方便快捷，提高办事效率；第二层是璧山区的具体措施。备稿中应做到心中有数，明确相关举措深刻改变了人们的纳税流程，大大缩短了办事时间。
据测算，今年税务部门推行县级税务机关纳税服务规范后，纳税人报送资料将在原有基础上减少39%，办税环节减少62%。 从2013年3月至今，税务部门累计简化各类审批事项600余项；66%的地级市实现全城通办；纳税人网上申报比例达到81%。 近期，税务总局还结合各地推出的2000多项具体举措，形成了1128条服务规范，在全国县级税务机关推开。	播读中强调突出加点数字，这是工作成效的有力体现，是纳税服务质量切实提高的积极佐证。语气肯定，语调上扬，形成良好的播读状态。

——《纳税服务创新　百姓办税环节减少60%》，《新闻联播》2014年8月28日

四、维护人民根本利益，营造良好社会环境

消息播音将传播人民之声作为己任，在构建社会主义和谐社会中发挥着重要作用。播读关涉人民根本利益，捍卫人民正当权益等内容的稿件时，应认真处理稿件内容，细致梳理文本脉络，具体可从以下两点着手：

1.细致拿捏语气变化

在播讲目的实现过程中，思想感情的运动状态，必须依托恰如其分和丰富多彩的语气予以具体生动地体现。它不仅传达着播音员感情倾向，也表征着稿件传播主旨。应找寻正确的语感，由此生成用声用气的自如恰当。用声主要是共鸣腔的具体调试，其中对口腔、鼻腔的共鸣处理应深入练习，找到共鸣点，充分打开口腔，发挥鼻腔共鸣支点作用。同时，用气主要是胸腹联合式呼吸，找准小腹丹田之气的支撑点，进行由内而外的气息流动，形成畅达自如的用气状态。这样可使语气变化更加富有表达弹性和艺术张力。

2. 态度鲜明分寸得当

播读此类稿件时应注意感情态度的确立，积极摸索出适于自我表达的态度分寸感，形成鲜明之中的张弛有度、收纵自如，避免信马由缰、偏激片面等现象的发生。主要是做好日常生活的积极观察，吸取其丰富营养，从中感悟到对待何种事件有何种态度，用怎样的分寸把握。更为重要的是，应加强艺术化处理，可先写播读提纲，做到稿件内容谙熟于心，打好腹稿，胸有成竹，心中有数，进而付诸有声语言表达，形成态度鲜明调控之下的消息传播。

【例稿 4】

原文	分析
以对法律、对人民负责的精神，将刘汉、刘维特大涉黑犯罪集团一案办成经得起历史检验的铁案，是湖北省公安机关、检察机关和人民法院肩负的共同使命和神圣职责。	认真分析导语中的主要内容，情感态度的分寸把握应具体适当。
刘汉、刘维等 36 人涉嫌组织、领导、参加黑社会性质组织罪，故意杀人罪，包庇、纵容黑社会性质组织等罪行案，经依法指定管辖，咸宁警方进行了近一年的缜密侦查，咸宁市人民检察院严格审查、监督和起诉，咸宁市中级人民法院 3 月 31 日起依法公开开庭进行审理。	播读思维缜密，语流紧凑，字里行间表达出对刘汉、刘维等人罪行的痛斥控告。
此案备受关注。2013 年 4 月中旬，从咸宁市公安机关依法接受指定管辖任务之日起，湖北省公安厅高度重视，从全省各地公安机关抽调刑侦、打黑、预审、法制专家，组成阵容强大的专案组，全身心投入此案的侦办工作。 参与此案的 424 名民警，在 200 多天夜以继日的侦查过程中，先后奔赴四川、贵州、海南、内蒙古、云南、上海、深圳等省市及境外的香港、澳门等地调查取证，行程数十万公里，依法询问证人 1000 余人，采集、调取证据资料 10000 余份。	多方力量有效整合使本案能够在最短时间内快速破获，这是集体智慧的有力彰显。播读中应分条缕析，形成多线索并举的备稿思路。

原文	分析
此案涉案人数众多，跨地域广，涉及面大，涉嫌罪名多，时间跨度长。咸宁市公安局副局长肖传家说，"虽然办案难度极大，但在侦办过程中，我们严格规范办案程序和民警的办案行为，严守办案纪律，绝不允许搞刑讯逼供和超时审讯。另外，省公安厅法制总队总队长带领4名法制专家，对案件侦办的各个环节进行'挑刺'，确保侦查工作不留瑕疵。" 肖传家介绍，由于此案时间跨度近20年，许多证据由于主客观原因丢失，加之该涉黑集团在当地危害巨大，许多老百姓和受害者家属慑于该团伙的淫威，不敢发声，这些都给此案的侦办工作带来极大的难度。他举例说，在侦办周政被害案件中，由于原始案卷大量遗失，民警从零开始，重新对案发地及周边群众进行询问调查，最终还原了案情真相。	备稿中应对涉及此案相关材料进行认真分析研究，找出以往案情的疑难点和侦破点，这样可使播读思维更为清晰，语意表达更为恰切。播到办案困难时，语气可略低沉，进展顺利时语气可上扬。
咸宁市检察院检察长罗继洲介绍，遵循法律规定的公诉引导侦查原则，在公安机关侦查过程中，咸宁市检察机关提前介入，对侦办过程全程监督，该发检察建议的发检察建议，该纠正的办案程序和行为坚决依法纠正；在移送审查起诉后，该退回补充侦查的严格依法退回补充侦查。该院共给公安机关发出了1000多条补充侦查意见。对于辩护人合理合法要求有求必应，移送过来的所有案卷材料对被告人的辩护人一律公开，充分尊重被告人的合法权利。 负责审理此案的咸宁市中级人民法院，在开庭前完善了7个法庭的多媒体示证系统，开通官方微博，最大限度地保障此案审理过程的公正、公开和透明。	咸宁市检察院和该市中级人民法院的积极工作和高效行事为本案早日破获发挥了积极推动作用。播读中应在理性阐述的同时包含积极肯定、坚守正义的情感色彩。

——《依法办案　责任如山——湖北公检法机关依法办理刘汉刘维等36人涉黑案》，《湖北日报》2014年4月3日

五、动态传播突发事件，突显报道重点内容

播读突发事件消息，应体现出新闻传播的及时性、快捷性和时效性，并在此基础上，力求动态式的语言表达，具体表现为播读心理、语流走向、气息控制的动态把握。同时，突发事件报道要求在最短时间内将报道重点内容交代清楚，因此，在做到前述之

后，语言表达应着力体现出以下两点。

1. 动态式多层面语言表达

突发事件具有产生的瞬间性、发展趋势的危机性、后果对主体与社会的危害性。这些特点决定了在播读时应注意播读心理、语流走向、气息控制的动态把握。播读心理应随稿件内容而积极调整，形势紧急时心理节奏加快，形势缓和时心理节奏放慢，做到心理节奏和语言节奏协调一致，避免两张皮两个样，彼此毫无关联，这样会影响播读状态。语流走向应着眼于表达需要：危急关头之时，语言紧凑，语调较高，语流走向趋于事件进展的最关键环节；事后处理之刻，语言平和，语调沉稳，语流走向趋于事件结果终结点。

2. 力求情景再现真实还原

我们拿到稿件时，或许事件已经处理完毕，或许事件正在进行之中，无论何种情况，都应充分运用情景再现，进行现场情况的最大化还原。播读者应吃透稿件内容，对事件发生的前因后果，来龙去脉有较为明确的了解认知，对相关人员行为有一定掌握，对周围社会环境有一定辨析，这样可最大化地将事件发生和进展现场情形做出科学的还原，从而帮助播读者进一步体验突发事件的瞬间爆发和不可预测性，形成由感性认识上升到理性分析的备稿环节。

【例稿 5】

原文	分析
经过 179 个小时全力救援，截至凌晨 1 时 15 分，王家岭煤矿透水事故首批 9 名获救者被陆续抬出井口，送往位于河津市的山西铝厂职工医院。据医务人员介绍，9 名获救者意识清醒。	备稿中应将播读心理调整到最佳状态，由此带动播读语气的生成，不可出现表达偏激等现象。
零时 40 分，获悉 4 名矿工获救升井后，中共中央政治局委员、国务院副总理张德江发来慰问电，代表党中央、国务院，代表胡锦涛总书记、温家宝总理，向获救矿工表示亲切慰问，向所有参加救援的同志们致以崇高的敬意。希望同志们再接再厉、争分夺秒，继续加大救援力度，全力以赴解救被困矿工。 以人为本，生命至上。华晋焦煤公司王家岭矿 3 月 28 日发生透水事故以后，党中央、国务院高度重视，胡锦涛总书记、温家宝总理立即作出重要指示，要求采取有力措施，调动一切力量和设备，千方百计抢救井下人员，严防次生事故。受胡锦涛总书记、温家宝总理委派，张德江副总理于事故发生次日凌晨紧急赶到现场，指导抢救工作。	播读本部分内容时，可从宏观层面予以把握，语气稳健有力，语速保持中速，传达出党中央国务院对遇难者的深度关切。注意节奏表达，稍快不乱，有力推进，将以人为本思想充分表达出来。

原文	分析
国家安全监管总局、山西省委省政府认真贯彻落实中央决策部署，主要领导立即赶到现场指挥抢险救援，按照抽水救人、通风救人、科学救人的要求，全力组织抢救。一方有难、八方支援，社会各方力量迅速集结，全体救援人员发扬不怕疲劳、连续作战的精神，不抛弃，不放弃，奋战7天7夜，成功救出首批9名被困矿工，创造了奇迹。 截至记者发稿时，救援工作仍在继续紧张进行。矿井深处还不断传来声声敲击管道的生命之音。	停少连多，力求实现语意连贯自如，通过气息调控将扬停运用其中，形成抢救画面的连续呈现，运用情景再现将抢救现场情形生动鲜活地予以再现，使播读视像感更为具化。

——《179小时，王家岭见证生命奇迹》，《人民日报》2010年4月5日
（获第二十一届中国新闻奖一等奖）

六、关注国际社会动态，传播世界和谐之声

时政消息中既有国内时事政治消息报道，也有国际新闻的及时传播。国际时事在时政消息中占有重要位置，是我们了解国外社会发展现状，洞察当前国际形势的途径之一。当播读这类消息时，应注意认真分析当时社会背景的复杂性和深刻性，所报道的新闻事件在他国具有怎样的社会影响力，对我国发展建设有哪些可借鉴之处。具体可从以下两点来分析：

1.感情传达不偏不倚，呈中性色彩

消息播音中的感情色彩是播读中需要重点思考的问题。不同内容的消息稿件，在感情色彩的把握上也是不同的，稿件的内容直接决定了播读的感情色彩。因此，播读者应认真通览稿件，充分认识到此类消息感情色彩多数呈中性的表达特点，具体表现为思想起伏变化不大，在相对稳定的范围内运动；播读情绪相对稳定持久，无较大起伏变化。同时，用声区为中声区，气息运用为平稳持续推进，无大停大连，没有明显的顿挫之感，语势较为平稳顺畅。尽量避免出现过于偏激、一边倒的现象。

2.语言表达酌情而定，应收放有度

此类消息播音的用声用气是随着消息背景和内容而定的，因此，语言表达的收放应随具体内容而采用差异不大的空间层次。具体而言，语气运用呈平和中性，无过度夸赞或过分贬斥，节奏稳定，错落感不大。在表明语意的基础上，坚持积极维护世界和平稳定的思想立场，保持语流曲线的相对稳定平缓。加强语言表达的自我调控能力，明确播读的时代感、分寸感和亲切感，处处体现出中国之声的大气与大度，不可随意用声表情，不可随性见字播读。

【例稿 6】

原文	分析
日本总务大臣新藤义孝和超过 140 名日本国会议员，今天上午参拜了供奉有二战甲级战犯的靖国神社，再次引发国内批评和国际社会抗议。	备稿中应深入分析日本政府官员一再参拜靖国神社的真正意图，抓准稿件传播主旨。
继本月 12 号参拜靖国神社后，新藤义孝今天再次参拜靖国神社并奉献“玉串料”。此外，日本超党派国会议员联盟“大家一起参拜靖国神社”的 140 多名国会议员也在今天参拜了靖国神社。 此前，日本首相安倍晋三 21 号以“内阁总理大臣”名义向靖国神社供奉了“真榊”祭品，即一种盆栽植物。	播读中感情有一定倾向性，即坚决反对其参拜靖国神社，但不是直白显露地表现出来，而是在含蓄中阐明我国立场观点。
日本公明党党首山口那津男 22 号批评总务大臣新藤义孝再次参拜靖国神社，表示绝不希望看到阁僚反复参拜。 还有日本学者指出，安倍政权如果执迷不悟，只会在国际上越发孤立。	借他人之口表我方之见，这是新闻播音中较为常见样式。此时语气应自然稳健，语速较快，可适当表达出一定感情色彩。
中国外交部发言人秦刚在今天的例行记者会上表示，日本背负的负资产，将越来越重。 韩国外交部发言人今天也谴责说，靖国神社中供奉着发起战争、破坏和平的战犯，日本国会议员集体参拜靖国神社的做法令人十分愤慨。	此时语速可随着稿件播读推进而适当加快，注意一些关键词的重音处理，如“越来越重”“十分愤慨”。

——《日总务大臣和议员参拜靖国神社》，《新闻联播》2014 年 4 月 22 日

第二节　练习材料及播读提示

【练习 1】

中共中央总书记、国家主席、中央军委主席习近平 5 月 9 日在指导兰考县委常委班子党的群众路线教育实践活动专题民主生活会时指出，作风建设是永恒课题，要标本兼治，经常抓、见常态，深入抓、见实效，持久抓、见长效，通过立破并举、扶正祛邪，不断巩固和扩大已经取得的成果，努力以优良的党风政风带动全社会风气根本好转。

在第二批教育实践活动中，习近平选择河南兰考作为自己的联系点。习近平对兰考县教育实践活动十分关心，3 月中旬到兰考调研指导后，又多次了解进展情况，作出重要指示。

5月9日上午，习近平一下飞机，就在河南省委书记郭庚茂、省长谢伏瞻陪同下，前往兰考县。一路上，他听取了有关兰考县开展教育实践活动情况的汇报。抵达兰考县后，他来到焦裕禄干部学院，参加并指导县委常委班子专题民主生活会。

兰考县委常委班子专题民主生活会已于5月8日召开了一天，每位常委都进行了对照检查，开展了严肃认真的相互批评，坚持问题导向，同志之间坦诚相见，自我批评揭短亮丑，相互批评直截了当，有的同志对照检查时几度哽咽流泪。

会前，习近平详细阅看了这次专题民主生活会的有关材料。习近平到会后，首先听取了县委常委班子对照检查、常委个人对照检查及开展相互批评情况的汇报、省委督导组和中央巡回督导组对这次专题民主生活会的评价。

兰考县委书记王新军在汇报中谈到，按照总书记"深学、细照、笃行"的指示，对照"三严三实"，县委常委班子深入开展学习教育、听取意见，广泛征求各方面意见和建议，梳理"四风"问题，查摆民生问题，并结合存在的问题分析原因、提出具体整改措施，真正立好焦裕禄这个标杆，把党员、干部精气神撑起来，解决好联系服务群众"最后一公里"问题，抓好整改落实，具体到事、具体到人，建立台账、限时整改，并针对突出问题进行专项整治，不断提高县委常委班子解决自身问题能力。

在听取汇报的过程中，习近平不时同大家交换意见、询问情况。对县委常委班子查摆出来的有关问题，习近平详细了解问题的表现形式和形成原因，对存在问题的危害性进行分析和评点。对县委常委班子提出的努力方向和整改举措，习近平详细询问有关举措的针对性和可行性，要求他们真抓实干、切实把整改工作做实做好。

习近平在听取汇报后发表了重要讲话，对兰考教育实践活动前一段工作和县委常委班子专题民主生活会给予充分肯定。他指出，兰考教育实践活动落实了中央要求，把学习弘扬焦裕禄精神作为主线，分层分类抓好学习，广开言路汇集民意，原汁原味反馈意见，规定动作做得实，对群众反映强烈的突出问题即知即改、立行立改，注重教育实践活动和经济社会发展有机结合，活动进展顺利，取得了阶段性成效。

习近平指出，兰考县委常委班子批评和自我批评，做到了干部群众提问题、班子成员相互点问题、班子成员个人找问题相统一，班子集体查摆的问题与班子成员个人查摆的问题相统一，班子成员心里想提的意见、会前谈心沟通时提的意见、会上相互批评时提的意见相统一，人人都红了脸、出了汗，开出了好的氛围、好的效果。

习近平强调，教育实践活动的成效说明，"四风"问题虽然有多种表现形式及其复杂成因，但只要有严格的尺度来衡量、有坚定的决心来纠正，就能看得清楚、认识明白、解决到位。如果不讲认真，就容易马虎敷衍，即使问题摆在眼前也看不到、识不透，就容易虚晃一枪，即使花了很大精力也可能搞形式、走过场。无论是正在开展第二批活动的单位还是已经告一段落的第一批活动的单位，都要在改进作风上讲认真，做到善始善终、善作善成。不能表面上热热闹闹，实际上用形式主义反对形式主义，影响活动健康发展。要采取有效措施，举一反三，防止和避免活动走形变味、做成夹生饭。

习近平指出，作风建设已经采取的措施、形成的机制要扎根落地，已经取得的成效要巩固发展，关键是要在抓常、抓细、抓长上下功夫。抓常，就是要把作风建设时刻摆上位置、有机融入日常工作，做到管事就管人，管人就管思想、管作风。推动各项工作，都要落实作风建设具体要求，形成抓作风促工作、抓工作强作风的良性循环。抓细，就是要对干部群众特别是基层群众反映的作风问题一一回应、具体解决。要透过现象看本质，在解决个别具体问题的同时，着力解决面上的普遍性问题。抓长，就是要反复抓，不能三天打鱼两天晒网，集中抓的时候雷霆万钧，平时放任自流。要认真落实作风建设各项制度，做到有章必循、违规必究。要通过深化改革，从体制机制层面进一步破题，为作风建设形成长效化保障。

习近平强调，作风建设是立破并举、扶正祛邪的过程，立什么，破什么，需要好好把握。要坚定共产党人理想信念，对错误思想和言论理直气壮批评教育；要坚持求真务实，察真情、说实话，出真招、办实事，下真功、求实效，让埋头苦干、真抓实干的干部真正得到重用、充分施展才华，让作风飘浮，哗众取宠的干部无以表功、受到贬责；要坚持清正严明，形成正气弘扬的大气候，让那些看起来无影无踪的潜规则在党内以及社会上失去土壤、失去通道、失去市场。形成作风建设的长效机制，需要严格的党内政治生活来规制和引导。各级党组织都要坚持党要管党、从严治党，认真贯彻执行党章和党内各项制度规定，努力提高党内政治生活的原则性和战斗性。任何一名党员，不论职务高低、资历深浅、成就大小，都必须自觉遵守党内政治生活准则，各级党员领导干部要率先垂范。

习近平指出，县一级承上启下，要素完整，功能齐备，在我们党执政兴国中具有十分重要的作用，在国家治理中居于重要地位。县一级领导同志要珍惜岗位，秉公用权，安身、安心、安业，多为老百姓造福。

会议一直开到下午1时20分许。兰考县委常委班子同志纷纷表示，总书记两次来兰考调研指导，既对搞好教育实践活动作出重要指示，又亲自出席指导县委常委班子民主生活会，总书记讲话语重心长，大家深受教育、终生难忘，决心苦干实干拼命干，把中央精神和总书记指示落实到位，向老百姓交上一份满意的答卷。

王沪宁、赵乐际、栗战书和中央有关部门负责同志参加上述活动。

——《习近平在指导兰考县委常委班子专题民主生活会时强调　作风建设要经常抓深入抓持久抓不断巩固扩大教育实践活动成果》，《新闻联播》2014 年 5 月 9 日

播读提示：

播读这篇消息时，首先应深入学习党的群众路线教育实践活动精神内涵，了解并熟知该项活动的主要内容和具体措施，进一步提高自我思想认识，提升党性修养，广泛深入群众之中。这是广义备稿应做之事。从狭义备稿而言，应认真领会习总书记本次

调研主旨，学习习总书记讲话精神，将其话语转化为有声语言传送于千家万户。同时，应充分运用情景再现、对象感等内部技巧，形成调研活动清晰动态画面，有助于播读者明确播讲目的，找准相关重音，调试播读节奏，形成语言表达的生动图景。

【练习 2】

第二批党的群众路线教育实践活动中，青海省努力解决基层组织服务群众“最后一公里”问题，坚持平台服务和上门服务相结合，零距离服务群众。

平安县三合镇 73 岁的平有花，一直独自生活，这间几乎要塌掉的房屋就是她住了 47 年的家。镇干部在上门服务时了解到这个情况，立即向民政部门争取资金，为老人盖起了新房。

在三合镇，群众生产生活的类似难题还有不少，镇干部一边走村串户、了解详情，一边反思自己为群众服务是否用心尽责。

让群众话有地方说、事有地方办、困难有人帮、问题有人管，这是青海省向所有基层干部提出的整改要求。为解决好服务群众“最后一公里”问题，青海近距离面对面听群众发牢骚，对远在外地的党员群众，他们还通过 QQ 软件、微信平台远程了解群众意见，第一时间帮助群众解决困难。

——《整改进行时》，《新闻联播》2014 年 8 月 24 日

播读提示：

播读这条消息时应把握好语气和节奏。语气是新闻播音中需要细致处理的关键要素。结合这条消息具体内容，我们应始终保持自然、亲切、热诚的播读语气，将党的春风吹进每个人心中。当然在叙述时语气更趋平和，播读描写语句时语气渐趋亲切，这样具有一定层次感。播读这条消息时，节奏可在整体不变的情况下，稍作微调，如讲述平有花事情时节奏放慢，叙述具体整改措施时节奏加快。

【练习 3】

第二批群众路线教育实践活动中，河南创新工作举措，零距离服务群众，让整改成效惠及百姓。

“徐阿姨你好！我在微博上看见有人反映问题。”“谢谢，这么忙还得想着我的事。不用……”

洛阳市龙门镇煤田社区居民徐枝云由于户口在外地，孩子入学的事始终没有着落，她向社区政务微博发了信息，很快社区工作人员就帮她联系附近的学校，开学前徐枝云的孩子拿到了入学通知。

徐枝云说，有啥问题了，孩子们都会发到微博上跟那社区一反映，他们都来帮助我。

小小微博成了干部和群众之间沟通的桥梁。第二批群众路线教育实践活动开展以来，河南省以“群众评党员，党员评支部，支部评党委”三评制度为依托，让群众全程参与、把脉、监督，对10类基层党组织和党员群体指定活动分类操作办法。

龙门镇党委书记刘金辉说，敞开让群众来知道、来监督，群众反映什么，我们就落实什么，去解决什么。

今年以来河南省级减少行政审批事项123项，集中整顿了5055个软弱涣散的基层党组织。截至目前，河南省级层面前4批28项专项治理已完成24项，近期又启动第5批8项专项治理工作。一批违反党纪政纪和制度规定的突出问题得到纠正，消化超配干部15961人。河南省委副书记、省委教育实践活动领导小组常务副组长邓凯表示，今后河南省将重点完善基层民主科学决策、矛盾调解化解、便民服务工作、党风政风监督检查等制度和机制。

——《河南创新群众路线教育实践　利用微博倾听群众意见》，
《新闻和报纸摘要》2014年8月30日

播读提示：

由微博惠民可看出河南省切实开展的党的群众路线教育实践活动，有具体举措，有详细规划，有责任到人，有精兵简政。播读者应形成以小见大的播读样态，即由徐枝云微博反映问题一事进而延伸至河南省整个相关工作格局中，形成以点带面、点面结合、由内而外、协调一致的播读心理。播读者可调动认知感受，灵活运用情景再现、对象感和内在语等表达方法，进一步具化活动内容，形成层次分明、错落有致的语言样态，呈现出一幅幅美好建设的画面。

【练习4】

作为“中国早期共产主义运动发祥地之一”的结论，最终被史实印证。

1920年3月12日，一群进步青年在重庆率先于全国成立“四川省重庆共产主义组织”。91年后的今天，这段鲜为人知、且在中国革命史上具有重大意义的历史档案得以解密。

在中国共产党诞辰九十周年前夕，中央档案馆同意本报独家公开发表这群重庆青年当年写下的《四川省重庆共产主义组织的报告》。

这一珍贵文献大约作于1920年，是“四川省重庆共产主义组织”的四位负责人给共产国际中共代表团的一份报告，共七个部分。其中第三部分详细介绍了组织的历史，并报告“1920年3月12日，我们的组织在重庆正式成立了”。

这是迄今国内发现的成立时间最早、且不依赖共产国际帮助、由一群拥护马克思主义的重庆青年独立自主地建立起来的共产主义组织。

该组织有近40位正式成员和一批候补成员，机构包括书记处和宣传、财务、出版三部，并在川西、川西南、川东南、川北和川东建立了支部。当时四川省有成都、叙府（宜宾）、雅州（雅安）、顺庆（南充）和重庆5个共产主义组织，而重庆是“总的组织”“正式组织”。他们宣称“共产主义是现在和未来与邪恶斗争的手段”，并主张建立一支红军队伍。

该报告为俄文译稿，是中国共产党“一大”档案的一部分，原存于共产国际档案馆，1956年由苏共中央移交给中国共产党。中央档案馆将部分中文译稿送给毛泽东等中央领导同志审查，毛泽东作了批示，董必武认可了这批档案的真实性。但由于种种原因，这批档案一直未公开。后来，一些专家学者对此反复研究、考证，最终经中央档案馆同意，在今年3月12日这一特殊日子公开这份尘封已久的档案。

市委宣传部常务副部长、市委党史研究室主任周勇认为，《四川省重庆共产主义组织的报告》的价值在于：它是中国早期共产主义运动乃至中国共产党创建史上一份极为珍贵的史料，它再一次证明了中国共产主义运动的发生，以及中国共产党成立的历史必然性。

——《中国早期共产主义运动又一重要档案解密：91年前的今天，中国最早的共产主义组织在重庆诞生　本报获准公开发表〈四川省重庆共产主义组织的报告〉》，《重庆日报》2011年3月12日

（获第二十二届中国新闻奖二等奖）

播读提示：

播读中应体现出历史回溯感和未来展望性，通过有声语言将90多年前的历史画面清晰呈现于世人面前。播读者应做到历史文献查阅整理、影像资料细致观看等广义备稿工作，这样可从大视角播读这篇稿件，避免陷入文字表层内容之中。同时，播读语气亲切、自豪，语调积极上扬，语速可适当加快，情感态度不偏不倚，没有大幅度变化，始终保持颂扬礼赞之情。通过科学运用内在语，将文稿中隐含的信息提取出来，有机整合我党诞生文献资料，形成连贯一体的播读格局。

【练习5】

①从输血式扶贫到造血式扶贫，从给救济到给项目，河北省实施产业化扶贫，“栽下摇钱树、养上下蛋鸡”，让贫困群众走上长久致富路。

②在河北衡水，“龙头企业＋专业合作社＋基地＋农户”的产业化扶贫已形成一个成熟模式，按照扶贫办主任刘建瑞的说法：这一模式还是从一次给贫困户送牛被拒引发的。当年退牛的就是武强县吉屯村村民王庆志。

③送上门的牛，为什么老百姓却不想要？刘建瑞一开始很不理解，细打听才知道农户的难处。

④帮人就要帮到底，扶贫办迅速转变了原有的拨款、发钱的工作方式，开始围绕着一头牛的所需所求做文章。

⑤就这样，牛有了家，奶能顺利卖出去，百姓也就痛快地挣到钱。当年退牛的王庆志不仅态度上来了个 180 度的大转弯，还想再多养个两三头。

⑥按照这一思路，河北在扶贫攻坚中，把项目建设、培育产业作为重要抓手，为增加贫困群众收入、发展贫困地区经济栽下“摇钱树”养上“下鸡蛋”。通过财政扶贫资金，重点支持和引导各重点县依托优势资源，发展扶贫产业。

⑦目前河北重点贫困县已建成设施蔬菜产业项目 11000 个，发展设施养殖项目 3200 个，栽植各类林果 5600 亩，产业化发展链条进一步完善，成为农民脱贫致富的主要推动力量。

——【科学发展　成就辉煌·民生系列】《河北：产业扶贫让群众走上致富路》，《新闻联播》2012 年 10 月 8 日

播读提示：

这条新闻讲述了河北省实施产业化扶贫，让贫困群众真正实现自我造血，长久致富。为了做到句群抱团，我们首先应划分出稿件层次，根据全文主旨和事件发展顺序，第一层是导语①，总说河北省实施产业化扶贫，让贫困农民走上致富路；第二层是②—⑥，通过衡水村民王庆志“退牛又养牛”的事情生动说明了当地产业化扶贫模式已见到成效；第三层是⑦，总说通过相关产业化发展链条的延伸和完善，河北省扶贫工作取得的初步成绩。划分清楚稿件层次，有助于句群的抱团归堆，不至于理解散乱，语句零碎。

播读者在创作中应注意语句抱团归堆，每一层中话语衔接自然，层与层之间的过渡句表达连贯。如在第二段中，“‘龙头企业＋专业合作社＋基地＋农户’的产业化扶贫已形成一个成熟模式”，播读中做到一气呵成播出四个名词，中间不停顿且连接自然，表现出一个成熟的扶贫模式已经形成。同时，播读中应注意重音的精准恰切，间接表现出稿件中蕴含的鲜明时代气息。如在第六段中，“把项目建设、培育产业作为重要抓手，为增加贫困群众收入、发展贫困地区经济栽下‘摇钱树’养上‘下鸡蛋’”，应将项目建设、培育产业、摇钱树、下鸡蛋作为重音，突出扶贫中的具体举措和科学建设思路。

【练习 6】

眼下全国秋粮自南向北全面开镰收获，农业部预测，今年秋粮丰收在望，加上已经增产的夏粮和早稻，全年粮食有望实现连续十年丰收。

这位正跟农机手比划的小伙子叫王灵光，还在读研究生的小王，目前是一家农业合作社的理事长，他带领大伙承包了 18000 多亩地，科学种田，庄稼收成不错。

除了靠规模种植增加产量，今年主产区还大力推广新品种，确保秋粮丰收。

我现在是在河南省滑县的新品种展示园里，大家看到的这些新品种，主要从它的产量、品质以及抗虫抗病等方面，进行考量，今年在滑县近 100 万亩玉米中，挑选了三

到四个表现最好的主导品种进行推广种植。

据农业部调查，今年秋粮整体长势好于常年。特别是东北、西北和华北主产区的旱地作物，由于雨水丰沛，长势明显好于常年。虽然前一阶段，东北主产区遭遇了洪涝灾害，但灾害是局部的。而且东北今年高产作物玉米增加1100万亩，水稻增加240万亩，这为丰收奠定了面积基础。

今年全国投入秋收的农机达80多万台，秋粮跨越区域广，收获时间长，农业部要求各主产区科学安排跨区作业，确保粮食颗粒归仓。

——【大秋收】《秋粮全面开镰　全年粮食有望"十连丰"》，《新闻联播》2013年9月15日

播读提示：

这篇稿件详尽具体地报道了我国今年秋粮生产的丰收形式，特别是我国北方地区秋粮生长态势良好，丰收在即。我们可运用归纳法将稿件整体概括，提炼出宣传主旨，即我国今年秋粮丰收在即，农业稳步发展。在看似平常的生产报道中，通过归纳新闻主旨，丰收的喜悦之情、发展的奋斗之情溢于言表，在播读中将这种情感融入其中，会获得良好的传播效果。

【练习7】

湖北新闻战线广泛开展"我是建设者"大讨论活动，明确自身定位，凝聚社会正能量。

八月初，一则"武汉城管打死人"的消息在微博上传播。《湖北日报》记者第一时间赶到现场，采访目击者、城管队员，经过调查发现这是一出摊贩自导自演的"诈尸"闹剧。随后报纸连续进行大篇幅报道，让事实真相得以呈现，谣言不攻自破。

湖北卫视《大王小王》节目从起初的煽情路线，重新定位为传递爱心，帮助普通百姓。一年来累计募集善款上百万元，帮助100多个家庭解决了实际困难。

大讨论中，湖北新闻媒体深入一线，以"建设者"的身份与视角，记录社会变化，弘扬真善美，推动社会进步，也增强了媒体传播力。

——《湖北新闻界开展"我是建设者"大讨论》，《新闻联播》2013年9月5日

播读提示：

湖北新闻工作者积极落实"走转改"精神，将新闻活动泽及百姓。通过破败"武汉城管打死人"事件谣言和《大王小王》节目风格转变这两则有代表性的事件，我们可看出湖北新闻战线正在广泛凝聚社会正能量。播读中应结合当前新闻工作实际，展开点面结合的备稿工作，由湖北新闻工作者延伸至全国范围，这样播读思路更为开阔，视野更为明朗，角度更为新颖。播读中表达应条理清晰，语气应保持积极肯定样态，情感态度自然亲切。

【练习 8】

今年国家新闻出版广电总局推进 63 项改革发展措施,注重从源头上遏制行业腐败。昨天在山东即墨结束的全国新闻出版广播影视行风建设暨纪检监察座谈会剖析了节目制作、物资采购等重点领域和关键环节的易发多发问题,交流了治理措施。中央纪委驻总局纪检组组长李秋芳强调,纪检监察组织要努力做到高层次监督、依靠专业力量监督、运用市场手段监督、发动群众监督、建设性监督、问责式监督,促进行业风清气正。

——《国家新闻出版广电总局推进改革措施　源头遏制行业腐败》,
《新闻和报纸摘要》2014 年 8 月 30 日

播读提示:

这条消息主要传播了广播电影电视行业遏制行业腐败的新闻事件。备稿中应深入领会中央相关精神和具体要求,明确责任和权力并重的指导思想,同时应结合具体案例具体解读精神实质,做到宏观把握与微观处理有机结合。同时应划分好稿件层次,形成总分总的播读样态,总说从源头遏制行业腐败,分说具体措施,再总说要达到的预期目标,这样可使播读者做到心中有数,从容表达。

【练习 9】

“争取用三年时间,解决 750 万户城市低收入住房困难家庭和 240 万户林区、垦区、煤矿棚户区居民的住房困难问题。让人民群众住有所居!”在昨天上午九点的记者会上,住房和城乡建设部副部长齐骥掷地有声的开篇语,显示了政府及住房和城乡建设部促进保障性住房建设的态度与决心。

中央人民广播电台的记者首先提问,促进保障性住房建设不能是一句空话,人民更需要有说服力的具体措施尽快出台。齐骥部长有备而来,他抛出的一组新鲜有力的数据让记者们马上找到了兴奋点,他说:“预计 2009 年将投入 1500 亿用于廉租住房建设。今年中央财政用于各地廉租住房制度建设的总的资金投入将达到 330 亿元,这个数字也是 2008 年、2007 年几倍,甚至上十倍的增长。今年中央代地方增发的国债资金也作为地方的配套资金,补充用于廉租住房制度建设和保障性安居工程。”

安得广厦千万间,大庇天下寒士俱欢颜。齐骥部长表示,对低收入群体保障性住房的政策倾斜并不仅止于这些资金,也不止于 2009 年一年,他强调,给予低收入者住房保障,政府将态度坚定,决不动摇,齐骥说:“我国绝大部分的低收入群体,就是政府不给他们提供住房保障,他们也不会到市场上去购买那些商品住房,因为他们没有支付能力。如果我们把我们保障的线划得清清爽爽,我们的居民知道自己是属于通过什么方式来解决自己住房困难的时候,就使得我们该走保障的走保障,该走市场的就走市场,恐怕也有利于我们市场平稳的健康发展。”

——《提问两会:安得广厦千万间　大庇天下寒士俱欢颜》,《新闻和报纸摘要》2009 年 3 月 12 日

播读提示：

由这条消息可看出我国对低收入居民住房从宏观调控到具体措施的稳步推进，也表明政府解决此类问题的坚定决心。备稿中应对政府相关举措有一定了解，掌握较为新鲜的数据，对广大低收入家庭住房问题有一定知悉，同时应紧密结合齐骥部长发言，梳理出住房保障工作思路——哪些人应走保障，哪些人应走市场，这样播读话语传播目的更为明确，表达主旨更为清晰。

【练习 10】

昨天中午，扬州宝亿制鞋厂，60 多名云南曲靖市的务工人员前来报到。欢迎新员工的典礼上，一位戴眼镜、挎皮包的中年男子，从人群中挤上主席台，向乡亲们挥手致意："我叫陈家顺，曲靖市就业局副局长，去年曾在宝亿制鞋厂打工一个月……"这一句自我介绍，令宝亿鞋厂的新老员工惊讶地瞪大了眼睛。

去年春天，西南大旱，扬州众多企业向云南曲靖等重旱区发出用工"邀请函"。很快首批 80 多名曲靖农民来到宝亿鞋厂，陈家顺就是他们的领队，有人称他"工头"，也有人叫他"大哥"，却没人知道他是曲靖市就业局副局长。

原来，曲靖当地百姓很少走出大山，总担心外出受骗受欺负。扬州务工环境究竟咋样？光看招工广告不行。百闻不如一见，百见不如一试，陈家顺自告奋勇当起"工头"，要实地体验扬州的务工环境。

经过一周岗位培训，陈家顺被分配到整理车间，负责打包卸运。一周工作五天，周六加班计发加班费，周五晚上工厂还开展联谊会。八人一间宿舍，有空调、有热水。每月 10 日，工厂按时发薪水，外来员工全部参加社会保险。陈家顺按时拿到首月工资后，向宝亿老总递上自己的名片说：把家乡工人交给你们，放心！他在"打工报告"中这样写道：扬州企业合理工资吸引人，人性管理温暖人，事业发展激励人。随后，一拨又一拨的曲靖农民工被输往宝亿制鞋、川奇光电等企业。

去年 12 月底，扬州市人力资源和社会保障局前往曲靖，将曲靖列为扬州第 58 个外省劳务基地，今年春节前，200 多名曲靖员工被吸纳到扬州经济技术开发区的企业中。

今年春节后，全国各地大闹"用工荒"，扬州经济技术开发区跨省招工，一周招聘签约 1.8 万人，用工计划甚至排到今年七八月份。扬州市人力资源和社会保障局副局长颜军说，扬州园区企业用工缺口 2 万多人，但没有出现"用工荒"，就是因为扬州建立了一批外省劳务合作基地，扬州企业注重待遇留人、感情留人、事业留人。

在昨天的欢迎仪式上，颜军拉着陈家顺的手说："你的特殊'打工'经历，就是对扬州务工环境的最好宣传，感谢你啊！"

——《就业局长"潜伏"打工探扬州用工》，《扬州日报》2011 年 3 月 8 日

（获第二十二届中国新闻奖一等奖）

播读提示：

积极解决用工难和求职难问题，寻找切实有效的解决办法，是这条消息的主旨所在。陈家顺局长身体力行，做了工头，亲身体验，这是为民着想，为民办事的感人之举。播读者在播读中应想象这位局长的外部形象，“戴眼镜、挎皮包的中年男子”，朴实真诚，为人亲和，同时应深入揣摩其内在情感品质，积极打开劳务输出局面，积极推动地方经济发展。从内外在分析中，一位为民着想的干部形象就会跃然纸上。同时，播读者应注意提升播讲主旨，始终将有效推动两方合作共赢，形成发展合力这一要点融于播读之中。

【练习 11】

今年是国务院出台《关于支持赣南等原中央苏区振兴发展的若干意见》两周年。两年来，赣南全面启动农村危旧土坯房改造，老百姓的居住环境得到很大改观。

江西省兴国县埠头乡的铭恩新村是一个农村危旧土坯房改造集中安置点，这个占地一平方公里的新村，可以安置 309 户村民，目前一期 40 多户村民已经入住，作为第一批搬进新居的村民，杨学生做梦都没有想到自己这么快就住上了新房子。第一次上门的亲家连羡慕带夸奖，也让老杨很有面子。

2012 年 7 月，赣州市启动农村危旧土坯房改造工程，将惠及 69.5 万户、近 300 万农民。政府对土坯房改造家庭每户补助 15000 块钱，还为家庭困难群众提供贴息贷款。经过两年的努力，目前已有 40.6 万户、182 万多农民喜迁新居。

——《赣南“蝶变”：182 万农民喜迁新居》，《新闻联播》2014 年 8 月 13 日

播读提示：

扶持革命老区振兴，加快当地发展步伐，这是党中央国务院构建社会主义和谐社会的重要理念。这条消息以江西赣南启动农村危旧土坯房改造为切入点，生动传达了党和国家相关政策的精神实质。播读中应充分运用情景再现等方法，想象改造前后的鲜明对比，人民生活的巨大变化，这样可在播读者心中构建出鲜明跃动的播读图景，从而进一步催生出富有活力的语言，将一项项具体措施传播于广大受众。

【练习 12】

韩国政府 10 号表示，韩朝间目前进行的交流与合作不受当天发生的韩朝海军交火事件影响，将照常进行。

韩国政府在当天由总统李明博主持召开的安保长官会议和统一部内部会议后决定，“沉着冷静”应对韩朝当天在西部海域发生的交火事件，并决定，若朝鲜没有进一步挑衅行动，韩朝间的交流合作将继续保持现有水平。

统一部发言人千海成说，政府目前没有考虑缩减访朝人员等对韩朝间交流合作进

行调整的计划。统一部表示，当天连接开城工业园区的京义线陆路通行一直在照常进行。

韩国和朝鲜海军10号上午在西部海域的“北方界线”附近发生交火。朝韩在朝鲜半岛西部海域的边界划分上一直存在分歧。“北方界线”是韩国在包括白翎岛、延坪岛、大青岛、小青岛、隅岛的“西海五岛”水域与朝鲜西部海岸之间单方面设定的海上分界线，朝鲜方面一直未予承认。

今年5月，由于朝鲜进行核试验，韩国统一部暂时禁止了韩国国民对除开城工业园区之外的朝鲜其他地区访问。

——《韩国表示韩朝交流合作不受交火事件影响照常进行》，新华网2009年11月10日

播读提示：

韩朝矛盾冲突由来已久，两国社会经济往来受到很大影响。此次交火事件再次说明双方保持冷静克制，力求和平解决争端问题是利于两国人民的长久之计。备稿中应熟知两国历史遗留问题，了解此事件前因后果，梳理该事件发生全过程。播读中，态度保持中间立场，不出现偏激或呆板之态；语速加快，体现事件报道的及时性和快捷性；重音拿捏到位，节奏自然沉稳。

【练习13】

4月30号，乌克兰东部多地示威活动持续。在顿涅茨克州的顿涅茨克市、斯拉维扬斯克市，亲俄示威者继续在主要道路设置路障，防范乌克兰安全部队进入。亲俄示威者还控制了顿涅茨克州戈尔洛夫卡市的市政大楼和警察局。

代行总统职责的乌克兰议长图尔奇诺夫4月30号宣布，由于俄罗斯对乌采取军事行动的危险越来越大，乌克兰武装力量已经进入全面战备状态。

对此，俄罗斯外交部发表声明表示关切，要求基辅当局停止恐吓本国居民的挑衅性言论，避免使用武力。

——《乌克兰局势动荡：乌东部多地示威活动持续》，《新闻联播》2014年5月1日

播读提示：

乌克兰示威冲突事件说明该国内部矛盾加剧，而且牵涉他国利益。备稿中应结合相关背景材料认真梳理该事件原委，是什么原因促成示威活动四起，是什么力量加深乌俄矛盾对抗。同时应结合当前国际社会发展现状，认真分析两国背后的国际关系背景，形成科学合理的备稿思路。播读中可运用对象感、内在语等表达方法，深入具体播读内容，形成感性与理性相融的播读状态。

第二章　民生类消息播音

第一节　民生类消息播音指导

民生类消息即通常我们所说的民生新闻，是现代传媒快速发展的产物，它植根于本土地域，展现人本色彩，关注老百姓的生存状态、生活空间和生活环境，动态报道对群众有影响有价值的事件及信息。它充分运用现代传播方式，将声音、画面、音效、动漫等元素有机整合于报道之中，从而进一步提高新闻传播的及时性、互动性和快捷性，正在逐渐成为百姓喜闻乐见的新闻传播形式。

关于此类消息播音，我们首先应认真理解其内涵和外延，充分知悉它是采用平民视角来报道寻常百姓生活的传播样式，它将百姓最为关心最为关切的事情通过多种现代传播手段诉诸受众，从而体现出各级媒体对群众生活的人文关怀和社会写照。另外，我们应充分认识到民生类消息在表达基调和表现手法上充分借鉴和运用西方新闻界的“软新闻”样式，对软性材料加工整理的话语表达。它在文本写作和语言传播中倾向于无程式化样态，有较大张弛力度和表达空间，力求口语化，正在成为百姓生活多元化的表达载体。

播读民生类消息，语言总体要求为：语言通俗化、语态生活化、举止得体化、言语亲和化、平民化视角、人文化情怀。语言通俗化可理解为符合日常生活口语化表达，能够从生活中汲取播音创作源泉，力求贴合现实生活语言表达形态；语态生活化需要语言表达保持自然、大方、平和、亲切，能够在强烈的沟通交流中生成不断涌动的语流走向；举止得体化是在节目播出中语言表达和肢体动作配合得当，符合播读内容样式风格，使受众能够由内而外获得多维信息；言语亲和化是在对象感处理中加强对话交流感受；平民化视角是从百姓角度来审视播读内容，着眼于百姓感受体验；人文化情怀是增强播读的人本色彩，强调传播心理的把握和调试。具体可从以下几点着手：

一、认真观察生活，提炼生活语言

有声语言表达是源于生活语言的艺术创作，是在生活语言基础上进行的规范和提升。我们在民生消息播音中，应将生活语言和播音语言有机结合，形成生动具象的语言表达图景。可从以下两方面来把握：

1. 体味生活本真元素

应努力做到认真观察生活，体味生活点滴，探寻到生活语言的本真元素，即情感基础，表达目的，实现路径和最终结果等，形成清晰明确的语言表达链条，并通过这一链条构建出播音心理的新境界，从而进一步揣摩生活语言的表达特点(欣喜语气是怎样的情态，沉郁语气应怎样表达，热情歌颂时应怎样用气发声，唾弃鞭笞时应怎样呈现)，使生活语言积极有效地服务于播音语言创作。

2. 两种语言相融相合

我们不仅要提炼出生活语言的有益成分，同时还要从视觉、听觉、触觉等多种感官中找寻到正确的创作方法，将生活语言和播音语言有机结合，把握其表达的主要内涵，分析其话语目的所在，从感性体验稿件情境和理性辨析稿件内容两个层面入手，做到两者协调统一，共同服务于稿件表达，进而形成层次分明，内涵突出，情感丰富的艺术语言样态。

【例稿 1】

原文	分析
200 多万移民、384 个移民村如何实现稳定发展？中央台记者和郑州台记者近日走进河南的移民村，寻找答案。 这个中秋节，中牟县全店新村村民季廷润过得挺乐呵，村里发了 5 斤鱼，儿女们也都回来了。季廷润：“去年发的是月饼，今年八月十五发的都是鱼。现在这条件，你看，搬到这边之后不管是出去打工还是在村里干活，收入差不多都跟过去比翻一番。”	播读中语气朴实无华，没有刻意修饰，自然、亲切地娓娓道来，体现出现在生活较过去发生了很大变化。

原文	分析
回忆起三年前那次搬家，老季收起了笑容。为了南水北调工程，全店村从400公里外的南阳淅川县整村搬迁到了郑州中牟县，一住下，200多户村民就愁一个事儿：离了家、离了土，这以后可咋生活啊？ 改变源于内外一同发力。为让移民村“稳得住、能发展，快致富”，河南铆足劲抡圆了“三板斧”。 这头板斧叫“三会两创新”，成立民主议事会、民主监事会、民事调解委员会，创新经济发展模式、公共服务模式。目的是让群众实现自我管理。全店新村村支书全自红回忆说，一开始村里计划流转520亩土地，然后建56座大棚，可流转谁的，不流转谁的？多数不同意，急得他直挠头。 全自红：“有几户不愿意，他不愿意是怕丢地了，怕挣不来钱。我们成立了三会，做工作，最后达成共识。” 移民村里的事儿有一长串，最难念的是致富经。河南抡出了第二板斧：将移民项目扶持资金、生产发展奖补金以及各种支农资金打捆儿使用，形成合力。郑州石井村建成了一个占地400亩的养殖场，靠的就是把500多万元的各项资金拧成了一股绳。石井村村支书王建华说，养殖场红火了，村委干脆趁热打铁，成立了合作社，村民入股，利润分红。 王建华：“村里先后吸纳了20多户村民，累计投资60多万元入股，形成了以养牛为主体的特色养殖产业发展格局。”	村干部的话没有夸大渲染成分，有的是基于实际的摸索实践。播读中应将此精神内涵融于表达中，体现出村干部认真做事、一心为民的品质。
穷家难舍，故土难离。这第三板斧打的是情感牌，驻村干部李玉明说，千名移民干部进村入户，包村帮扶，拉回了移民们的归属感。 李玉明：“把自己摆进去，把问题找出来，帮助移民群众解决实际困难。群众有了困难得让他们想到，而且能找到你，大家一起商量来解决这个问题。” 说起未来打算，移民村的人们信心满满：我们刚搬下来，正是创业阶段，照此发展，等再过个三到五年，肯定会更好。	播读中应体现出广大群众充满建设豪情，憧憬美好未来的情感特点，充分体现出移民村在“三板斧工程”推动下科学发展的生动图景。

——《河南“三板斧”破解移民村稳定发展难题》，《新闻和报纸摘要》2013年9月22日

二、突出新闻主旨，语意集中鲜明

民生消息在传播中应切实注意新闻主旨的突出体现，通过清晰流畅的话语表达和言简意赅的精到评析自然揭示出新闻主旨，可着眼于以下两点：

1. 评述有机结合

叙述和评论有机结合可使民生新闻主旨更为外化，更易于受众认识理解。叙述语言带有一定故事讲述性，扬停较多，娓娓道来，生动盎然，语气带有诙谐风趣之意，话语间起承转合自然流畅，段落层次间衔接紧密，能够形成话语表达有机整体。评论点染得体，精准恰当，能够从事件表象分析出其深层次产生根源、社会影响等，使受众有更为细致入微的体验感知。同时注意将两者融合于播读中，形成“你中有我，我中有你”的样态，使受众把握新闻主旨更加准确到位。

2. 节奏鲜明跃动

科学使用语言节奏是播读者应认真练习打磨的重要内容。节奏因情感变化而生发，因稿件内容而多样。民生类消息播音中，应通过节奏变化使语意在“润物细无声”中潜移默化地传播于受众。对重要内容节奏应适当放缓，加重语气，强调该部分内容的重要性，留有更大表达空间；对次要内容节奏可稍加快，做到快慢得当，平实稳健，没有生硬套搬痕迹，不仅体现出新闻内容的主次之分，而且使播读脉络更为具象化。

【例稿 2】

原文	分析
央视新闻公益行动“我的父亲母亲”启动一个月来，很多观众来电来信询问：可以到哪里去做老年痴呆检测？应该怎么检测、如何防治？来看记者的报道。	这是一条关注老年痴呆症检测与治疗问题的新闻。播报者在备稿中应明确这一播出主旨，将感性的亲情体验和理性的社会责任统一于表达之中，这样在处理第一段时就会有较好的情感准备，播报两个问句时语意集中，避免苍白无味的生硬念稿。
目前，我国三甲医院神经内科一般都采用国际广泛应用、简单而易行的简易智力检查法，检测病人对当前时间、地点的识别能力、记忆能力、注意能力和语言功能从而判断患者的病情轻重。	播报这部分时应明确认知科学治疗的重要性，把握简易智力检查法的检测目的和内容。这时的语言表达应是明晓原理、逻辑性强的理性诉求。同时，应注意将生活中类似病例的症状迁移至此，通过真实的病例画面来进一步烘托这一理性辨析，克服说教式的单一播报。

原文	分析
医生建议一旦发现家里老人记忆力明显减退，一定要去做一个筛查。发现和治疗越早，对延缓病情发展越有利。但是记者在采访发现，因为患病引发的社会歧视和羞耻感让很多家庭和病人不愿面对，此外，常规体检中没有痴呆筛查这一项也使许多人感到专门去医院做检查没必要、不方便。	必要的检查和多重原因的干扰形成矛盾，解决问题的关键是什么？应怎样建立健全老年痴呆症常规检查？这都是医疗工作者和全社会人士应关注的问题。认识到上述问题所在，在备稿中就会带着同情和呼吁的情感，就会将患者及家属的苦恼、无助转化为相关医疗体系的建立与完善。把握好这一表达样态有助于再次鲜明地突出语意。

——【我的父亲母亲】《老年痴呆：尽早纳入常规体检》，《新闻联播》2012 年 10 月 20 日

三、划分段落层次，思路清晰明了

播读民生类消息应根据其行文安排特点做好划分段落层次的备稿工作。这样有利于播读思路清晰完整，不仅便于播读者解读新闻原委，同时也可将受众置于新闻事件现场情境之中。以下两方面可做具体播读之用：

1. 根据文脉划分段落层次

民生类消息讲述百姓生活，反映民众呼声，因而在文稿写作中段落层次之间的分析理解就成为重要因素。由此也决定了播读者在备稿中同样应对稿件做出细致梳理，依据文稿脉络划好段落和层次。通常有“总—分—总”“分—分—总”“分—总—分”等层次样式，我们应根据稿件具体情况来采用某种划分方法。在大段落划分之后，小层次的划分更能体现文章脉络的清晰度。所以，应根据不同稿件行文布局来进行有针对性的层次划分。

2. 调整播读思路谙熟于心

播读者应积极调整播读状态，将最佳播读思路统摄于播读全过程中。这需要对稿件内容深入解读、分析、延伸和拓展，做好深加工处理，应对稿件中反映的社会问题做好多层面的理解认知，查找相关线索，阅览影视资料，找准事件问题所在，寻求解决突破口，力争在播出前形成清晰明了的播读思路，从而生发出有思想内涵的创作之声。

【例稿 3】

原文	分析
春蚕到死丝方尽，蜡炬成灰泪始干。很多老师把毕生精力奉献给了教育事业，在他们的节日里，全国各地也纷纷用自己的方式表达对老师的敬意。	第一层总说广大教师奋战在教育第一线，我们应热情歌颂他们的奉献精神。

原文	分析
在江苏常州,74 岁的退休教师孙国华将自己和老伴省吃俭用一辈子攒下来的 190 万元,全部捐给了自己工作过 25 年的学校,用于奖励优秀师生和资助贫困学子。	第二层,由退休教师孙国华捐款给工作过的学校,表达出他工作热情永不褪色,一直关心着学校发展建设这一情感点。
在湖南娄底,有学生在节日前夕赶来看望老师时,发现身边无人照顾的老师欧南保已经瘫痪在床,学生把他送到医院,并联系了欧老师教过的 400 多名学生,大家一起凑齐了老师的医疗费,还在医院附近租下一间房子轮流照顾老师。	第三层,由瘫痪在床的欧南保老师得到他的学生精心照顾提炼出学生关爱老师,相亲相爱如一家人的情感点。
今天上午,获得国家科技进步一等奖的第四军医大学口腔医院颌面外科课题组的主要成员来到百岁老人丁鸿才教授家,同恩师一起分享成功的喜悦。	第四层,由丁鸿才教授的学生获得国家科技进步一等奖并同恩师一共分享这一喜讯概括出难忘师恩,老师永远是学生的指路明灯这一情感点。
从这个教师节开始,安徽含山边远乡村老师每年将获得人均 2400 元的农村任教补贴;北京一家医院每年为房山乡村老师进行免费体检;威海消防官兵来到校园,给师生讲解救生知识,江西、河北、湖北、浙江、四川、新疆等地师生也选择多种方式来庆祝教师节。	上述三个情感点共同交织,为庆祝教师节,形成全社会尊师重教优良风尚的情感抒发样态,并在本层中得到升华,优化了语言表达创作内涵。

——《第 29 个教师节　让我们一起度过》,《新闻联播》2013 年 9 月 10 日

四、明确播讲目的,语气贴合自然

民生类消息播音由于受到不正确的创作思想影响,无章法播音、港台腔播音、随意式播音泛滥于荧屏上。究其原因之一,就是没有明确播出目的,造成语言混沌一片,毫无章法可言。以下两点可为我们提供一些改进方法:

1. 稿件主题思想决定播讲目的

备稿中,应深入具体分析该条消息的主题思想是什么,传播主旨是什么,它是在何种社会环境中生成的,它对群众生活有怎样影响,明确这些问题之后,播讲目的就会跃然纸上。可结合消息写作时间、所讲事件、主要人物、群众反响等层面细致分析主题思想,同时把握好稿件基调,体味其中的态度分寸和感情色彩,进而将这两者有机整合,共同推动播讲目的细化明朗。

2. 语气形式与相应内容相协调

在播音实践中经常出现的现象是播音员语言表达过于理性，端着架子，僵死呆板，没有情感流露，这会丢失稿件原有的情感色彩。因此，播读者应紧密结合稿件相应内容，自如灵活地学会自我引导情感，生成自然生动的语气形式，发挥感染作用，这样稿件的主题深刻性、目的准确性和受众交流性才会活化为生动具象的有声语言传播于受众。

【例稿 4】

原文	分析
今年广州的“无车日”，就像个冷笑话。市领导不带头坐公交了，公车也不封存了，市政府周边的区域也不限行了。有市民表示，本该带头低碳出行的市政府都“懒得作秀”了，还搞这个活动干吗？	备稿中应对广州市政府出台此项规定的原委作一分析，把握清楚新闻事件的来龙去脉。
市府门口车辆川流不息 9月22日是今年的“无车日”，广州市政府没“作秀”。 昨日上午8时，市政府公务员上班高峰期，机动车从市府东门川流而入，直至8时20分，才逐渐“门庭冷落”。 12时许，市人大常委会机关门卫室。《南都》记者在车辆出入登记簿上看到，上午共有36车次的车辆出入登记。这个数字与上周工作日期间的情况差别不大。	与“无车日”形成鲜明反差的是“上午共有36车次的车辆出入登记”，这是一种隐含的讽刺，空头文件效应在这里得到充分展现。
市领导对“无车日”活动的重视程度下降了 2007年，广州加入“无车日”活动。时任常务副市长苏泽群曾带头坐地铁上班。不过这么多年，市领导中也就他一个人这么做过。今年，市政府没有通知说有市领导会乘坐公交出行。 有城建部门的公务员表示，“无车日”原本是市政府一手推广的活动，市政府和公务员应该现身示范才有说服力。据《南都》记者随机采访，大部分公务员都知道昨天是“无车日”。他们普遍认为，今年对于这一活动的宣传力度和效果都不如往年。 有网友认为，“无车日”本应是市政府带头低碳出行，号召市民尽量公交出行的活动，现在却变成市民带头，市政府“拖后腿”。	城建部门公务员的一番话道出了广州市政府“无车日”的尴尬局面。备稿中应对市政府出台此项规定的前因后果有明确认识，对比良好初衷和有令不施，通过有声语言呈现于受众。

原文	分析
韩志鹏：政府不带头，何以服众 广州市交委曾提前发布通知，号召大家乘坐公交。 但昨日上午，市民基本无视这个倡议。中山路、东风路两大主干道的吉祥路和连新路路口，车流情况与往日没什么不同。 往年，“无车日”7时至19时，北至东风路、东至仓边路、南至中山路、西至解放路所形成的区域（不含上述道路）会被划定为限行区。交警和协管员会劝导私家车不要进入，只允许公交、出租车及应急车辆进入。但今年，上述区域并未划成限行区。没有交警和协管员的劝阻，也就没有市民再把“无车日”当回事。 市政协委员韩志鹏在微博上表达不满，称“广州一改往年做法，不再在市政府周边设禁行区域并停驶大部分公车，连‘秀’都不作了！政府不带头，公车不作表率，何以限牌，何以限外，何以服众！”	市政协委员韩志鹏在微博上的言辞更是证实了“无车日”尴尬的原因所在，从事实本身说明广州市政府没有如往年一样加大车辆管理力度，新闻的真实性和可信度大大提升，由此引发的对市政府示范作用的加强和管理措施的细化等问题发人深省。
不少市民表态，建议广州取消“无车日”活动。他们认为，现在“无车日”连市政府都不参加，实际意义已经不大。划定限行区更是加剧了市民出行的不便，“建议以后‘无车日’市政府规定所有公务员都采取公共交通工具出行，市民则随意”。	表达中应有话语归结之感，提出希望——有效扭转现有局面，使传播目的得以清晰呈现。

——《今年“无车日”广州连“秀”都不作了》，《南方都市报》2013年9月23日

五、结合新闻背景，确定核心信息

新闻背景是播读民生类消息需要重点分析的要素。由新闻背景可引申出诸多相关信息，只有分析透彻新闻背景才能科学确定该条消息核心信息，才能找寻出正确的播读路径。可从以下两点予以理解和练习：

1.理出新闻背景类型

一般而言，新闻背景分为人物背景、事件背景、文化背景、教育背景和地域背景等。不同稿件具有其中一种或几种，通常情况下，这些背景信息往往是藏于稿件之中，隐于文字之间，没有敏锐的辨析能力是难以完成此项工作的。这就需要我们在备稿中认真分析稿件内容，结合生活经验和情景迁移，找出相关元素，提取出某种或几种背景信息，为下一步播读做好准备。

2. 强调新闻核心信息

对于民生类消息而言，背景信息有助于我们知悉核心信息。应始终将核心信息置于首位，稿件每一部分内容都是核心信息的具体表现和外化延伸。同时具体表达时应紧密结合核心信息，做到语气坚实有力，语调积极上扬，语速较快，力求在通畅自如的播读环境中突出核心信息的重要性。

【例稿 5】

原文	分析
9 月 15 日，在七十三团金岗循环经济产业园一家企业里，点点焊花映红了工人们的脸，努尔兰聚精会神地操作着手中的电焊机，从他身上你一点也看不出昔日牧人的影子。 努尔兰是该团八连哈萨克族牧民，自今年 3 月参加了团里举办的电焊工培训班后，在家门口的企业实现了就业，现在每个月收入 3000 多块钱。	充分运用情景再现将努尔兰熟练操作电焊机的画面浮现于眼前，有助于话语表达的跃动分明。
据这个团最新调查数据显示：全团 503 户少数民族家庭 1551 人中，有劳动能力的 1176 人全部通过发展种植、养殖业及进厂务工等实现就业，280 多户贫困家庭全部脱贫，仅今年在团部买楼房的少数民族家庭就有 210 户。	注意强调统计数字，说明实现就业和脱贫范围在扩大，人民生活水平日益提高。
七十三团耕地少、盐碱重，曾是农四师出了名的贫困团场。近年来，该团不断探索新途径、新办法，走科学发展道路，着力增强少数民族群众的“造血”功能。 传统农业产值低、收入低。该团致力于发展现代农业，先后筹资 4000 余万元，建设万亩有机葡萄产业园、万畜精养基地、万亩有机水稻种植基地等，并出台一系列优惠政策，扶助少数民族家庭增收致富。 如今，这个团 309 户少数民族家庭每户拥有一座面积 0.8 亩的有机葡萄大棚和 10 亩露地葡萄，232 户少数民族家庭建起了标准棚圈发展设施养殖业，70 多户少数民族家庭种植水稻 3000 多亩。 今年，八连哈萨克族牧民吐逊江的葡萄大棚纯收入 2 万元。四连哈萨克族牧民赛力克的 80 亩水稻单产达 700 公斤，收入 10 万元。他还种了 10 亩玉米，养了 4 头西门塔尔奶牛。	理清播读思路，明确七十三团为谋求科学发展做出多项举措。先总说再分说，形成观点鲜明、材料有力的播读样态。语调适当上扬，表现欣喜和成就之感，停少连多，传达蒸蒸日上的建设景象。

原文	分析
虽然七十三团缺资金、缺资源、缺项目、缺人才，但该团党委树立“我用即我有”的资源观和“无中生有”的发展理念，在短短两年内引资96.78亿元，引入28家企业落户金岗循环经济产业园，并于去年年底使其升格为兵团级产业园。 新型工业的发展，为团场提供了更多的就业岗位。这个团500多名少数民族群众通过技术培训，当上了产业工人。	节奏紧凑，跃动分明，将团场建设的背景信息充分呈现于受众，使感性体味和理解思索共同融合于播读中。
扶贫先扶智。团场利用农闲加大少数民族群众政治、法律、技能等多方面培训力度，使他们的传统就业观念得到转变，生产技能得到提升。 过去足不出户的哈萨克族妇女，如今走出家门劳动致富。四连哈萨克族妇女努尔加玛丽种植了20亩水稻、10亩玉米，买了一台插秧机，今春仅插秧一项就收入2万多元。	播读中突出“扶贫先扶智”，这是少数民族群众生活得以改观的决定性因素。

——《七十三团上千少数民族群众全部就业》，《伊犁垦区报》2012年9月24日

（获第二十三届中国新闻奖二等奖）

六、找准语句重音，语流自如畅达

语句重音是播读中需要强调的词语，它分为语法重音和逻辑重音。民生类消息传播信息快捷，更需要找对重音，在较短时间内准确无误地把信息传播于受众。同时，语言流程的通畅自然，不仅可以使播读思路更加清晰，还有助于重音的强调突出。具体可从以下两方面着手练习：

1. 合理确定逻辑重音

语法重音在稿件中清晰可见，我们在播读中也往往按照语法重音加以强调。殊不知，脱离了逻辑重音的消息播音是没有认知条理的杂乱表达。因此，在备稿环节就应做好逻辑重音的清晰确定。结合稿件内容，认真细致地理解分析事件开端、发展和结果，以及相关矛盾冲突点和群众聚焦点，这样有利于科学确定逻辑重音，形成表达恰当适度的播读情态。

2. 气息调节语流通畅

逻辑重音和语法重音找准之后，就应在不断变化着的语流中将其外化表达。“要变声音先变状态”，而这状态的微妙变化正是源于气息的有效调节控制。胸腹联合式

呼吸是播音创作中应始终坚持的正确呼吸方式。在民生类消息播音中，更应将其运用于持续不断的话语传播中，形成收纵自如、调节适度的气息运动状态，从而进入“气随情动，声随情起，气生于情而融于声”的生动表达境界之中。

【例稿 6】

原文	分析
夜间盗窃电动车白天销赃，身揣假购车手续路边推销，可疑身影被巡逻保安发现，微信传图便衣民警迅速出击设伏。近日，海淀分局曙光派出所便衣探组与巡逻队员联手，跟踪五公里成功抓获两名专门盗窃电动车的犯罪嫌疑人，现场起获两辆被盗电动车、作案工具和假章假票。	总说抓获犯罪嫌疑人过程，形成清晰明朗的播音思路。
2014 年 4 月 30 日上午 11 时许，某大型购物中心保安部的小陈在商场附近地铁站巡逻时，发现两名可疑男子分别骑着两辆电动车向周围群众推销，小陈迅速给曙光派出所探长谭飞打电话通报情况，并用手机拍下现场照片通过微信发给谭飞。谭飞让小陈在远处对两名可疑男子进行观望，不要打草惊蛇，同时带探组成员赶往现场。 两名男子在地铁口转了一圈就骑上车向南行去，小陈马上也骑上车向南追去，谭飞探组驾车沿途寻找最佳抓捕时机。 11 点半左右，当两名可疑男子骑行到华澳中心时，民警和保安两面夹击，将正在推车过天桥的两名嫌疑人抓获。在现场，探长谭飞发现两人所骑行的电动车的启动开关有明显的撬痕，从嫌疑人放在车筐中的挎包里，起获一把压力钳、一把改锥和其他盗车工具。随后，民警将这两名犯罪嫌疑人带回派出所进行审查。	备稿中勾勒出犯罪嫌疑人行径路线，以此形成语言表达的动态感受。播读者随之一同进入抓获现场，增强语言表达的新鲜感，强化语言传播的及时性和快捷性。
经审查，犯罪嫌疑人余某、李某去年曾因盗窃罪被公安机关处理。余某交代，这两辆电动车分别是海淀区车道沟地铁站和丰台区某小区盗窃所得，都是利用压力钳将电动车车锁链剪断，再用事先准备好的备用钥匙将电门捅坏的。但是令两人没料到的是，昨夜刚盗窃了两辆电动车还没来得及出手就被民警抓获。为了让盗窃来的电动车更容易出手，二人还从网上购得假章、假出库单，每当偷到电动车后，他们就将电动车型号填写在假出库单上，并加盖假章，以便掩盖电动车是盗窃所得。 目前，犯罪嫌疑人余某、李某因盗窃罪已被海淀分局刑事拘留。案件还在进一步审理中。	播读中应有一定画面感，充分发挥播读者想象和联想，展现接连有序的事件画面，从而使语言表达更加灵活自如。

——《便衣探长建微信“安防群”》，《北京青年报》2014 年 5 月 8 日

第二节　练习材料及播读提示

【练习 1】

【导语】今晚《新闻纵贯线》的关键词就一个：洪水。受上游强降水的影响，今天嘉陵江重庆段出现了今年以来的最大洪水，据重庆市防汛抗旱指挥部通报，截至今天 18 点，东津沱站的洪峰水位达到 212.58 米，超过保证水位 5.65 米；另外，北碚(三)站在下午 6 点的洪峰水位为 199.31 米。来自重庆市海事局的通报，由于洪水的影响，今天在嘉陵江上出现了多起船舶险情。其中，有两艘餐饮船翻覆沉没。下面来看看当时现场的情况。

【正文】今天下午，湍急的江水导致嘉陵江渝澳大桥水域一艘餐饮船与陆地连接的部分缆绳发生断裂。下午 4 点过，救援人员登上这艘名叫“周洪渔船鱼”的餐饮船疏散被困的 10 名船员，突然，餐饮船和陆地间仅剩的一根缆绳断裂，船只向下游漂去，一分钟后与另一艘餐饮船发生碰撞，导致“周洪渔船鱼”餐饮船翻沉，船上 11 人全部落水。

【正文】同期：翻船碰撞(34 秒)

【正文】同期：一个、两个、三个、四个、五个，还有五个(遇险者)。

【正文】出像：重庆电视台记者穆黎一

现在我们可以看见，漂浮在下面的(洪水中)船上，船底部还有几名幸存者，但他们正逐渐地向下游漂去。

【正文】事发后，海事局和市公安消防总队立即展开施救。由于担心出事船舶对下游的渝澳大桥和嘉陵江大桥造成破坏，市交巡警总队对大桥进行了交通管制。

【正文】出像：重庆电视台记者穆黎一

现在是下午的 4 点 34 分，我现在是位于朝天门大桥和大佛寺大桥这段水域的旁边，我们现在看见海事部门已经组织了多艘的船艇实施救援。

【正文】字幕：20 分钟后

【正文】经过紧急施救，到下午 6 点左右，落水的 11 名人员全部获救。“鑫缘渔港”餐饮船断缆漂流至渝澳大桥处固定，暂未危及下游桥梁和船只。

——《嘉陵江一餐饮船翻沉 11 人落水》，重庆电视台新闻频道《新闻纵贯线》2011 年 9 月 20 日 21 点

(获第二十二届中国新闻奖二等奖)

播读提示：

播读中应注意抢救现场的紧急情况，确定播读基调——紧张情境中的有条不紊，由此确定播读语言样式，与原文风格一致。在查阅相关材料基础上，对事件现场进行

再想象和再还原，展现出一幅幅生动鲜活的救援画面，带动播读语言自然外化。语言中饱含快速营救，减少损失，避免伤亡的人文精神关怀。语速疾缓有致，随着救援现场开展工作的节奏步调，相对应地进行语速调整，使语言动态感更为强烈，语言表达更具真实性和可视性。

【练习 2】

最近两年里，北京北医三院、朝阳医院、友谊医院等 10 余家大医院都以保证用药安全、政策要求、人手不足等原因相继关闭了“便民门诊”。不仅在北京，从去年开始，浙江省人民医院以及深圳的不少大医院，也纷纷取消了“便民门诊”。由此，过去只需携带门诊病历手册就能直接开药的服务也就随之结束。

“便民门诊”是医院为方便患者，提供开处方、拿药以及进行一些简易医疗处理的服务门诊，主要服务于三类患者：一是只想开点药，不需要就诊的病人；二是只需做简单检查或定期复查的病人；二是需长期吃某种药物的慢性病患者。可见，“便民门诊”的确比较便民。大医院相继取消了“便民门诊”，市民今后去哪儿开常备药呢？

记者走访了郑州多家医疗机构，发现各家医院都设有与“便民门诊”同样功能的简易门诊。南阳市第二人民医院的“便民门诊”开办两年，挂号费 5 毛钱，门诊科主任刘喜成说，这远低于几块几十块的专家挂号费，让一些需要长期吃某种药物的慢性病患者省去了排长队挂号之苦：

刘喜成：“只要是明确确诊的疾病，都可以看，比如说糖尿病、冠心病病情都很稳定的。开药就开，检查就开检查，手续方便。”

而对于外地接二连三取消“便民门诊”的消息，记者采访时，河南多家医疗机构都表示不会盲目取消，近期也没有这个打算。

——节选自《河南多家医院坚持办便民门诊　或将开启“淘宝模式”》，
中国之声《新闻晚高峰》2014 年 8 月 29 日

播读提示：

百姓看病难问题一直是困扰群众生活的重要难题。落实科学发展观，真正做到百姓有病医、有药拿是一项巨大惠民工程。备稿中，应注意开设“便民门诊”的多重社会背景，其中既要加快医疗体制改革，也需地方政府举措得当。要有效迁移社会经验，将既往相关新闻报道与此条消息进行对比，找出相同点和相异点，这样可使播读思路更为清晰，语句传播目的更为鲜明。对相关人员的话语表达应注意话语态度分寸，保持自然平和语态，不可偏于一边，影响整体播读效果。

【练习 3】

“菲特”台风造成浙江 874 万人受灾，水库超汛限水位，运河船舶滞留，蔬菜价格上涨，中小学停课，余姚水位下降可能还要五六天。

截至目前，台风“菲特”已造成浙江省80个县、市、区的874万多人受灾，因灾死亡人数提升至7人，失踪4人。今天，浙江全省15座大型水库和42座中型水库仍超汛限水位，杭嘉湖东部、绍兴、姚江和鄞州、奉化等地全面超过保证水位，前期水位暴涨的余姚、嘉兴的水位可能还要近一周时间下降到安全线。

截至今天12点，余姚站水位从最高的5.33米退到4.99米，嘉兴市河网还是维持在4米43左右的历史最高水位，近24小时内全市水位才下降了5厘米。因京杭大运河水位上涨，杭州段滞留了624艘船只，海事部门每天用海事艇接送他们上岸买生活用品，并免费为船户提供自来水。

“菲特”给电网造成较大影响，宁波鄞州昨晚10万户居民停电，目前尚有8万户还没有通电；温州停断电的近33万用户今天已有七成恢复供电。

宁波东西向主干道今天仍未全部畅通，许多学校大面积进水，校园清洗和消毒防疫工作正在进行，海曙区、江东区、江北区及高新区中小学幼儿园今明两天继续停课。

由于杭州余杭、萧山等地40多个蔬菜基地17000多亩蔬菜被淹，叶菜价格直线飙升，青菜每斤价格在两块八毛钱，生菜每斤卖到了五块两毛二。

蔬菜经销商高老板：“大水把那个路封牢了，车子进不去。今天波动太大，比原来影响要一倍了。起码比上次波动要一倍。”

据不完全统计，浙江全省因洪涝灾害造成的直接经济损失上升到近276亿元。

浙江省商务厅调节处副处长郑秉：要求省级重点响应企业按照灾区要求，他们需要什么我们就调运什么，保证市场供应。对应急响应企业的调运进行一定补贴。只要这个超市在营业就马上配送进去。

——节选自《“菲特”台风致浙江874万人受灾　菜价翻倍中小学停课》，
中国之声《全国新闻联播》2013年10月10日

播读提示：

备稿中应对产生“菲特”台风的自然因素和引起的地区灾害进行细致分析，形成思路清晰、结构科学的播读样态。应收集整理相关文字和影像资料，对灾害发生有一定感性认识，进而结合播读稿件有针对性地开展狭义备稿。“运河船舶滞留，蔬菜价格上涨、中小学停课”这些问题都具有一定代表性，应充分运用合理的语气和语调对上述事件具体情形加以语言表达。语气紧张感较强，语调上扬不掉，语速保持较快，这样可使新闻现场更好地呈现于受众面前。

【练习4】

南京今天起对违章停车实施“史上最严”处罚，即使是电子警察抓拍也要罚款100元记3分。

南京主城停车收费15号起将大幅上涨，核心区干道停车停满24小时要交244元。有市民表示，宁可违规停车被罚也不愿交停车费，但这并不是好办法。南京市交管部门昨天发布通告，规定从今天起，主次干道、支路街巷违规停车都要被罚款100元并且记3分。

交警张伟说，这条道路两侧已设置了禁停标志，用漆划了禁停黄线。原来违停都是按照罚款50元不计分来处罚的，根据新规，现在只要是没有停在车位里的车辆，都要按照罚款100元计3分来处罚。南京市交管局执法大队大队长蔡卫国也表示：不管是什么取证方式，它的法律责任是按照相关法律规定来确定的，监控也好，贴单也好，拖移也好，如果是在设置禁止停车禁令标志或者施划禁止停车标线的区域内的话，我们都是按照100块钱记3分来进行处理的。

——《南京实施最严违停处罚　主次干道违停罚100记3分》，
中国之声《全国新闻联播》2014年6月11日

播读提示：

机动车违停是城市快速发展的产物，避免此类现象发生，既需要全社会民众增强城市道路交通法规学习力度，也应在多层面实施科学有效的管理办法。播读中可运用对象感、内在语等表达技巧，使播读具有较强针对性，受众对播读语意的理解也会随之提高。同时，应注意划分好段落层次，此条消息采用了“总—分—总”的层次安排。为了使播读层次感更为鲜明，我们在播读中也应随内容推进而将语气、语调和语速加以微调，做到语句的动态表达。

【练习5】

广西5月1日将开通首条“12349防走失热线”，帮助走失者回家。“12349公益热线”工作人员将在南宁、柳州、桂林等地免费派送10万个“防走失蓝手环”。目前，柳州市已有300名市民成功领取蓝色手环。

“防走失蓝手环”是用绿色环保的硅胶制作的，具有柔软、耐磨损、易佩戴等特点。内侧刻有代码和“手环持有者有困难，请致电12349求助”字样。每位持有者固定一个代码，每个代码在“12349防走失热线”处可查到对应持有者的家庭住址、家人联系电话等信息。

柳州市社区服务中心副主任苏恩明介绍，5月1日起，柳州市将开通“12349防走失热线”。爱心人士如果在路上看到迷路的人，只要他(她)戴有“防走失蓝手环”，可直接拨打12349防走失热线并读出蓝手环内侧的代码，热线工作人员能马上查到持有者的信息，及时通知他们的家人，帮助走失者回家。

目前，广西60岁以上的老人有600多万人，70岁以上的老人有400多万人。近年来，老人走失事件频繁发生。据了解，截至2012年，柳州市60岁以上老年人达到

51.56 万人。柳州市救助管理站 2013 年救助的 3835 人中，60 岁以上老人 300 多人，大多是走失、迷路者。

——《广西将开通“12349 防走失热线”免费派送十万蓝手环》，中国新闻网 2014 年 4 月 23 日

播读提示：

本条新闻说明了城市老龄化问题日益突出引发的政府举措。备稿中应对这一社会问题有一定理解认识，对老龄化引发的多重社会现象有一定了解感悟。播读中应充分运用情景再现和对象感等表达技巧，对蓝手环形状构造和功能效用进行有针对性的画面感受，对受众接收信息的难易程度也应作出一定估量，语言表达清晰，传播目的明确。在外部技巧运用中，应注意停顿和连接、节奏调控的具体把握，将稿件脉络层次得以鲜明外化。

【练习 6】

①窨井盖作为“城市纽扣”，与整个城市的形象和定位密切相关。近日，浙江省杭州市多地人行道窨井盖美化工程开工，杭城的道路一时间镶起了五彩的新“纽扣”。

②23 日，杭州拱墅区人行道窨井盖美化工程在该区董家路正式开工，这也标志着该市第一条全面实施窨井盖美化工程的道路正式启动。24 日上午，杭州上城区的窨井盖美化工程也开始全面实施。

③记者了解到，井盖上均被穿上如“三潭映月”“柳浪闻莺”等西湖十景图案的“潮服”，用新型的玻璃钢纤维材料复合加上各种图案制模冷压而成，并通过艺术化的手法，将其产权管理单位名称和抢修电话公布在井盖上。

④据拱墅区城管局市政园林管理所副所长赵强介绍，杭州市窨井盖美化主要以涂鸦、橡胶颗粒、水晶颗粒和球墨铸铁制模等几种美化形式为主。在今年 12 月底前，该市将有 30 条道路实施窨井盖美化工程。

⑤年内，拱墅区城管局市政园林管理所主要对董家路、灯彩街、潮王路、香积寺路、绍兴路、教工路 6 条道路人行道上的市政雨、污检查井盖进行窨井盖图案美化及更换试点工作，整个工程共更换美化窨井盖 73 套，于 12 月 26 日前全面完成。

⑥届时，杭城各大窨井盖有望同秀最炫妆容。

——《杭州给窨井盖穿潮服　打造最炫城市纽扣》，中国新闻网 2013 年 12 月 25 日

播读提示：

城市基础设施建设是城市发展的重要组成部分，作为城市形象的窨井盖更应加以美化，使这一“城市纽扣”焕发无限生机活力。备稿中应划分好段落层次，全文采用了“总—分—总”写作方法，即①为第一层，②—⑤为第二层，⑥为第三层。播读中语气自然平和，带有喜悦之情，表现出“城市纽扣”的面容一新，城市形象大为提升。语速不宜过快，保持中速偏快即可，将事件进展清晰完整地介绍于受众，增强受众对语言表达的深入理解。

【练习 7】

最近气温持续上升，不少人开始整理换季衣物，一个现实难题就是：不再穿的旧衣该如何处理。对不少人来说，这些衣服是留着占地，弃之可惜。不少人希望能把衣服捐给有需要的人或者是贫困地区，做点好事，但却发现，这也并不容易。不少民政部门甚至公益组织因为旧衣回收过程繁琐，而不接受义务捐赠。

不过最近北京网络上开始热传一条消息：有人会上门回收旧衣物，并负责捐献给贫困地区。记者找到了这位声称可以上门取衣的“快递哥”窦逗。他说，自己做这项工作已经有三年时间，这期间经手捐献出去的衣服超过十万件。最近因为一些活动的推介，不少人知道了他，最近几天他的电话已经被热情的捐献者打爆了。

据“快递哥”窦逗介绍，最初因为当时有人找到他，希望能够给贫困地区捐赠一些衣服和书籍，托他来去托运。后来他就开始自发在北京回收家庭不用的一些衣物，经过简单的打包处理之后，定向运输到一些地方。

其实衣物回收在我国面临着不少的难题。一件闲置的衣物，从被好心人从衣柜中清出，到有需要的人手中，中间需要经过挑选、分拣、清洗、晾晒、消毒、烘干、包装等一系列繁复的工序，会消耗巨大的人力物力，而这也让许多公益机构对旧衣捐赠望而却步。目前民政部门和红十字会等组织大部分都不接受衣物捐赠。与之相对的是，其实我国不少贫困地区确实需要这类帮助。

旧衣物捐赠在我国目前是存在着很多的困境，要打通捐赠人与受助人之间的渠道，不只是公益机构或者是单个个人的事，而且需要捐助人、受助人、公益组织、专业企业、政府的通力合作，少了任何一方这条通道可能都无法畅通。

——《北京“快递哥”热心公益　三年经手捐献出十万件旧衣物》，
中国之声《新闻晚高峰》2014 年 5 月 25 日

播读提示：

旧物回收是我国许多城市在发展中面临的社会问题。如何有效解决此类问题成为摆在大家面前的一项课题。备稿中应明确认识到，北京等城市结合本地居民实际情况，有针对性地开展旧衣物回收再利用，对于本城居民和偏远地区人民而言是有利之举。在具体播读中，应充分运用节奏、语气等外部表达技巧，将事件讲述和评析有机结合为一体，播读层次分明，表达脉络清晰，信息重点把握得当。

【练习 8】

“妈妈，我要出去一趟，晚点回家陪您。”61 岁的刘伟每次要离家办事，都要这样向母亲“请示”。昨日，他说，自己非常珍惜和妈妈在一起的时光，希望能让老人安度晚年。在武昌宝安社区，说起刘伟离别日本妻女，回国照顾母亲倪婆婆的事情，街坊们啧啧称赞：真是个孝子。

81 岁的倪婆婆家住宝安社区 4 栋。昨日下午，记者来到她家，只见屋内收拾得干干净净。老人笑着说，多亏了从日本回国的儿子精心料理，家里恢复了生机。

倪婆婆介绍，她是武汉人，年轻时和爱人在贵州工作，从 1953 年起，四个儿子陆续出生，刘伟是长子。在贵州，刘伟认识了如今的妻子，两人结婚成家。他岳母是解放前来华的日本女学生，1985 年，夫妻俩跟随思家心切的岳母到了日本，并在日本定居。刘伟靠帮人开货车维持生计，日子过得紧巴巴，尽管如此，出国第一年，他依然设法筹钱，两次回家探望老人。

经过多年发展，如今刘伟和妻子在日本不仅有了一家酒吧，还在经营建筑行业。今年 5 月，刘伟偶尔得知老人又生病了，而且还住了院，他焦急不已，和家中妻女商量后，毅然决定放下事业，回国照顾老人。6 月底，刘伟回到母亲身边，家里又恢复了笑声。“我其实很希望孩子能回到身边，但又开不了这个口。”倪婆婆说，她的奶奶和母亲都患有心脏病，两人都是在睡觉时突然离去的，自己也有心脏病，所以晚上长期睡不着觉，生怕会有不测。儿子回来后，她睡得踏实多了。街坊李女士也说，自从刘伟回家后，婆婆的精神状态好多了。

目前，刘伟正在办理身份证及户口事宜，他说，养儿为防老，如果自己连母亲都无法照顾，心里会很不安，如今老人年纪越来越大，他会一直陪在老人身边。

——《孝子别妻女回国照顾母亲　老人：终于可以睡个踏实觉》，《楚天都市报》2014 年 9 月 2 日

播读提示：

爱老人，尽孝道是中华民族的传统美德。这在该条消息中得到淋漓尽致的体现。备稿中应深切感受到，刘伟作为倪婆婆的亲生儿子，远在日本思家心切，牵肠挂肚——这种浓浓的亲情正是感染受众的关键点所在。我们应通过广义备稿和狭义备稿，对该条消息有更加深入的理解认知。在具体播读中做到语气亲切自然，平和舒缓，节奏保持中速，把受众带入感人至深的亲情世界之中。

第三章 科教类消息播音

第一节 科教类消息播音指导

科教类消息主要报道我国及国际社会科学技术、教育行业及相关文化产业的最新发展信息和资讯，同时对其加以评论分析，以推动相关领域科学发展进程。

在当前我国科学技术快速发展的时代大背景下，新闻传播组织机构也将其列为重点传播内容，各类媒体争相报道科学技术和教育发展信息。它们不仅开设有专门频道或栏目以海量信息给予受众，更将传播手段优化重组，集视觉、听觉、触觉等多感官接收于一体。受众通过新闻媒体获知科教信息，从中学习文化和提升认知；新闻媒体将科教新闻作为引导受众关注科教发展格局，提倡文明新风，转变观念认识的重要实现途径。科教类消息有多重传播价值，直接或间接影响着受众认知结构和分析判断，是现代社会生活中受众获取信息不可或缺的渠道。

播读科教消息，重在学习专业知识，提取重点信息，洞察事件趋向，把握发展进程。学习专业知识是每位播读者应做之事和必做之事。具备良好的专业知识储备，形成多维度多层面的专业知识能力，可帮助播读者有效进行稿件分析，多角度分析稿件表层和潜在科技信息含量，从而准确无误地将科教消息传播给受众；提取重点信息，是在多重信息中寻找到最为核心最为重要的信息，认真辨析哪些是重点信息，哪些是次要信息，不将两者混淆模糊，清晰明确地将重点信息传播于受众；洞察事件趋向，是在备稿过程中对该条消息所折射出的科学技术和教育事业发展趋向予以准确把握，动态式地分析理解发展潮流走向，以何种形式何种面貌引领相关行业跨越前行；把握发展进程，是在分析趋向之后进一步细化发展行进路线，宏观层面中国家会实施哪些政策措施以推动科学教育事业科学发展，微观层面上各行业各领域会出台哪些具体办法细则以形成良性发展格局。

一、科学归纳新闻主题，准确把握信息含量

科教新闻传播科学教育信息，展现相关行业发展前沿动态、最新工作进展形势。它在追求客观真实的基础上，将较大较广的专业知识融合于新闻中，特定指向科研教育领域某一方面。具体可着眼于以下两点：

1. 思维缜密归纳主题

此类消息的特殊性决定了新闻主题的指向性非常明确，且具有一定的专业技术含量。播读者不仅要细致分析稿件内容，而且要紧密结合相关专业知识，展开横向和纵向相结合的主题归纳。横向分析即结合与之相同或相近学科知识进行多维度剖析，构建系统规范的知识联系框架，找寻到其相同点和相异点；纵向分析即拓展此专业领域的起源、发展、兴盛和展望，梳理清晰脉络。这样有助于播读者科学归纳主题，明确其内涵，开拓其外延，为下一步播读做好准备。

2. 调动储备分析信息

专业性突出是科教类消息的一大特点。播读者虽不是该领域研究人员，但可充分调动既有知识储备，开展知识迁移和多面延伸，运用观察法、调查法和模拟法等多种科学研究方法来动态分析播读信息。同时，可走访相关科研人员、优秀教师，抱着虚心求教的态度从他人那里汲取学习知识，还可通过观摩科教影像资料，查阅文献材料，聆听大学课程等，多角度多层面准确把握信息含量。

【例稿 1】

原文	分析
日前，拖着行李箱刚刚报到的清华大学2014级新生马晓君没想到，学校为她和3500多名新同学量身定做的“大一行动计划”，竟是一堂体育课。“从新学期开始，清华将恢复强制锻炼传统，要求学生每天下午四点半走到操场、进行体育锻炼。这既是清华百年来的体育传统，也是‘三走’活动在校园里的生动体现。”清华大学团委副书记胡凯介绍。	播读中应注意把握语气，平和中带有微妙的变化，体会由马晓君同学所闻而带来的对“三走”活动的极大感触。
胡凯口中的“三走”，是今年年初共青团中央、全国学联联合教育部、国家体育总局开展的大学生“走下网络、走出宿舍、走向操场”主题群众性课外体育锻炼活动。截至目前，全国已有超过1200所高校开展活动41000余场，覆盖学生1600余万人次，以“三走”为主题的微博点击量达1亿余次，参与、分享“三走”成为大学生微信圈里的重要话题。	备稿中应从广义备稿着手，深入分析当前大学生体质下降的多重原因，对稿件传播主旨有深层理解。

原文	分析
中国人民大学团委副书记阿勒泰·赛肯用“正当其时”形容这场打响在操场和网络间的“争夺战”:“十年前我们上大学时,大家爱体育、想运动,但学校的器材设施跟不上。现在硬件条件好了,体育场馆、器材样样俱全,但学生们就是不肯到操场上活动活动,可体育锻炼正是人才培养的关键环节。”教育部此前公布的数据也显示,近年来大学生体质健康下滑趋势依然没有得到遏制,在很多指标上,大学生甚至不如中学生。	通过今昔对比,形成语气和语调变化的情感基础,播读之前内容时语气暗沉,语调徐缓,播读之后内容时语气明朗,语调上扬。
“刚发出‘三走’倡议时,我们心里也有点忐忑,学校和学生们会响应吗?为此,在普遍号召基础上,我们还专门选取6个试点省份和10所试点高校。团中央书记处第一书记秦宜智对活动非常重视,亲自给试点高校领导和全体师生写信,鼓励高校积极探索创新、广泛持久深入开展。事实证明,‘三走’击中了学生需求的关键点,学校务实的举措更让它没有变成一句空洞的口号。”团中央学校部部长杜汇良坦言。而如今,蓬勃向上的运动身影,已经成为众多大学的一道亮丽风景线:郑州大学“阳光运动,我要健康——早餐工程”活动中,“晨跑换早餐”话题一度登上新浪微博话题榜第四名;团中央的抽样调查也显示,高校大学生对“三走”活动的认知率达90%以上,对体育锻炼的自觉性明显增强。	备稿中找准信息解读关键点,即“三走”活动是有效调动大学生锻炼身体积极性的一剂良方。播读中语流连贯自如,节奏明快,体现当代大学生良好的精神风貌。
杜汇良透露,按照团中央书记处的部署,从今年开始,“三走”将成为全国高校一项常态活动,团中央、全国学联将会同教育部、国家体育总局在今年基础上制定活动开展指导性意见,建立学生身体素质提升工作长效机制,优化开展活动的条件资源配置,形成与课堂体育及体质测试评价相衔接的机制安排,真正让强健体魄、健康生活成为大学校园经久不息的风尚。	播读中思想认识有一定高度,表达思路明晰,语句重点把握到位,结合实际形成流畅自如的播读图景。

——《打响操场和网络间的“争夺战”》,《光明日报》2014年9月1日

二、注重内容科普性,增强语言可读性

现代传媒广泛而深入地传播科教信息,其主要目的在于对人民群众普及科学知识,增强科学认识,提升受教育层次。这一传播宗旨决定了播音创作中应有效地将科普性和可读性有机结合,做到两者兼顾得当。可着眼于以下两点:

1. 重视科普性传播

科学知识的普及应用在当前社会中占有愈发重要的位置。我们在播读中应深入具体地解读消息中的专业术语，通过查阅文献资料准确理解其概念，对此类信息的内涵和外延有一定认识，对其在社会发展中的作用有一定知悉，应从宏观角度重视向受众传播科学技术及教育信息，从微观层面向受众介绍并普及科学文化知识，使播读目的更加明确。

2. 增强可读性解析

受众不是面面俱到的行家里手，不是“全能型运动健将”。在受众没有完全理解相关信息的基础上，播读者更应增强可读性解析，力求在较短时间内浅显易懂地将信息传播于受众。在不改变原文信息的基础上，可适当调整或增减信息，加入一些解释性话语，联系生活实际列举生动形象事例，使语言表达通俗易懂，朗朗上口，使受众在轻松愉悦的氛围中接收信息。

【例稿 2】

原文	分析
我国首次太空授课活动圆满完成，这也是世界上的第二次成功实现这样的“天地课堂”。为了精彩呈现出这特殊的一堂课，多部门合力协作，使载人航天工程成为培养青少年科学精神的生动载体。	播读导语应提取出信息重点，即多部门合力协作成功完成此事。
此次太空授课活动，由中国载人航天工程办公室、教育部、中国科协、中央电视台等多部门协力合作完成。 为了圆满完成此次授课，“主讲”王亚平、“助教”聂海胜和摄像张晓光在知识储备、演示技巧、语言表达和拍摄方法等多个方面接受了针对性的培训。科普专家、载人航天专家、教育专家和传媒专家等对太空课堂进行了重点设计。围绕着太空失重环境这一特点，精心安排了 5 个基础物理实验，展示了失重环境下物体运动特性、液体表面张力等天地不同的物理变化，展现出失重环境下的奇妙景象。	相关专家及工作人员的通力合作，使本次课程有丰富的讲授内容和多种实验设计。播读中应结合相关影像资料对该点有深入认识，明确科普内容的科学性和趣味性。

原文	分析
教育部精心选择、确定太空授课地面课堂,并根据青少年的身心特点,确定以初中和高中学生作为主要授课对象,330余名中小学生参加了地面课堂,实现了天地互动。教育部还向全国提前发出通知,倡导8万所中学6000多万中学生收看现场直播。	播读中应有一定的对象感,充分知悉中小学生是科普活动的主要对象。
与以往只以媒体身份报道载人航天工程不同,这次中央电视台作为太空课堂的参试单位,从始至终参加了太空授课的总体策划和授课脚本的设计,同时具体负责公共信号的制作。此次太空授课的地面课堂,载人航天测控系统保障了太空课堂航天员与地面课堂的双向音视频通话互动的能力,而这双向的音视频则由中央电视台设在北京飞控中心、地面课堂及央视本部的转播系统,以直播的方式传送到了千家万户。	备稿中应对媒体传播作用有多层面认识,传播技术支持是直播成功的关键要素,应通过情景再现对讲授画面有一定感受和认识。

——《多方协同　精彩呈现我首次太空授课》,《新闻联播》2013年6月20日

三、提高传播导向性,引导受众正确思考

科教消息的舆论传播导向,是媒介传播者运用现代传播手段将社会舆论进行宣传的组织行为,不仅直接影响到该项事业发展,同时也间接形成了广泛持久的舆论氛围。我们在语言表达中应做到以下两点:

1. 不断提高信息导向性

积极宣传正向的社会舆论,引领科学教育事业健康、持续发展,不仅是相关领域工作者的基本职责,也是每一位有声语言创作者的工作本职。可在备稿中设计传播导向流程,稿件中哪些内容需要作出引导,哪些内容可自然过渡,哪些内容应科学归并,这都是我们应认真备稿的细节之处。表达中坚持正确的导向,沿着科学的播读思路实现导向性的延伸拓展。

2. 有效增强受众参与性

片面强调传播内容的重要性会忽视受众的广泛参与,因此,应有效兼顾受众思想感情,注意科学归纳其心得体会,并据此进一步引导受众积极参与到信息传播之中。这里需要增强对象感的艺术加工,单一的假想是无法有效引导受众的,应从信息涉及专业领域和社会生活变化等角度对受众作出生动具化的参与引导,这样既可以提升信

息导向性，也可使受众汲取到科学进步的不竭动力。

【例稿3】

原文	分析
今天(9月7日)上午，怒江傈僳族自治州独龙江乡信息通信网络正式开通，我省最后一个未通固定电话、宽带及第三代移动通信系统的少数民族乡实现了现代信息通信的跨越。请听报道： 【录音——现场】“独龙江乡信息通信网络开通!”(掌声) (压混)开通仪式以视频会议的形式进行，昆明主会场与会代表通过视频会议系统连线独龙江乡分会场，共同体验了部分信息网络业务。 【业务体验现场】“由我演示电信宽带业务，网速非常快。现在看到的是独龙江乡的实时画面……”	这篇稿件重在充分运用情景再现表达技巧。播读者应对科学技术惠及少数民族偏远地区的生动画面有感性和理性相结合的认识体会。
(压混)随后，省长李纪恒与独龙族代表高德荣进行了视频通话。 【录音——高德荣】“今天起，我们独龙族能上网，让世界的人民看看独龙江发展变化情况。” 【录音——李纪恒】“希望你们用好这个网络，学习知识，尽快脱贫致富，让独龙江乡同独龙族人民走向现代文明。”	播读中两人的交流对话应有较强的现场感，情感高涨，语气昂扬，语调跃动，形成喜悦万分的现场情境。
2010年，我省启动了独龙江整乡推进整族帮扶三年行动计划，推进包括基础设施、产业发展、安居工程等在内的“六大工程”建设任务。作为其中的一项，独龙江乡信息通信网络的建成使用，为独龙族人民架起了通连世界的信息桥，也标志着昔日封闭的独龙族正式步入现代信息通信网络时代。独龙江乡乡长李德明： 【录音】“独龙江与外面的硬件差距越来越小，必须奋起直追，建设好独龙江。”	播读该部分内容时应侧重叙述语气的把握和调试，同时要将平和稳健的语流进程贯穿始终，提升受众理性认知。
(歌曲压混)看到独龙江乡的新变化，前来参加网络开通仪式的80多岁的文面老人丙秀芳高兴地唱起了自己改编的独龙歌谣《独龙人民跟党走》。	运用情景再现将欢喜鼓舞之情自然外化流露。

——《天堑之间架起“信息桥”》，云南广播电视台2012年9月7日(获第二十三届中国新闻奖二等奖)

四、知晓科教工作背景，挖掘潜在新闻价值

科教类消息中包含多重背景信息，既有相关知识背景、文化风俗背景、事业发展背景，也有政策方针背景、前沿动态背景、社会价值背景等。而这些背景信息又直接或间接决定着新闻价值的分量，所以，我们应着重从以下两点来表达：

1. 仔细揣摩背景信息

我们在备稿过程中，应明确知晓这条消息所写内容中科技成果是由哪个科研机构研发的，主要用途是什么，有哪些突出特点等基本情况，同时还要进一步清楚该项科研成果在国内外处于怎样的水平层次，与同类成果相比，目前有哪些优势和不足之处，有哪些可开发和整合价值等，把这些背景信息置于备稿重要位置。这不仅可以帮助播读者对稿件内容进行深层次剖析，同时可提升语言表达内涵。

2. 深入开掘传播价值

传播价值在此类消息中主要表现为社会效益或经济效益，这对于相关科研机构和各级学校而言有着重要发展意义。播读者应充分认识到这是与社会有效接合的关键点，是新闻传播能否获得受众好评认可的先决因素。主要应弄清楚该项科研成果或教育成果对社会发展建设的作用和意义是什么，会产生哪些有形或无形的效益价值，这样可使播读目的进一步明确，播读样态灵活多样。

【例稿 4】

原文	分析
记者 8 月 10 日从中国科学技术大学获悉，该校潘建伟院士领导的小组日前与中科院上海技术物理研究所、光电技术研究所等单位合作，在国际上首次成功实现百公里量级自由空间量子隐形传态和纠缠分发，为中国首个量子科学实验卫星上天奠定了重要的技术基础。该研究成果 8 月 9 日以封面标题形式发表在国际权威学术期刊《自然》杂志上。	播读之前应做好相关科学知识的深入学习，知悉科学原理，把握认知规律，积极有效地做好广义备稿工作。
在微观世界中，有两个共同来源的微观粒子，只要一个粒子状态发生变化，就能立即使另一个粒子状态发生相应变化，如同一对有心灵感应的双胞胎，这就是被爱因斯坦称作“幽灵般的超距离作用”的“量子纠缠”。具有纠缠特性的两个量子，在特定情景下，不通过任何介质，就可以实现文字、图片、声音、视频等信息的精确传输，这就是量子隐形传态。	播读时语气平和自然，语调顺畅稳健，语速保持中速，清晰明了地将复杂深奥的科学原理表达清楚。

原文	分析
目前，量子通信被认为是世界上最安全的通信手段，而量子态隐形传输和纠缠分发，是实现远距离量子通信和分布式量子网络必不可少的环节。 近年来，潘建伟小组一直牢牢盯住量子通信这一战略性课题。2010年，他们在国际上首次实现16公里自由空间量子态隐形传输，首次证实在自由空间进行远距离量子态隐形传输的可行性，该成果当年入选“中国十大科技进展”。今年，他们又先后在国际上首次成功制备出亮度、纯度最佳的八光子纠缠态和存储综合性能最好的量子存储器，并在诸多关键技术上取得突破。与此同时，联合研究团队还在世界上首次将高频率、高精度的跟瞄技术应用到量子通信实验中，确保了百公里量子信道的衰减稳定在可以进行实验的范围内。	备稿中应掌握一定国内外关于该项研究的前沿信息，把握潘建伟小组攻坚克难取得的一系列显著成果。播读状态从容自然，语言表达层次清晰，停连把握精当适合。

——节选自《中科大量子隐形传态首跨百公里》，《安徽日报》2012年8月11日

（获第二十三届中国新闻奖三等奖）

五、分析科教活动特点，研究相关社会作用

科学教育活动是社会文明进步的产物，同时也推动着社会快速发展。以精神文明为主要表现形式的科教活动，为现代社会不断创造着物质财富，提升着全社会的发展层次，播读者应认真做好以下两点：

1. 积极分析科教活动特点

科学教育活动尊重客观事物发展规律，坚持全体人民根本利益，引领社会发展前沿趋势，不断提升全民科学素养。播读者应对这些特点谙熟于心，并将其有效融合于播读之中。在分析具体稿件内容时，应结合社会发展实际，由内而外地解读关键信息，深入细致地把握相关特点，从采写者角度来审视其情感与思想等方面的突出之处。

2. 动态研究社会作用影响

这类消息传播对社会发展有知识普及、素养提升、推动发展、增强美感和愉悦身心等作用。播读者应通过广义备稿和狭义备稿对这些作用有较为深入的理解认知，对科学教育事业发展潜能有一定预估，并通过语气、语调和语速的加工处理将其呈现于广

大受众面前。语气亲切自然，带有一定自豪感和欣喜感，语调积极上扬，保持跃动分明之态，语速较快，突出消息的新鲜性和时效性。

【例稿 5】

原文	分析
【正文】 进入 10 月，兵团今年种植的 760 万亩棉花进入采收旺季，与前几年不同的是，棉田中千军万马大会战的景象不见了，多数棉田只有几台马达轰鸣的采棉机、运棉车在作业。今年兵团六成多棉田实行了机械化采收，让棉农省心、省力、省钱不少。 【同期声】记者文静： 这里是新疆兵团八师一四二团，眼前这 100 亩棉田，亩产籽棉都在 420 公斤左右，往年需要 30 个人两个月才能采摘完毕，现在换成我身后的这台采棉机，只需要 5 个多小时，就能完成采摘和装运这一系列工序。	播读中应体现新闻的时效性——科学研发采棉机、运棉车可有效解决棉花采摘运输问题。
【正文】 一四二团十四连职工楮阳，家里承包了 80 亩地，主要种棉花。自从棉花用采棉机采收后，省力省心多了，秋收时，他便转行成为采棉机司机。 【同期声】 记者：一天作业量能达到多少？ 楮阳：120 亩地左右。 【正文】 楮阳采收的棉田是本连职工谭凤鸣的。小谭种了 8 年棉花，棉花实行机采后，他明显感到现在种棉花轻松多了，采收成本降低了不少。 【同期声】一四二团十四连职工谭凤鸣： 像今年这个价格，人工采摘，一公斤是两块三毛钱，机子收的话，一亩地 120 块钱，一公斤籽棉光采摘费这块，就要节约两块钱，400 公斤一亩地就节约 800 块钱。	备稿中应对新闻背景有一定了解认识，在今昔对比中实现对播读语境的准确把握——现代化农机给当地人民生活带来很大改观，同时应细致揣摩语流进程，准确把握被采访者的心理状态。

原文	分析
【正文】 棉花是兵团种植规模最大最广的经济作物。多年来，兵团棉花生产的科技含量和机械化程度一直在全国领先，但棉花采收主要依靠人工，这成为制约兵团进一步提升农业机械化、现代化水平的最大“瓶颈”。每到秋收季节，植棉团场都要从疆内外引进大批拾花工，支付巨额拾花费，2005年到2010年，312万外来拾花工就从兵团“拾走”了122亿元。尤其是近几年，拾花费用不断大幅涨价，严重制约了棉农增收。 【同期声】兵团劳动和社会保障局局长王国福： 我们顶峰的时候应该是2007年，我们当年招收的拾花工是69.7万，接近70万人。今年是760万的种植面积，这样我们今年需要拾花工是25万。	播读者应对相关新闻背景再次认真分析，找出过去和现在生产形势变化的关键点，确立清晰完整的播读思路，运用恰当的播读语气。
【正文】 为了突破棉花人工采收这一“瓶颈”，“十一五”期间，兵团累计投入43亿元，从农艺、农机和棉花加工等方面，加快机采棉配套技术的研发、应用和推广。这是由石河子贵航农机装备公司2008年研发出的五行式国产采棉机，产品性能与进口采棉机相当，价格却便宜一半。截至目前，贵航公司已经生产、销售采棉机510多台，占新疆市场的三分之一。 【同期声】石河子贵航农机装备公司总经理助理王小军： 目前的五行机产品，应该说在产品的性能，可靠性等方面 能够达到甚至有些指标，已经超过了国外进口的同类机型。	相关科学知识的理解认知对播读该部分内容有较大帮助，应将广义备稿和狭义备稿紧密结合，生成情感运动鲜明、态度分寸得当的播读语境。
【动画示意】 2012年，兵团种植的760万亩棉花，510万亩实行机械采收，共有1007台采棉机投入作业，外来拾花工人数从4年前的近70万人减少到25万人，仅此一项，就可降低棉花生产综合成本近20亿元，有效增加了棉农收入，减轻了社会治安和铁路运输上的压力，同时使兵团农业生产综合机械化程度从2010年的85%提高到现在的90.1%。	备稿中应做到逻辑线索清楚，将以往生产情况和当前快速发展进行有效对比，使播读思路更为明朗。

原文	分析
【同期声】国家农业部机械司司长李伟国： 所以说兵团在机采棉，在棉花的全程机械化方面，不仅是解决了兵团生产中长期存在的一些机械化程度的问题，更为我们国家的棉花生产的全程机械化做出了一个榜样，做出了一个表率。	人物语言表达语气平和自然，语速较快，停连得当。

——《新疆兵团今年六成多棉花实现机采》，新疆兵团电视台 2012 年 10 月 19 日
（获第二十三届中国新闻奖三等奖）

第二节　练习材料及播读提示

【练习 1】

滇金丝猴是我国一级保护动物，只有 1700 多只，比野生大熊猫的数量还要少。冬季是观猴最好的季节，我们的记者随同动物专家长期蹲点拍摄，与这些可爱的精灵进行了一次亲密接触。

滇金丝猴不论公猴还是母猴，都是天生的莫西干式发型，显得非常时尚。记者跟随动物研究专家，在云南白马雪山原始森林深处找到了这些雪山中的精灵。研究人员通过照镜子实验，来测试这些精灵的智商。

一只成年公猴凑到了镜子跟前，本能地开始龇牙咧嘴，恐吓对方。一会一个猴妈妈又蹲在镜子前欣赏自己的芳容，更有趣的是她的宝宝也一蹦一跳凑了过来。大家都想弄明白对面的猴子哪儿来的，三只成年公猴百思不得其解，最终恼羞成怒，一起推倒了镜子，结果却吓了自己一跳。

在一夫多妻的金丝猴社会，公猴要成为家长必须通过武斗。这些公猴在家里享有绝对权威，再小的孩子，再漂亮的妻子，都得对他们唯命是从，只有最强壮的公猴才能繁育后代，它们的基因质量决定了种族的良性繁衍。

——《国之瑰宝　走近滇金丝猴》，《新闻联播》2013 年 2 月 17 日

播读提示：

在播报时应注意语气轻盈明快，跃动感强，亲切可近。语气随稿件内容轻松活泼，自然舒畅。在重音处理中，“龇牙咧嘴，恐吓对方”“欣赏”“一蹦一跳”这些动词的强调可凸显金丝猴的形态各异、活灵活现和引人关注的特点，同时应注意语句过渡衔接自然，表达描写性语言和议论性语言时注意区分语气和节奏的差异，如第三段侧重描写，第四段议论成分较多，备稿中应将其细致处理。

【练习2】

我国首个,也是目前世界上最深的地下实验室——中国锦屏地下实验室,昨天宣布启动二期扩建,将打造面向世界开放的基础科研平台。

中国锦屏地下实验室是利用四川雅砻江流域水电开发有限公司为建设水电站而修建的锦屏山隧道建成,这里不仅是世界最深,也是最“干净”的实验室。因为垂直达2400米的岩石覆盖,使得高能量的宇宙线能够被尽可能地屏蔽,同时,洞内岩体本身的天然放射性也极低,这些都为暗物质探测、物质结构、天体物理、中微子实验等重大基础性前沿课题研究提供了得天独厚的良好环境。国内外多个学科的研究团队都对在这里开展研究表现出浓厚的兴趣。锦屏一期地下空间约为4000立方米,二期将建成12万立方米,是现有空间的30倍。实验室建成后,将面向世界开放,希望不断吸引国内外的优秀科学家前来参与科研合作。

据了解,以清华大学为主导的暗物质实验组2011年率先进入锦屏一期实验室开展研究,2013年在国际权威物理期刊《物理评论D》上发表了首个研究成果,使得我国在国际暗物质探测领域进入第一阵营。二期扩建后,清华大学将在此开展吨量级高纯锗暗物质实验研究,这一计划将有望使我国的暗物质研究取得更大的突破性进展。

——《世界最深地下实验室启动扩建》,《新闻联播》2014年8月2日

播读提示:

备稿中应对新闻背景有一定认识理解,明确锦屏地下实验室扩建的科学技术原理,建设中需攻克的科技难题。在语言表达中注意语气亲切平和,语调积极上扬,播读节奏变化得当,情感表达张弛有度。把内在语的处理放在重要位置,完善稿件科学知识逻辑层次的严密性,使播读状态更为自然、从容。

【练习3】

“2014年亚太经合组织第三次高官会官方指定用车是北汽集团交付的首批车辆,其中包括旗下自主品牌绅宝D70轿车50辆,蒙派克S商务车40辆,欧辉客车15辆,共计105辆。”5日,在“2014年亚太经合组织第三次高官会官方指定用车交车仪式”上,北汽集团党委副书记李志立说。

亚太经合组织(APEC)是亚太地区级别最高、领域最广、影响力最大的区域性经济合作组织,环保一直是APEC最关注的问题之一。李志立介绍,新能源汽车也将在本年度APEC会议期间发挥重要作用,此次会议所使用的北汽绅宝EV纯电动汽车是一款适合商务使用的高级纯电动B级轿车,车身底盘更加扎实可靠,在稳定性、操控性能、过弯精准性上完全可以与宝马i3一拼高低。

仪式现场,北汽集团与旗下“2014年亚太经合组织会议官方指定用车”提供企业:北京汽车股份有限公司、北汽福田汽车股份有限公司、北京新能源汽车股份有限公司

还分别签署了“2014年亚太经合组织官方指定用车技术服务保障责任书”，保证为APEC会议提供安全、可靠、舒适的会议用车及高品质、高水准的运营服务保障。

——《北汽新能源汽车服役亚太经合组织》，《科技日报》2014年8月6日

播读提示：

播读中注意段落层次的前后衔接，注意把握语句之间内在关系，对事件原委有一定理解认识——亚太经合组织（APEC）指定用车的科技含量反映着现代汽车制造的先进水准。同时应根据语句长短随时调整气息控制状态，做到播读长句气息持久，播读短句气息饱满，气息调整自如从容，这样可保证播读者在较短时间内完整、清晰、流畅地进行语言表达。

【练习4】

记者28日从中国兵器工业集团公司了解到，该公司与国家测绘地理信息局27日签署战略合作框架协议，双方将就进行“一张网”（位置服务）建设和“一张图”（天地图）的商业化产业推广以及共同推动北斗产业走出国门等进行合作。

根据协议，双方将在以北斗为代表的现代位置服务领域和以“天地图”为平台的地理信息服务领域推进国家基础设施建设，推动位置信息和“天地图”在经济建设和公众应用方面的服务。双方将整合国家CNSS（指南导航卫星系统）资源，率先建成能覆盖我国陆地和领海的全国北斗地基增强系统（一张网），在确保国家安全的前提下共同深度挖掘和开展基于北斗的位置信息在国民经济中的增值服务；利用天地图的平台和信息，全面推进位置服务与内容的市场化服务；共同推进国外北斗地基增强系统与位置服务运营平台建设，早日使北斗形成国际竞争力。

中国兵器工业集团公司董事长、党组书记尹家绪指出，双方携手合作进行“一张网”建设和“一张图”商业化产业推广，必将进一步促进北斗卫星导航与国家地理信息的深度融合，为建设“数字中国”奠定坚实基础，对保障国家信息安全，促进地理信息产业发展，实现北斗应用规模化、商业化，提升北斗国际竞争力，都具有十分重要的意义。

——《全国北斗地基增强系统将建》，《科技日报》2014年8月29日

播读提示：

在分析该条消息时，首先应对相关知识有所了解认识，通过查阅文献、走访专家等方法来进一步对“一张网”和“一张图”有更加清晰的科学认知，对它们在科技和商业领域的巨大作用有一定把握。表达中应做到语意鲜明集中，语流自然顺畅，播读思路明晰，宏观把握与微观调试有机结合，话语之间的逻辑感鲜明突出，能够使受众易于理解稿件传播主旨。

【练习 5】

光明网与微软 18 日在京联合发布信息：光明网将应用微软 Azure 云计算技术建立中国首个“媒体云”平台，在增强光明日报和光明网的传播力、影响力的同时，将帮助国内媒体同行利用云计算技术，完成向新媒体领域的拓展。这是微软首次参与国内“媒体云”建设，标志着以 Windows Azure 为代表的先进云计算技术将成为国内媒体转型发展的重要推动力量。

媒体发展已经进入技术驱动时代。当前，移动互联、社交网络等新媒体、新技术的发展，对传统媒体带来巨大挑战，媒介融合是大势所趋。《光明日报》总编辑何东平在发布会上指出，媒介融合至少包含两个方面的内涵：第一是媒体生产方式与媒介形态的融合，第二是传播渠道的融合。不管是生产方式和媒介形态的变革，还是向移动互联、社交网络等新兴传播渠道拓展，媒体都必须具备强大的信息采集、存储和分发能力，依托先进的 IT 基础设施来支撑。而云计算正是这样的基础设施，能够提供最佳的解决方案。

微软全球高级副总裁、大中华区董事长兼首席执行官贺乐赋(Ralph Haupter)在发布会上表示：“云计算、大数据、移动性和社交化是技术领域出现的四大趋势，从中透射出当今媒体传播方式的变革。微软作为技术领军企业，自然也非常关注媒体行业的变革，并希望以我们的先进技术提供切实的支持。我们与光明网的成功合作已经证明，Windows Azure 非常适合媒体业务转型发展的业务需求，相信光明网‘媒体云’平台能引领更多中国媒体共同迎接新媒体时代带来的机遇与挑战。”

——《光明网携手微软建立中国首个“媒体云”平台》，《光明日报》2014 年 3 月 19 日

播读提示：

Windows Azure 作为先进科技的公有云服务平台，将直接推动我国媒介融合的快速发展，这对我国媒体发展有着重要的建设性意义。备稿中应对这一技术背景知识有一定了解认知，对媒介融合的形式和作用谙熟于心。播读中应找准核心信息，知晓语句内涵，把握传播目的，形成播读思路，构建话语样态，表达出此项举措的积极作用。

【练习 6】

由我国古生物学家领导的国际研究团队在新疆哈密首次发现了由 40 多个雌、雄个体组成的翼龙化石群，第一次发掘出五枚三维立体保存的翼龙蛋。6 日在线出版的国际著名学术刊物《现代生物学》以封面文章形式报道了这一发现，评价“这是翼龙研究 200 年来最令人激动的发现之一，代表了翼龙研究领域的重大发现，具有巨大的潜在和直接的影响力”。

这一新发现被命名为“天山哈密翼龙”。研究领导者之一、中科院古脊椎动物与古

人类研究所研究员汪筱林介绍，哈密翼龙属于大型翼龙类，其成年个体的翼展可达3.5米。“遗址就好像是个‘翼龙之家’，我们不仅发现了翼龙蛋，还有大量不同发育阶段的幼年和成年的雌、雄个体。我们认为，可能是突如其来的大型湖泊风暴毁灭了这个翼龙聚居地，导致不同年龄、不同性别的翼龙同时死亡。这让我们第一次有机会弄清楚翼龙究竟是如何发育的，解开了很多有关翼龙的谜题。”比如原来学术界认为，只有雄性翼龙有头骨脊，而雌性没有。但此次研究发现，这一观点是不成立的——所有翼龙都有头骨脊，只是雄性大、雌性小而已，“也就是说，翼龙有没有‘头饰’，不是其性别标志，而是区分翼龙的重要形态学特征”。

此次另一个重大发现是五枚三维立体保存的翼龙蛋。汪筱林说：“此前世界上仅发现四枚翼龙蛋，都被压扁了。这次我们发现了五枚三维立体保存的翼龙蛋化石，通过对翼龙蛋宏观形态、蛋壳显微结构和元素组成等进行深入研究，发现了一些此前从未知晓的特性。”

——《新疆哈密首次发现“翼龙之家”》，《光明日报》2014年6月6日

播读提示：

稿件中的细节信息表现出翼龙繁衍生息的诸多生动情境。我们通过稿件中的叙述和描写话语，对天山哈密地区翼龙的生活环境和栖息状态有了更加科学清楚的认识，这在表达中应充分传达出来。同时，节奏感鲜明跃动，具有一定紧凑性，表现出对此项发现的喜悦兴奋之情；语调平稳上扬，语速较快，通过情景再现把哈密地区翼龙的体型、习性等清晰具象地呈现于受众面前。

【练习7】

“这是逃逸塔，高8米，位于火箭最顶部。”“马鞍分别由鞍前鞘、后鞘及两面侧板组成，马鞍的装饰体现了蒙古族男士的审美观。”2月8日，10岁的新宇和12岁的姐姐安然分别在内蒙古博物院飞天神舟展厅和草原风情展厅为家人和游客们讲解，他们来自内蒙古西部边境旗县乌拉特后旗，这个寒假他们在博物馆度过。

安然和新宇是内蒙古博物院第十四期小讲解员培训班的学员。“我们就是希望孩子有机会走出家门多长见识。”新宇妈妈说，“与大城市孩子们相比，我们的孩子假期没有各种补习班，孩子除了看电视就是玩电脑，寒假生活很单调。”

在小讲解员培训班上，他们每天上午一起学习正确的发声、讲解礼仪、考古基本知识等基础知识，下午就在各自感兴趣的展厅练习讲解内容并为游客讲解。

“看了地图我才知道，原来神舟飞船发射的地方离我们牧区的家很近。”“我还进了飞船的返回舱，航天员真不容易，里面那么挤。”说起在博物馆度过的寒假生活，新宇说自己不仅学到了知识，而且还亲身体验了一把。

安然告诉记者，以前逛博物馆只是觉得花花绿绿的很好看，“但通过讲解，我知道

了每一件物品背后的故事，觉得更有意思了。这个寒假我们过得很充实”。

——《博物馆来了小小讲解员》，《中国教育报》2014 年 2 月 11 日

播读提示：

真正体会到学习科学文化知识的乐趣有助于孩子们健康成长，这也是当前教育应认真研究之处。播读者应从教育本质、目的、作用和影响等几个层面入手，对中小学教育现状作出科学分析，这样有助于明确播读目的。语言表达中应将新宇和安然姐弟讲解的生动画面内化为播读推动力，将多元化教育路径清晰准确地传达于受众，把消息传播主旨转化为可闻可感的有声语言。

【练习 8】

近年来，四川峨眉山市通过设立地方岗位打破聘用终身制，每年投入上千万元激励教师提高教育教学质量，激活了教师队伍。

近日，四川省峨眉山市教育局局长彭刚对记者说，我们通过设立地方岗位打破聘用终身制，强化激励等措施，让年轻教师事业上有奔头、收入上有盼头，队伍建设的“一潭死水”终于活了起来。

制度破冰：设地方岗位打破聘用终身制

为加强教师队伍建设，峨眉山市制定了一系列文件，形成了教师进城“凡进必考”的良好机制，通过制度建设杜绝“教师违规调动”。今年年初，该市又出台了《教育系统地方岗位考核管理办法》，明确提出：设立激励性中小学教师地方岗位 206 个，其中正高级（专技四级）岗位 12 个、副高级（专技七级）岗位 56 个、中级（专技十级）岗位 138 个。

峨眉山市教育局人事股股长姜学梅介绍，这些地方岗位主要用于聘任在教学教研工作中作出突出贡献的教师，竞聘上岗者享受相应的岗位工资和基础性绩效工资待遇。

按照规定，地方岗位实行任期制，每届任期 3 年，期满后重新开展竞聘工作。受聘同一地方岗位累计满三届者，相应的岗位等级工资待遇保留到退休。各学校（单位）高、中级职称岗位出现空缺时，应在本单位享受地方岗位待遇人员中择优申报。

峨山中学教师老龄化严重，平均年龄为 48 岁，39 名教师里中、高级职称 21 人。校长孙碧英说：“以前，只要老教师不退休，年轻教师干得再优秀，都没希望晋升，待遇上不去，教师积极性不高。”

地方岗位的设立，化解了孙碧英心中的难题。彭刚说，“地方岗位打破聘用终身制，真正实现资格与水平挂钩、职务与职责挂钩，有利于教育优秀人才的流动和调配，能激励广大教师爱岗敬业，把精力更多地投向教书育人工作。”

——《四川峨眉山市设立地方岗位，强化激励机制——制度创新激活教师队伍》，《中国教育报》2014 年 7 月 16 日

播读提示：

通过设立地方岗位进一步激活教师发展潜质，推动教师队伍建设，活化教师知识素养，播读者应对此有一定理解，对当前教师队伍发展存在的各种问题有一定了解，这样便于更加深入理解稿件传播主旨，对峨眉市设置多项措施强化激励机制也要有更加科学清晰的认识。同时应注意语句之间的内在逻辑关系，梳理清楚事件的进展过程，把握稿件精神实质，表达中感情自然流露，状态自如从容。

【练习 9】

23 岁的巴桑达瓦家住西藏那曲地区双湖县，今年刚从华南理工大学环境科学专业毕业。回到家乡，他发现所学专业要在当地找份工作难度不小。最近，通过一场就业援藏专场招聘会，他成功地被湖北一家有色金属公司录取。如今，在各援藏省市和援藏企业的帮助下，越来越多的西藏籍毕业生走出高原，到内地历练，寻求更广阔的发展空间。

据统计，自 2012 年 2 月就业援藏正式启动以来，各援藏省市、援藏央企为西藏籍高校毕业生提供就业岗位 17000 余个，共有 2800 余名西藏籍高校毕业生到区外实现就业，就业援藏工作取得初步成效。

西藏近年来还采取增加公职人员岗位、购买公益性岗位、增强企业就业吸纳能力等措施，帮助应届大学毕业生就业。在一系列政策支持下，西藏从 2011 年到 2013 年连续三年实现应届高校毕业生全就业。

——《西藏三年应届毕业生全就业》，《中国教育报》2014 年 8 月 22 日

播读提示：

把握稿件写作安排可帮助我们更好地进行备稿和播音。本条消息采用了“分—分—总”的写作样式，对就业援藏等政策作出细致解读。我们应从多角度对这一政策进行动态式分析，把握其内涵和主旨，对具有典型性的案例，如新闻人物求职过程等展开广义备稿。播读中正确运用停连、重音等方法，使稿件文脉思路更为清晰，语气、语调自然得体，使消息主旨更易于受众理解认知。

【练习 10】

教育部副部长刘利民在 2 日举行的新闻发布会上表示，三到五年要实现区域内校长教师交流的常态化，并支持鼓励有条件的地区在更大范围内推进，“让每所学校都能有好的校长和教师”。

刘利民的发言基于日前教育部印发的《关于推进县（区）域内义务教育学校校长教师交流轮岗的意见》，他说：“要合理确定校长教师交流轮岗的人员范围。义务教育阶段公办学校校长、副校长在同一所学校连续任满两届后，原则上应交流。在同一所学

校连续任教达到地方教育行政部门规定年限的专任教师均应交流轮岗。城镇学校、优质学校每学年教师交流轮岗的比例不低于符合交流条件教师总数的10%，其中骨干教师交流轮岗应不低于交流总数的20%。”

刘利民表示，还要不断创新交流轮岗的方式方法。“校长教师交流轮岗的重点是推动优秀校长和骨干教师到农村学校、薄弱学校任职任教并发挥示范带动作用。有镇区和乡村学校的县，重点推动城镇学校向乡村学校交流轮岗；没有乡村学校的市辖区，重点推动优质学校向薄弱学校交流轮岗；乡镇范围内，重点推动中心学校向村小学、教学点交流轮岗。支持鼓励各地采取定期交流、跨校竞聘、学区一体化管理、学校联盟、名校办分校、集团化办学、对口支援、乡镇中心学校走教等多种途径和方式，推进校长教师交流轮岗。”

——《教育部：三至五年实现区域内校长教师交流常态化》，《光明日报》2014年9月3日

播读提示：

区域内校长教师交流是有效促进我国教育科学发展、均衡发展、稳步发展的重要举措。备稿中应从广义备稿角度对这条消息有更加深入的理解认知，对教育发展不均衡，偏远贫困地区缺少师资力量的现状有所知悉。播读者应运用情景再现和内在语等内部技巧，展现出一幅幅教育一线的生动画面，从而生发出强烈真挚的播读情感，有助于动态把握播读状态。

第四章　财经类消息播音

第一节　财经类消息播音指导

随着我国改革开放的航船向纵深方向推进，经济建设事业展现出蒸蒸日上的发展态势。人们关注于财政经济的最新信息，金融、证券、投资、期货这些词语正在成为广大群众日常生活的重要组成部分。作为反映现代生活发展趋向的媒体组织，自然不会将其弃之一边。它们相继开办形式多样、新颖独特的财经消息报道栏目板块，以新锐、专业、快捷、互动的传播形式吸引着受众；它们传播国内外相关信息和行业走势，给人们呈现出异彩缤纷的经济发展图景。

作为报道社会生活中最新财经资讯、经济关系和经济活动的新闻样态，财经消息具有较强的知识性、专业性、规范性和整合性。知识性主要在于通过此类消息，受众可知悉经济领域数据、图表、商品贸易、消费者物价指数、生产者价格指数、GNP 缩减指数等，能够用专业者眼光对商品流通、市场运营、金融指数和大盘走势等进行细致洞察，缜密分析；专业性与知识性密切相连，它主要体现在稿件中专业术语、数据分析和行业动态等方面，涉及经济、财务、会计、投资、金融、国贸、税务等诸多方面，撰写者一般也具备专业的学科背景知识；规范性则突出地表现为这类消息遣词用语应规范完整，清楚明确，不能含糊其辞，模棱两可，应基于事件本貌进行定性和定量的传播报道；整合性是此类消息在报道内容个性化、报道方式多元化、报道角度独特化方面能够充分整合各元素优势，形成立体、动态、多维的传播图景。

播读财经类消息，应着眼于当前经济发展环境，体察经济发展形势，洞悉财经改革趋向，形成集专业性与科普性于一体的表达样态，力求在清晰准确报道事件的基础上，形成语言表达通俗易懂、语流进程跃动分明，语气调控自然有致的播音样式。这不仅需要我们对稿件深加工精处理，更需要在广义备稿中着力培养一定专业认知能力，提升自身分析洞察能力，融合财经专业理念和播音创作理念，使不同文化、教育、年龄、职业、阅历的受众都能从语言传播中汲取无尽智慧，开拓认识视野，提高生活品质。播音实践中，可着眼于以下几点：

一、知识储备——在播读实践中不断完善

对于专业性较强的财经消息而言，如果播读者没有一定的知识储备是难以理解稿件内容的，更谈不上解析原委、传播主旨了。因此，在工作实践中加强财经专业知识积累，形成基础扎实、能力过硬的播音功底就成为每位播读者必做之事。主要可从以下两点着手：

1. 认真解读稿件，找出难懂不懂信息

备稿中，应对稿件内容做出细致解读，做好划分层次、确定主题、明确背景、找出重点、确定基调等工作，这样既便于播读者对稿件有更加深入细致地分析理解，也可找出难懂不懂的信息，进行集中归纳和重点分析。充分调动自身已有知识储备，在动态式的播音实践中不断对其加以完善细化，从而真正做到对难懂信息细致分析、理解含义，对不懂信息查阅资料、请教专家，在多个层面中熟知稿件信息，开掘稿件主旨。

2. 紧密结合实践，细化知识构成体系

从广义备稿而言，播读者应对专业知识有一定宏观把握，而具体落实到稿件播读中，更应积极有效地做好知识构成体系的细化明晰。如金融证券消息涉及较多专业术语、知识内涵等，如果在似懂非懂状态下播读一定是浅尝辄止，含混不清。因此，播读者应下大力气做好财经知识的学习与提升，并结合播读实际进行动态式的调整归并，用科学完备的知识体系统领播音创作，从而将清晰明了的语言呈现于受众。

【例稿 1】

原文	分析
黑龙江省克山县仁发现代农机专业合作社规模经营，连片种植，发挥出大农机优势，合作社一个农民的工作量，相当于 190 名中国普通农民做的农活儿。	播读导语应提纲挈领，抓住信息核心点，即规模经营和科学运用大农机。

原文	分析
今天，克山县仁发现代农业农机专业合作社红灯高挂，1222 户社员选出的 43 位代表正在参加一年一度的社员代表大会，并领取 2012 年红利。上午十点，院子里鞭炮齐鸣，分红仪式开始了。 【现场】合作社理事长李凤玉："张军，三万三千元！" 【同期】克山县仁发现代农业农机专业合作社社员张军："特好了，今年啊，一手没伸就挣了三万多这块儿，打工我还挣了两万多。" 【同期】克山县仁发现代农业农机专业合作社社员王新村："入社后呢，像今年，我一亩地分了 700 多，效益差距非常大，效益非常好。"	展开情景再现，结合相关影像资料，形成分红仪式的热闹场面，加之社长和社员话语的真实呈现，将农民获得经济收益的喜悦之情呈现于受众。
仁发合作社是 2010 年由种粮大户李凤玉领办创立的，当时总投资两千万元，7 名农民占四成，其余六成由国家和省政府以下摆农机形式给予补贴。合作社打算把农户分散的土地进行集中连片经营，但是大多数农民对合作社这一新生事物不托底，第一年没有农民带着土地入社，合作社只能租赁农民的耕地。 【同期】克山县仁发现代农业农机专业合作社理事长李凤玉："农民对土地流转他的账算不清，我们是怎么破解的？就是到各家各户给农民算细账。"	备稿中应分析仁发合作社创办之初面临的多种问题，梳理内在逻辑关系，通过自然、平和的语言将其加以外化。
仁发合作社推出了"保底加分红"政策，在与农民签订的合同里白纸黑字地写明："不管收成如何，每亩耕地一年最低分给农民 350 元，超出部分另外分红。"农民一看有账算了，纷纷用土地折资入股。2012 年，入社农户达到 1222 户，耕地面积达三万多亩。这时，大农机有了用武之地，种管收全程机械化，外加大型喷灌设备和高产种植技术，农作物获得了大丰收。玉米和马铃薯总产量超过同等地块两千多万斤，相当于增加了两万亩耕地。 【现场】克山县仁发现代农业农机专业合作社理事长李凤玉："2012 年我们的总收入达到 5594 万零 167 元，实现总盈余 2758 万 5684 元，亩效益 759 元。"（鼓掌）	备稿中应分清事件进展的前因后果，吃透内在因果关系。农民算清了经济账，自然会有极大热情参与到合作社之中，从而使农户收入和本地区农业发展都获得较大提升。

原文	分析
2012 年，仁发合作社的 32 名农民，平均每人耕作和管理的耕地将近一千亩，而同样耕种这些地，全省平均需要 50 个人，放在全国，这个数字将变成 190 人。合作社超强的效率，超高的效益，搅热了旁听农民的心绪。 【同期】克山县河南乡农民刘双义：“看到今年发钱发分红的场面挺壮观，我挺眼馋的。”	巨大的对比效应使合作社超强效率尽在眼前，播读中应加强语气微妙变化，通过气息、情感等元素的精细加工将对比语气加以外化。
今天，总共有 813 户农民签约加入仁发合作社。今年，合作社的耕地面积达到了 5 万亩。 【同期】黑龙江省农机局局长郑联邦：“未来全省要力争用五到八年的时间，建设两千个大型农机专业合作社，届时覆盖全省粮食主产区的 1.2 亿亩耕地，提前实现粮食生产全程机械化作业的目标。” 【同期】黑龙江省社会科学院研究员王占国：“意味着将有 500 多万的农业从业人员从土地上解放出来，为城镇化建设、建成小康社会创造条件。”	语调上扬，语速较快，展现出该地区农业经济通过现代农业耕作方式获得较大发展的美好图景。

——《超强农民：1=190》，黑龙江电视台 2013 年 2 月 8 日(获第二十四届中国新闻奖一等奖)

二、新闻敏感——在现场情境中逐步强化

新闻敏感是新闻工作者迅速提取信息核心点的重要能力，是基于长期认识体验而磨炼出的能力，是一种特殊的思维能力，是新闻传播过程中的直觉与顿悟。我们在财经类新闻播音中，更应增强新闻敏感，汲取核心部分内容。

1. 由表及里分析财经动态

播读者应把握稿件内在逻辑线索，摸清稿件叙述经济事件的来龙去脉，找出体现新闻主旨的核心点，并以此进行多层面多维度的拓展延伸，构建出有针对性有目标性的播读思维脉络。这里应注意很多播读者极易停留于表层信息之中，满足于简单概括，生硬套搬，这样只会造成新闻播读浅尝辄止，毫无语言表达生命活力。播读者应将表层和深层信息进行有机结合，融会贯通于备稿全过程中。

2. 结合现场解读新闻主旨

很多财经新闻是记者在事件现场采写的第一手的新闻创作，是记者深入社会生活一线及时快捷报道的劳动结果。播读者应认真思考文字材料背后的事件现场是何状

态，有怎样的发展过程，有哪些是同类消息中没有的亮点和独特之处，并合理运用情景再现这一内部技巧，在脑海中呈现出一幅幅生动鲜活的事件现场图景，这样可有效帮助播读者解读新闻主旨，强化其传播主题思想。

【例稿2】

原文	分析
在昨天举行的2010天津夏季达沃斯论坛开幕式上，温家宝总理在致辞中强调“中国的发展是开放的发展，中国的开放是长期的、全面的、互利的”。他还重申了中国外资政策，更加坚定了外商的投资信心。请听记者宋震、周萌的报道：	备稿中应深入领会中国的开放是全方位的、立体的，是将对内改革和对外开放有机结合的伟大事业。播读中语气既有坚定、果敢的色彩，同时不乏自然、亲和。转述中注意温总理话语的深刻含义，重在传达国家精神。
世界银行的一项调查显示，中国今年在营商便利度方面的国际排名有所下降，特别是有关政府采购和自主创新的政策规定，引起部分外商对在华投资前景的担忧。温家宝总理在致辞中连用“三个都是”，阐明了中国对外资的政策。 【录音】最近议论比较多的是关于自主创新、知识产权和政府采购，这个问题不完全是外国公司的误解，同我们政策不够明确也有关。 在这里，我要重申，所有依照中国法律在中国注册的企业都是中国企业，他们制造的产品都是“中国制造”，他们研发的创新产品也都是“中国创造”，在中国境内注册的外资企业都享受国民待遇。同时，中国的政府采购对于外商投资企业和中资企业在中国生产的产品一视同仁，平等对待。	播读中应深刻领会温家宝总理讲话的科学内涵，把握国际社会发展主流趋势，从宏观层面予以准确理解。语气自然平和，体现信心满怀，憧憬未来之情。
温家宝总理在讲话中用一串数字介绍了目前中国吸引外资的良好态势：作为世界上吸收外资最多的国家之一，全球五百强企业中已经有470多家在中国落户，截至今年7月底，中国已累计吸收外资1.05万亿美元，连续18年居发展中国家首位。	这段话通过一系列数字证实了中国外资经济发展的良好形势。播读中应认真处理相关数字，语气平实中带着自信，节奏明快跃动。
他说这些数字充分说明外国企业并没有失去对中国的信心。中国也将继续致力于为外商投资企业创造开放、公平的良好环境。 【录音】我们将继续完善涉外经济法律法规和政策，改善外商投资兴业的环境，我们真诚地欢迎各国企业积极参与中国改革开放的进程，也希望各类企业严格遵守中国的法律法规，在中国依法经营，共享中国繁荣进步带来的机遇和成果。（掌声压混）	从温总理的话语中我们感受到当前中国外资经济发展的强劲势头，看到中国人冲破思想障碍、勇于抢占先机的时代精神。

原文	分析
温家宝总理的讲话赢得了与会者的热烈掌声，也更加坚定了外商在华投资的信心。诺维信全球副总裁、中国区总裁科明说： 【录音】(压混)……诺维信在天津已经发展了15年，我们已经把地区总部移到了中国，我们对中国的投资环境和经济发展前景都充满信心。	语调积极上扬，语速较快，传达出我国笑迎国际友人和外商的美好图景。

——《"三个都是"坚定投资者信心》(获2010年天津广电学会广播新闻作品消息类一等奖)

三、传播要点——在把握材料中渐次显现

在多重复杂的稿件内容中，我们应努力找寻到这条消息的传播要点，由此进行点面结合的备稿工作，使备稿工作拓展延伸至全篇稿件，播读状态更加从容自如，避免产生语意模糊、散乱一片的现象。

1.增强对稿件内容的记忆

加深理解记忆是一线播音工作中的必备能力。由于发稿时间与播出时间的矛盾性常在，播读者必须形成强化记忆的播读习惯，尤其当财经消息涉及多种数据、报表和人物时，更应充分发挥瞬时记忆的优势，形成强控制之下的记忆模式。主要是找准记忆点，以此形成融合统一的稿件结构网络，这样不仅可帮助播读者在最短时间内梳理清晰播读思路，同时将传播要点顺势推进，使之清楚完整地呈现于播读者心中，也由此带动受众共同理解认知。

2.适当调整播读情感态度

保持一成不变的播音情感有碍于播读创作的正常进行，不利于稿件内容微妙之处的话语呈现，更不利于受众理解稿件内容。因此，我们在播读财经消息时，更应随稿件内容的延伸而适度变化情感态度，使其不仅具有丰富性，也具有感受性和体验感。这需要播读者认真分析当前经济发展格局，知道事件进程中遇到了哪些难题，取得了哪些成绩，这样帮助我们在辨析分明的语境中生成适当适度的情感态度，有利于客观真实地报道新闻事件。

【例稿 3】

原文	分析
“贷款额度最高可达 3000 万元，手续不复杂，费用不增加，材料齐全的话，贷款审批时间不超过一周。”建设银行的“助保贷”产品服务方案，让苦于缺乏资金的安徽宝博合成革公司董事长梁有宝看到了希望。 宝博公司是一家生产、销售 PU 革的小型民营企业。去年公司新上了两条生产线，订单充足，但由于销售资金一时难以回笼，形成了 1000 万元的生产营运资金缺口，又缺乏有效的抵质押资产。建行的“助保贷”，让企业顺利渡过难关。	备稿中应对中国建设银行推出“助保贷”的有益之处做出具体分析解读，明确该条消息传播主旨。
这是建设银行实现自身转型、服务实体经济的一个缩影。近年来，建设银行明确提出“综合性、多功能、集约化”的发展战略，从三个方面谋求转型，为实体经济“加油”。	播读中应明确服务实体经济是全篇稿件的核心信息点。
首先是简化程序，综合授信审批周期从原来的几个月缩短到现在不到一个月，甚至几天。	明确第一点内容，知晓审批周期缩短以提高工作效率。
其次，破解小企业融资难、融资贵发展瓶颈。建设银行从信用、信息入手，与各地政府合作，设计并推出了新型小企业金融产品“助保贷”。先由当地政府推荐企业，建立“小微企业池”；入池企业缴纳贷款额 2% 的保证金，政府拿出一定的风险铺底资金，共同组成“助保金池”。银行按照风险铺底资金的一定倍数发放贷款，服务更多的小微企业。业务开办 5 年来，“助保贷”已累计为 1 万余户小微企业提供贷款 500 亿元。	分析第二点内容，通过多种办法有效确保小微企业贷款落实到位，促进企业科学发展。
再次，将金融服务向上下游、境内外延伸。2012 年，华为、中兴同时中标非洲最大的电信运营商 MTN 集团尼日利亚子公司 3.52 亿美元设备采购招标，对方提出信贷融资需求。建设银行立即牵头国内同业组建银团，为项目提供 3 亿美元出口买方信贷支持。此举开启了建设银行境内外分支机构合作参与国际融资的新模式。截至 3 月末，建设银行全行境外保函余额接近 230 亿美元，累计办理出口信贷 28 笔，金额 45 亿美元。	备稿中应对相关数据细致分析，把握经济运行发展走向，深入洞悉建设银行向境外拓展延伸项目规模的现代经营理念。

——《建行转型“加油”实体经济》，《经济日报》2014 年 6 月 20 日

四、讲述语态——在故事形叙述中生动化

播读财经消息时，如果语气生硬，语调平直，语速较慢，很容易形成散乱一片、平直架起的语言形式，这将破坏财经新闻的传播主旨。因此，我们应在深入分析稿件内容的基础上，对语言表达进行深加工细处理，力求通过通俗易懂、引人思考的话语形式传播消息。

1.语气亲切自然

财经消息的专业性，很容易使播读者语气僵硬呆板，索然无味，这不仅没有真实有效地传达出稿件的内在情感，同时也容易误导受众。一般情况下，播读者应语气自然亲切，积极跃动，带有强烈的播读愿望，能够与受众交流互动。在根据稿件内容确定语气之后，随语境变化而适当微调，使得播读语气灵活自如运用。受众也可在轻松和谐的传播环境中感知财经动态的细节之处、经济发展的动力源泉和惠及人民的良好态势。

2.节奏变化得当

播读节奏因播读心理感受而变化，因此心理节奏和语言节奏就构成播音节奏的两大要素。播读财经消息时，心理节奏适度平和，播读徐缓错落有致，没有明显过快过慢之感，随着语言节奏一同变化，可体现出对经济发展的理性思考，突出财经报道的真实可信之感。这一点有赖于播读者长期积累播读经验，在不断的心理调试中找寻到正确的创作方法，形成规范的表现样态，同时应刻苦练习语言表达，增强心理感受能力，获得语言节奏生成的创作动力。

【例稿4】

原文	分析
导语：我省的博兴县湾头村生产一种很有地方特色的产品，在淘宝网上一年的销售额超过一个亿。这个偏僻的乡村是怎样搭上网络经济的快车的呢？到底又是什么东西这么抢手呢？“双十一”这天，记者来到了湾头村，感受庄户人的网络狂欢。	消息开篇提出一个引人注目的新鲜话题：农村淘宝经济，这为下文铺设了伏笔。

原文	分析
同期:(工作场景) 画外:时针刚刚滑过零点,博兴县湾头村的村民安宝康就开始了一夜的忙碌。 同期:(博兴县湾头村村民安宝康)现在又一笔,六笔。 画外:安宝康是这家“华康工艺”网店的老板,为了“双十一”,他包邮、让利,拿出了最大的优惠。 同期:(安宝康的妻子)一边干着活,一边看着网店。嗯。要不打不完了,打包。	繁忙热闹的工作场景让安宝康一家人欣喜不已。通过情景再现和内在语可将其转化为有声语言呈现给受众。
画外:湾头村紧邻博兴麻大湖,盛产芦苇和蒲草,村民就地取材,手工编织成实用的器具。这种流传 600 年的手艺,让一个“80 后”看到了商机。四年前,安宝康从湖北工业大学毕业后,一门心思开起了网店。 同期:(安宝康的母亲)气得我不给他做饭。在家卖吧。你卖一天也卖不上几件,吃啥?喝啥? 同期:(安宝康的父亲)上学为了啥来?不就是为了有出息?来家有啥出息。 画外:父母觉得这是不务正业,坚决反对这看不见摸不着的生意。安宝康就偷偷地干,最初网店信誉低,一连十几天都不开张。 同期:(博兴县湾头村村民安宝康)刚开始这些货,都攒下很多,卖不出去。 画外:好不容易熬来了一单生意,但新的问题又来了,物流跟不上,只能到博兴县城发货。 同期:(博兴县湾头村村民周曙光)你走不出货去,发货很是问题,很头疼。	家人的不理解和面临的多种困难并没有让安宝康对此项经营灰心。播读中应注意语气变化调试,将思想情感转化为有声语言,并进一步体现出家人情感变化的层次对比。
画外:看到安宝康和村里其他淘宝店主都遭遇了物流瓶颈,湾头村村委决定吸引物流公司入驻,谁来村里就免除一年水电费,免费提供一间库房。 同期:(博兴县湾头村村委书记安江民)他们看到我们这个态度,很多快递就被吸引过来了。 画外:现在,湾头村已经有 20 多家物流公司入驻。安宝康“双十一”这天卖出了 2 万多的货物,比平时增长了 3 倍。今年销售突破 200 万已不成问题。 同期:(安宝康的家人)今天打不起来,光打好的单子就 50 多张,光发货就发 3 天。	播读语气饱含喜悦兴奋之情,似有“柳暗花明又一村”之感,注意停顿和连接的细致处理,体现出问题迎刃而解时的畅快之情。

原文	分析
画外：像安宝康一样，越来越多的年轻人，回到了老家做起了网店。 同期：(博兴县湾头村村民杨小珊)但凡能识字的，家里有电脑的，基本都开着淘宝店。 同期：(博兴县湾头村村民贾培晓)它改变了一批年轻人的生活轨迹。老人眼里的这些坏孩子，现在也变成了一些好青年。 画外：在年轻人的带动下，年近60的张洪文也琢磨着开个淘宝店。 同期：(博兴县湾头村村民张洪文)…… 画外：从这张1块钱买来的《幼儿汉语拼音字母表》开始，张洪文用了两个月的时间学会了打字。 同期：(博兴县湾头村村民张洪文)一开始感到有点别扭。亲，亲是啥意思。 画外：现在，张洪文成了村里年龄最大的淘宝店老板，卖出的货物遍及全国。 同期：(博兴县湾头村村民张洪文)西藏、新疆还都有，内蒙、甘肃、香港，香港我卖了好几次了。 同期：(张洪文的妻子)能干的就多干点，干不多的就少干点，也耽误不了接孩子，也耽误不了生火做饭。	悉心营造良好的语境氛围，通过村民杨小珊、贾培晓、张洪文的话语，尤其是年近六旬的张洪文细致营销之举，播读情感会自然调动起来，语气热情上扬，自然而真切，更易于贴近受众。
画外：目前，在湾头这个不大的村子里淘宝店已经有了500多家。由此也带动了产品设计、草柳编加工、五金件销售等周边产业的发展。 同期：(博兴县湾头村村委书记安江民)年轻人是搞工艺品创作和电子商务这一块，中年人搞工艺品加工，老年人搞编制这一块。这样一来，我们村形成了工艺品加工的一条线。	生产加工一条线使湾头村淘宝经济走上科学发展之路，稿件结构关系应梳理清晰明确，为语言表达奠定基础。
画外：8月12号，阿里巴巴研究中心专门在湾头村发布调查报告。数据显示，湾头村草柳编产品一年销售额超过1亿元，成为全国最大的草柳编产品专业淘宝村。 同期：(阿里巴巴集团阿里研究中心研究员陈亮)它以传统手工业，为它的主打产品，这个在全国淘宝村里面，是独一无二的。	语气客观平和，表现出数据分析的严密性和规范性，将该村淘宝经营的广阔前景呈现于受众。

——节选自《廉价蒲草“编”出亿元淘宝村》，山东广播电视台2013年11月12日18时10分

(获第二十四届中国新闻奖一等奖)

五、多抓细节——在整合素材中打动受众

注重传播新闻细节点,敏锐把握经济发展走向是财经消息播音特点之一。播读者应通过分析稿件内容,结合新闻背景,梳理事件进程,体察重要意义等方式来进一步把握新闻细节,以此吸引受众接收信息。

1.吃透稿件深挖细节

财经消息常常通过大量数据、表格等材料对报道对象加以深入阐释。这些细节点是我们在备稿中应细致揣摩之处。可运用重音、语气和情景再现等方法,对事件进程作出二度梳理,找出核心信息中的细节点。播读前应查阅相关资料,走访行业人士,充分把握相关细节的影响价值,通过外部技巧,如音高、音量变化来表现出消息细节,在中音区适度调整高低变化,表达出形式多样的感情色彩。

2.吸引受众感知理解

备稿中应努力还原事件现场,将受众带入特定情境之中,使播读者和受众一同理解稿件内容,增强心理共鸣的积极作用,通过有效把握内在语,生成清晰明确的播读思路,完善稿件潜在信息,使其进一步外化为语言表达。通过富有变化的语气、语调和语速样式,充分调动受众认知情感,激发认知潜能,形成情感共鸣的生动图景。

【例稿5】

原文	分析
29日10时许,在毗邻长江口的上海浦东外高桥,微软全球资深副总裁、大中华区董事长贺乐赋从上海市委书记韩正手中接过合资企业营业执照,双方满面笑容。 “001号”,微软与百视通合资成立的上海百家合信息技术发展有限公司,成为首家入驻中国(上海)自由贸易试验区的企业。 这是始自1978年的中国改革开放后迎来的又一个历史性时刻:2013年9月29日,中国(上海)自由贸易试验区诞生。 中共中央政治局委员、上海市委书记韩正为试验区揭牌。商务部长高虎城、上海市长杨雄为试验区管理委员会挂牌。	这条消息首先通过展现微软与百视通合资项目成功运营对上海自由贸易试验区的发展前景作出细致描述——上海自由贸易试验区有效提高了上海在地区和国内外经济发展格局中的地位。

原文	分析
仪式现场中外记者云集，一些记者提前两小时来占位。仪式不过短短15分钟，但舆论普遍认为上海自贸试验区意义非凡，堪比90年代中国建立上海浦东新区。 《华尔街日报》称，上海自贸试验区有潜力成为中国的“规则改变者”。	播读中语气自然平和，将媒体观点清晰呈现给受众。
两天前，国务院印发了《中国(上海)自由贸易试验区总体方案》，画定了“以开放促改革、促发展”蓝图。 29日下午，自贸区举办发布会，宣布了管理办法、投资和海关等监管方案以及投资领域“负面清单”。 这意味着，自贸区覆盖的上海浦东近29平方公里的土地，将成为未来中国改革开放的新地标和“试验田”。	备稿中明确国家此举对我国经济发展的重要意义，从宏观层面细化播读思路。
35年改革开放，中国创造了经济奇迹，但原有发展模式难以为继，推进新的改革开放势在必行。 7月23日，习近平总书记在武汉强调，必须以更大的政治勇气和智慧，不失时机深化重要领域改革。 9月11日，李克强总理在大连夏季达沃斯上表示，中国经济发展的奇迹已进入提质增效的“第二季”，并特别提及在上海建立自由贸易试验区。	备稿中应对新闻背景加以认真理解——国家领导人的执政方针为建设上海自由贸易试验区提供了强有力的支持。
上海自贸区的主要任务是“按照先行先试、风险可控、分步推进、逐步完善的方式，形成与国际投资、贸易通行规则相衔接的基本制度框架”，涉及加快政府职能转变、扩大投资领域开放、推进贸易发展方式转变、深化金融领域的开放创新、完善法制领域的制度保障等五方面。	结合相关专业知识对上海自贸区主要任务分层缕析地进行解读，找准关键点，分析重要内容。
国务院发展研究中心党组成员隆国强说，自贸区虽然设在上海，却顶着“中国”头衔，凸显其“国家战略”的地位。 复旦大学经济学院院长袁志刚认为，上海自贸区推进贸易和投资便利化，意义不亚于2001年中国加入世界贸易组织，是获取开放新红利的“再入世”。	各界人士的科学分析进一步阐明了上海自贸区对中国经济发展的深远意义。

原文	分析
将于今年 11 月举行的中共十八届三中全会，被认为将从“顶层设计”高度出台全面深化改革和扩大开放的路线图。 国际间分析机构注意到，上海自贸区与未来中国改革突破点的多个领域密切相关，自贸区的试验能否成功，将决定相关改革会否在全国铺开。	上海自贸区与中国改革命运紧密相连。语气沉稳有力，呈现出正在描绘更加辉煌的建设蓝图。

——《上海自贸区挂牌——中国打造改革开放新“模板”》，新华社 2013 年 9 月 29 日

（获第二十四届中国新闻奖二等奖）

第二节　练习材料及播读提示

【练习 1】

赣州是全国重点有色金属基地之一，素有“稀土王国”的美誉。然而，稀土开采产生的尾砂、废水污染曾长期困扰着赣州各稀土矿区。发展与环境的矛盾，倒逼当地另辟蹊径，引入资源综合利用项目，对尾砂、废水再提炼，不仅保护了环境，还回收了流失的宝贵稀土资源，有效促进了赣州的经济支柱产业良性发展。

请听江西台记者周围、彭世翔，通讯员李兴满发来的报道：《尾砂中提炼出大产业》。

经过几十年的稀土开采，给赣州留下了一座座沟壑纵横，尾砂淤积的废弃矿山。破坏的植被、流失的水土、板结的土壤、污染的水质曾经随处可见。龙南县足洞矿区是其中的典型区域。

然而，昨天（12 月 3 日），记者来到这里采访时，却发现废弃的稀土尾砂已经成为各原料公司争抢的“香饽饽”。经过激烈竞争，龙南县南裕稀土资源综合利用有限责任公司获得当地黄沙、关西、足洞矿区的尾砂库的处理权，公司董事长钟化云告诉记者，他们的两项稀土资源综合利用研究成果已获得国家发明专利，年综合处理稀土污水达 720 万吨、稀土尾砂 15 万吨，回收流失的稀土 250 吨。

看准了赣州稀土尾砂中富含有高岭土的原料优势，江西石湾环球陶瓷有限公司果断落户赣州市寻乌县，公司总经理助理曾勇慎告诉记者，利用稀土尾砂中的高岭土作为陶瓷生产原料，企业可降低 20% 的生产成本，一条生产线每个月可以节省 300 多万。丰富的稀土尾砂资源又让公司决定追加投资，生产线从原来的 1 条增加到 6 条。

作为全国唯一的稀土综合开发利用试点城市，赣州市积极落实稀土废弃物资源综合利用税收优惠政策，为稀土资源综合利用项目争取资金扶持，按照“谁投入、谁开发，

谁治理、谁受益”的原则，鼓励企业、单位和个人开发治理稀土尾砂、废水。

——《尾砂中提炼出大产业》，江西广播电视台、赣州人民广播电台 2013 年 12 月 4 日

（获第二十四届中国新闻奖二等奖）

播读提示：

经济快速发展的同时，生态环境遭到破坏，这是一直困扰很多地区经济建设的难题。赣州市另辟蹊径，找到解决问题的关键点，变废为宝，延伸出相关产业链。备稿中应对这些新闻信息点给予充分地分析理解，探究稿件传播主旨，挖掘潜在新闻价值。消息层次划分清楚，语意内涵把握分明。语气随着叙事推进有微调，变暗淡为明亮，语速可适当变化，由较慢到较快，可获得较好的传播效果。

【练习 2】

首都国际机场坐落在北京市顺义区，当地依托机场、服务机场，充分发挥和利用航空港资源优势，形成产业链条完备的临空经济体系，全区产业得到极大提升。

昨天，北京临空经济核心区在顺义正式揭牌，包括民航局航空安全技术中心在内的多家企业同时落户，当天签约额达 250 亿元。

安全技术中心把高端实验室、发动机适航审定中心等集中到顺义进行升级，这些高新技术除了可以快速应用外，还直接吸引了相关科研公司和航空零配件企业尾随入驻。

临空经济核心区是将原空港工业区、物流基地和国门商务区进行整合，整合之前三个区不但功能边界不清，而且服务资源分散、多重管理。如今，核心区制定了产业腾退和升级名单，村田电子、松下电器等 5 家制造业企业陆续被腾退，另有 12 家生产企业就地升级，发展高新技术和创意设计。

整合后，顺义临空经济核心区发展空间将从 25 平方公里扩大到 170 平方公里，目前进驻企业达到 1700 多家，其中世界五百强企业 45 家，仅今年一季度，就实现税收 27 亿元，较去年同期增长 68%。

——《北京顺义：临空经济打造国际航空中心》，《新闻联播》2014 年 4 月 19 日

播读提示：

充分开发地域经济潜能，整合相关优势资源，形成动态、集约、多元的区域经济发展格局，是北京顺义临空经济体系取得成功的重要举措。备稿中应对稿件内在逻辑有一定认识解读，从中找寻出正确的分析路径，有效服务于语言表达。播读中情感态度分寸得当，不偏不倚，能够较好地体现出临空经济发展的蓬勃向上趋势，同时对相关数字处理得当，语言清晰明朗，语意连贯集中。

【练习 3】

国家统计局今天公布数据显示，今年上半年，经济运行总体平稳，结构调整稳中有进，转型升级势头良好。

今年上半年国内生产总值达 269044 亿元，同比增长 7.4%。其中二季度同比增长 7.5%，增速比一季度加快了 0.1 个百分点。

上半年，全国规模以上工业增加值同比增长 8.8%，增幅比一季度加快 0.1 个百分点。社会消费品零售总额同比增长 12.1%，增速比一季度加快 0.1 个百分点。固定资产投资受房地产投资下滑影响，同比增长 17.3%，增幅比一季度回落 0.3 个百分点。

上半年，城镇新增就业人员 737 万人，外出务工的农民工数量增加 307 万人，全国居民人均可支配收入 10025 元，同比实际增长 8.3%。

上半年，产业结构继续优化，第三产业占 GDP 的比重为 46.6%，高于第二产业 0.6 个百分点。

——【中国经济半年报】《经济缓中趋稳　同比增长 7.4%》，《新闻联播》2014 年 7 月 16 日

播读提示：

备稿中应充分理解稿件新闻背景，知悉我国经济快速发展形势，明确当前城市就业和居民生活水平整体情况。播读者应立足稿件提供的相关数据和行业态势，把握财经形势和市场机遇，调整播读思维和解读思路，段落层次梳理清晰，播读语态拿捏自然，语流推进平和稳健。同时应细化节奏、停连处理，体现出稿件逻辑层次的严密性和规范性。

【练习 4】

相关研究表明，每投资 1 亿元的轨道交通项目，可带动 GDP 增长 2.63 亿元，增加 8000 个以上的就业岗位。如今，在实体经济持续低迷的局面下，建设城市轨道交通对于直接拉动地方经济的作用不言而喻。

9 月 3 日，发改委印发了郑州市和南通市《城市轨道交通近期建设规划》。其中，新近加入“有轨”行列的南通，将在 2020 年建成两条城市轨道线路，总投资为 397.13 亿元。而地铁 1 号线已经开始运营的郑州，将在 2020 年建成 5 条运营线路总长 166.9 公里的轨道交通网络，总投资达到 798.48 亿元。

交通部城市交通研究中心副主任吴洪洋认为，在探讨轨道交通价值时，不应“就地铁谈地铁”，轨道交通建设会带来一系列的社会和环境效应。

据《每日经济新闻》记者了解，截至目前，加上刚刚获批的南通，全国共有 37 个城市获准建设轨道交通，其中不乏东莞、徐州等二线城市。但公众对这些城市是否真正需要轨道交通存在质疑。

在吴洪洋看来，建设轨道交通有诸多利好，直接受益者是城市居民。

“城市轨道交通的价值首先是方便市民出行，降低拥堵成本。”吴洪洋表示，同时，环境压力也会因为机动车辆的减少而得到缓解。

此外，轨道交通对于提升城市的吸引力和竞争力也有着明显的效果。西方发达国家的经验表明，轨道交通不仅是解决都市交通拥堵的主要方式，也是一座城市彰显治理水平、成为国际大都市的重要标志。

——节选自《37 城已获准建设轨道交通　二线城市修地铁遭质疑》，环球网 2014 年 9 月 4 日

播读提示：

城市轨道交通可有效拉动所在城市及地区科学发展、健康发展，加快城市经济建设步伐，提升居民生活幸福指数。备稿中应对相关背景信息进行深入具体分析，解读相关数据，把脉国家相关政策，从宏观层面做好广义备稿。在狭义备稿中，应结合郑州市和南通市发展实际情况，对实施轨道交通前后发展情况作出对比分析，找准它与相关产业的联系点，对稿件内容进行细化处理。

【练习 5】

北京平谷国际陆港进出口商品展交会近日在平谷区马坊物流基地举行，这也是在马坊物流基地举办的首届口岸商品展交会。展交会旨在展示平谷国际陆港的企业文化，扩大口岸知名度，初步探索建立集商贸、物流、文化为一体的沟通交流平台。

展交会期间共有参展企业100 余家，参展商品300 余种(多为口岸直接进出口商品)，意向成交额近10 亿元。

马坊物流基地位于北京市平谷区马坊镇，与津蓟、京沈、津唐、京哈、京承、机场高速等多条高速公路无缝衔接，是北京市“十一五”物流发展规划重点建设的具备口岸功能的物流基地。

2013 年 1 至 11 月，平谷国际陆港完成外贸集装箱吞吐量 36885 标箱，同比增长35. 7%。货物总重量18. 3 万吨，货值13. 3 亿美元。

——《北京平谷口岸商品展交会举办》，《经济日报》2014 年 1 月 8 日

播读提示：

备稿中应紧密联系当前社会发展的上情和下情，上情是我国当前经济发展处于持续增长之时，有诸多便利条件，下情是北京平谷区的区位优势和物流行业的良好发展态势。播读中应将重音置于100 余家、300 余种和10 亿元，体现展交会一定的规模和参展商品数量，注意三个分句的停连：前两句可做扬停处理，语气连接自然连贯，后一句可单独处理，表示交易成果可喜。“与津蓟、京沈、津唐、京哈、京承、机场高速等多条高速公路无缝衔接”应扬停，语气连贯，形成整体交通网络之样，同时突出“无缝衔接”“口岸功能”“35. 7%”“18. 3 万吨”“13. 3 亿美元”等词语，表现出交易活跃，稳定增长的良好态势。

【练习 6】

中国人民银行今日公布的数据显示，截至今年 3 月底，全国共有小额贷款公司 8127 家，比去年末增加288 家；贷款余额 8444 亿元人民币，一季度新增人民币贷款251 亿元。

和去年底相比，小额贷款余额最多的两个省份仍是江苏省和浙江省，贷款余额分别为 1158 亿元和 911 亿元，分别增加15.15 亿元和11.45 亿元。小额贷款公司最多的是江苏省和辽宁省，数量分别为 607 家和 562 家，比去年末分别增加34 家和 29 家；浙江省有 322 家小额贷款公司，比去年末增加 8 家。

——《小额贷款公司新增 288 家　一季度新增贷款 251 亿元》，《经济日报》2014 年 4 月 22 日

播读提示：

小额贷款公司的增加和贷款数额的增长，一方面说明我国微小型公司自身对发展资金的巨大需要，另一方面折射出我国经济建设中多种经济实体共同发展的多元化格局。播读中语速适中，语气平稳顺畅，保持上扬推进态势，着重强调288 家——贷款公司增加的真实写照，同时突出251 亿元，说明所需资金的具体数额。从新闻中可知，小额贷款余额及公司较多集中在东部地区，以江苏省为代表，这说明东部地区经济发展格局的变化较为显著，经济增长势头持续推进，同时东北地区在“振兴东北老工业基地”的政策扶持之下，多种经济增长元素也有效促进了当地经济发展。播读中将重音置于“江苏省和浙江省”“江苏省和辽宁省”，体现这三省份在此方面的代表性，突出“增加15.15 亿元和11.45 亿元”，以及“34 家和 29 家”，语气自然肯定。

【练习 7】

随着中国人寿保险股份有限公司 2014 年度中期经营业绩的发布，四大上市险企中报已相继披露完毕。报告显示，中国人寿、新华保险、中国太保和中国平安四家保险公司上半年分别实现净利润 184.07 亿元、37.48 亿元、68.48 亿元和 213.62 亿元，同比分别增长 13.6%、71.4%、25.3%以及 19.3%。

“以银行股为代表的金融股上半年表现不佳，拖累了保险资金的投资业绩，从而影响了保险公司的整体盈利。”中国平安首席财务官姚波表示，不过减值计提为下半年的投资业绩减轻了压力。

据介绍，上半年有不少保险公司的投资渠道得以拓展，资产结构得到优化，企业债和另类投资等高收益资产的占比有所提高。以中国太保为例，上半年该公司继续加大优质定息资产配置，加快拓展另类投资业务。新增固定收益类资产投资 777.21 亿元，债券投资及定期存款总额上升，较上年末分别增长 10.6%和 13.4%；债权计划投资总额较上年末增长 24.6%。新华保险自去年起加大高收益的非标资产配置力度，提升了资产的整体投资收益水平。截至今年 6 月末，非标资产投资 983.87 亿元，已涉足金

融机构、基础设施、不动产等诸多领域。

——《险资支持实体经济力度加大》,《经济日报》2014 年 9 月 4 日

播读提示:

保险业的快速发展生动地折射出我国经济建设的良性发展态势。播读者应立足市场经济发展实际,从保险业的投资环境、市场化改革、利润增幅、涉及领域等方面,认识和把握各个要素的相通之处。语气自然平和,语流畅达跃动,语速较快,在重音把握上以逻辑重音为主,强化语句内涵主旨,从而实现语言表达贴近受众生活实际,贴近受众认识感受。

【练习 8】

"请三位中国合伙人手挽手手牵手……如果若干年后回望中国商业史,这个时刻也许会有一席之地。"万达董事长王健林站在舞台中间,双手交叉,左手握着李彦宏的手,右手握着马化腾的手。半年时间的酝酿,三人的构想变成了现实。王健林表示,现在全球各种大型电商平台已经搭建起来,但真正的 O2O 尝试都才刚刚起步,想象空间远远大于现有尝试。

王健林一再强调的是,他们要做的电商,并不是网上卖东西那么简单。马化腾则说得更加直接:"'电商'这个词可能不是特别准确,它更多的是一种如何利用互联网、移动互联网把线下的庞大的未经开发的线下经济实体智能化,可能叫一种智能或者智慧的商业更加准确。"

对于他们要做的事情,李彦宏在现场做了一个更加形象的描述:"假如一个人在万达广场里走的时候,发现一个女孩子穿的裙子很漂亮,那么只要拍一张照片,我就可以告诉你万达某家专柜里在卖这个裙子。"

据了解,新公司计划一期投资人民币 50 亿元,万达集团持股 70%,百度、腾讯各 15%,未来 5 年总投资将接近 200 亿。万达、百度、腾讯将在打通账号与会员体系、打造支付与互联网金融产品、建立通用积分联盟、大数据融合等方面进行深度合作。线下思维的万达能否真正借力互联网思维改造自身,被业内看做是此次合作成功与否最关键的因素。

——节选自《万达、百度、腾讯昨天宣布共同出资打造全球最大的 O2O 电商公司》,《新闻和报纸摘要》2014 年 8 月 30 日

播读提示:

备稿中应对相关新闻背景有一定了解,包括业界精英人士经营背景、商业营销策略背景、多方合作利益分享背景等,这对形成正确的播读情感有着重要作用。应注意实声贯穿播读始终,不可到稿件后半部分时语感模糊,语气懈怠,思维混乱,不成章法。应保持胸腹联合式呼吸,保证气息支撑话语表达,做到字音清晰、节奏明快、停顿恰当、

连接自然。

【练习 9】

昨天(3 号)发布的 8 月份非制造业商务活动指数 PMI 较上月上升 0.2 个百分点，表明非制造业市场活动稳中略升，服务业表现活跃、行业需求继续向好。

相比制造业指数的回落，8 月非制造业呈现了良好的向上态势。中国物流与采购联合会副会长蔡进分析，这主要是受到服务业活动的拉升作用影响，其中，批发业、水上运输业和电信传输服务业等生产性服务行业表现较活跃，企业采购趋于积极；此外，互联网及软件信息技术服务业新订单指数 1～8 月均值较去年同期高出近 4 个百分点，行业需求继续向好："像一些新兴的服务业，像互联网行业，它今年以来发展的都比较好，指数回升的也比较高，是推动当前服务业进一步向好的一个重要的推手。"

但建筑业新订单指数回落至 47.5%，创出自非制造业 PMI 调查开始以来的最低水平。主要原因来自房地产开发投资的回落。

中原地产市场研究部总监张大伟认为，楼市、土地市场的成交情况和溢价率，都在下滑，因此房地产后续降价可能性依然较大："特别是标杆房企现在已是处于全面萎缩的阶段，对于土地市场，对于后续的去库存的压力，应该说都比较大。"

——《8 月份非制造业 PMI 稳中略升　服务业表现活跃》，《新闻和报纸摘要》2014 年 9 月 4 日

播读提示：

应采用对比式的备稿和播读方法，对制造业和非制造业发展现状和趋势走向进行多层面多维度对比分析，从统计数字、行业规模、市场营销等方面找出两者相同点和相异点，使播读心理更趋理性，播读语言富有层次感和交流感。通过稿件文字的细致解读，对核心信息进行细化处理，从相关数据、民众反响、市场回应、媒体宣传等层面作出详尽剖析，力求语言表达富有动态感和交流感。

【练习 10】

金融办获悉，日前，杭州市首个民间融资创新管理试点在杭州市拱墅区正式启动，该区也是浙江全省首批 11 个民间融资管理创新试点区之一。

2013 年年底，浙江省金融办公布首批 11 个省级试点名单，包括拱墅区、西湖区、桐庐县、宁海县、吴兴区、海宁市、绍兴县、永康市、江山市、路桥区、温岭市。

浙江省金融办相关负责人介绍，西湖区试点也将很快启动，试点的民间融资平台日常监管以当地金融办为主。"此次浙江省民间融资试点的背景为，省内不断出现企业资金链断裂的案例，融资难的现象和金融资源丰富之间有很大的矛盾，增加基层的金融服务组织是一个解决办法。"

融资中心的外部客户包括机构或个人投资者、企业或个人融资者。中心的业务内

容包含，民间投融资备案登记，发布、设计和推荐理财产品，信用调查，增信，投融撮合，贷后管理，保全等服务。

其在撮合民间借贷过程中采取风险分类法，按照经营能力、市场需求、道德信誉等，将有资金需求的中小微企业（三农或个体经营者）分为低风险（全额担保）、中风险（本金担保）、未风险分级（主要为高风险，中心不提供担保）三类。相应的，对于投资人或机构而言，本息全额担保的收益率最低，无担保的收益率最高。

以其首款产品天马力合鑫福基金为例，保本保收益的产品收益率在6.5%～8%之间浮动，时间不超过一年；而只保本金的产品收益率则在年化8%～11.5%，期限为1年到4年。

——节选自《“中心＋公司”双平台模式　浙江首批民间融资创新试点启动》，《21世纪经济报道》2014年6月20日

播读提示：

备稿中应对浙江民间融资背景作出细致分析，主要探析民营企业发展现状和发展前景。应对融资风险、收益率、市场前景等作出详尽研究，以使播音思路更为明晰。要对稿件语句衔接的内心依据有一定把握，使得段落与段落之间、层次与层次之间的上下衔接过渡得当，这是处理此方面财经消息播音的关键点。

第五章　文体类消息播音

第一节　文体类消息播音指导

文化事业科学、健康、持续发展有助于推动我国全面建设小康社会的进程，有助于广大群众共享改革开放丰硕成果。我国体育事业正走在面向世界，迎接挑战的快车道上。在新闻传播领域中，文化和体育新闻占有重要分量，承担着展现时代风貌、观察文化动态、报道体育赛事、弘扬体育精神的社会责任与使命。

文体类消息传播报道新时期文化事业和体育建设的最新动态，主要有新闻资讯、专家评析、赛事直播、观众反响等内容。媒体从业人员应动态化地展现文体最新发展趋向，解析文体产业各类现象，构建文体信息交流平台，打造文体品牌形象，积极引导受众对此形成科学、系统、正确的认识理念，有效促进社会主义文化、体育事业的大发展、大繁荣。

文体消息传播与社会生活有着千丝万缕的联系，在这里我们可以看到各类传播符号发挥着重要作用，体现着社会生活的显著特征，通过多样的报道形式，如现场直播、专家点评、微信平台、互动热线、新闻发布会、文体会展等，将人们置身于文化大发展的创造活动之中。它具有人类生活的代表性和广泛性。同时，新闻传播在带给人们感知方式改变的同时，也在极大增强着人们的参与意识和进取精神，使人们变被动接收为主动参与，并成为文体信息传播的策划者、制作者和推广者，形成多元化、立体化和动态化的文体传播世界。人们置身于海量信息之中，提高着自身文化素养，构建着自身文化理念，形成着自身文化创造力。

文体消息播音总体可从这几个方面入手：找寻新闻特点、知晓新闻内涵、转化语气节奏、调动受众热情。找寻新闻特点，即从横向和纵向探究新闻特点，找准这条消息区别于那条消息的不同点。横向即与同类题材消息进行对比，找出它们之间在事件起因、发展过程、事件结果、社会影响、受众反馈等方面的相同点和相异点，从而分析这些比较要素对正确理解该条消息有哪些积极价值；纵向即从这条消息本身入手，进行立体式、动态式剖析，找出各个新闻要素之间的衔接点，认识到这条消息发生之前是怎样的情况，科学预测事件发生之后的走向；知晓新闻内涵主要是在备稿基础上对这条消息的内涵有所知悉，从其表层信息探究到深层信息，从新闻人物和新闻事件的关系上进行深层次分析；转化语气节奏是着眼于采访记者的语气口吻和播读者的语气存在理解认识和表达形态的不同之处，应在认真分析原稿基础上，把握清楚记者的叙事语气，并有机融合播读者"二度创作"后的语气感知，进行多维度多层面的播读创作；调动受众热情是根据受众接收信息情况，从稿件本身入手，找出信息接收兴奋点，加以语调、语速、情景再现和内在语的多重加工，将受众的潜在情感充分外化于传播活动中，从而形成播读者和受众积极跃动的互动情态。

一、体现文化建设新貌，强化宣传导向功能

文化事业能够生动地体现出当前改革开放进程中的新动态和新气象。从备稿、播读到信息反馈，每位播读者都可感知新时期文化发展的繁荣景象，都可从中汲取不竭动力。同时，深化宣传导向功能是播读此类消息应注意之项。我们应熟知党和政府对文化事业的方针、政策，明了社会文化建设环境，深知民众对文化事业有多种诉求等。具体可着眼于以下两点：

1.快速调整播读状态

由于受到诸多条件的制约，很多时候急稿或快稿相继在播出前一小段时间才拿到，这时作为新闻传播最后一道环节的播音员主持人，应快速调整播读状态，进入积极跃动的语言表达情境中，形成"规定环境"中的语言表达形式。稿件内容侧重文化或体育等信息传播，软新闻成为主要内容，这些具有知识性和趣味性的新闻，向受众展现着开阔的视野，同时可以帮助受众增长才学，陶冶情操，所以播读者应积极有效地调整语言表达感知认识。

2.表达指向鲜明具体

文体消息是在特定范畴之内的信息传播。其中，专业性较强的稿件占有一定比例，而且这类稿件传播目的鲜明具体，新闻指向性较强，因此在备稿中应针对此特点形成播读思路的特定确指，同时将相应情感态度融于其中，使语言表达传播目的更加显而易见。这里需要强调的是，一味地、盲目地确定表达指向，只会导致错误的播读，使受众对文体新闻的确定内容没有清楚认识，对新闻价值没有具体把握。所以，恰当运用语气、节奏、重音等外部技巧，可使语言指向感更为明确。

【例稿 1】

原文	分析
（大会现场同期声）第 36 届世界遗产大会执行主席埃莱奥诺拉·米特罗法诺娃女士英文讲话。 （记者从会场用手机发回的连线）各位听众，我在第 36 届世界遗产大会的现场。就在刚刚，也就是莫斯科时间 18 点 23 分，北京时间 22 点 23 分，我所在的圣彼得堡市斯莫尔尼宫会议中心会议厅内，随着本届大会执行主席埃莱奥诺拉·米特罗法诺娃敲响手中的小锤，现场响起的热烈掌声中，中国元上都遗址成功列入“世界文化遗产名录”。至此，元上都遗址成为我国第 42 处世界遗产。这更是内蒙古自治区世界遗产零的突破。国家文物局副局长童明康代表参加本届大会的中国代表团此刻正在发言。	播读中体现现场感，运用情景再现强化现场画面的跃动再现，语气激动欣喜，语速平稳推进。
正如大会执行主席埃莱奥诺拉·米特罗法诺娃所说“这一时刻是所有中国人最重要的时刻”。从现在起，历史上因《马可·波罗游记》而闻名于世，因英国诗人科勒律治著名诗篇《忽必烈汗》而令欧美人士向往的“梦幻花园”、神秘美丽地方的代言词、宛如仙境之意的 Xanadu ——上都城的遗址被送上了世界的大舞台，成为全人类共同呵护的瑰宝。	积极调整播读状态，应有历史回溯感，语速适当放缓，语气自然平和，再现生动形象的历史图景。
对于经历漫长 16 年申遗之路的元上都遗址来说，这是期盼已久的等待。但值得一提的是，在本届大会上，元上都遗址前后仅用十多分钟就顺利通过了大会表决。出席会议的内蒙古自治区代表团于莫斯科时间下午 15 点入场，在等待 3 个多小时后，18 点十几分，大屏幕上出现了元上都遗址资料照片。国际古迹遗址理事会资深专家介绍了元上都遗址的突出普遍价值以及世界遗产委员会的评估意见。伴随着专家的介绍，会场内巨大屏幕上逐一展示元上都遗址的地域图和实景图片。18 点 20 分，大会执行主席埃莱奥诺拉·米特罗法诺娃请世界遗产委员会成员国对元上都遗址项目发表意见。现场，日本、印度、哥伦比亚等 8 个国家的代表相继发言，无异议地表示同意并祝贺中国。	备稿中梳理清晰本届申遗详细过程，播读突出指向性，注意细节呈现，表现紧张与期盼交融的复杂心理，语言节奏鲜明跃动，语调积极上扬，传达现场感受。

原文	分析
元上都申遗成功了！会议中心外厅沸腾了！在现场，内蒙古自治区政府代表团团长、自治区副主席刘新乐高兴地接受采访，作出申遗成功之后的郑重承诺并向世界人民发出诚挚的邀请。（刘新乐同期声：今后，要认真履行联合国教科文组织公布的《国际遗产保护公约》，进一步做好遗址的管理、保护，包括宣传、展示、服务这方面的工作，我们也在这儿欢迎世界世界各地的朋友们，来到元上都的所在地，内蒙古锡林郭勒大草原，身临其境、亲身感受元上都这个古代草原都城的无限的魅力。） （记者同期声）在场的内蒙古代表团所有成员激动万分，互相祝贺。正蓝旗副旗长道日娜更是激动不已，忍不住流出了喜悦的泪水。（蒙古语同期：我们元上都遗址经过漫长而艰苦的申遗之路，今天成功列入世界遗产名录……作为8.3万正蓝旗人民的代表，来参加今天的大会，我现在特别特别激动……这不仅是我们蓝旗的骄傲，也是我们锡林郭勒、我们内蒙古、甚至全中国的骄傲，更是所有蒙古人共同的骄傲。）	现场激动喜悦之情溢于言表。播读中应注意气息调整适当，稳步推进中不乏跃动鲜明；情感色彩表达有度，适中即可，对话交流感强烈真挚。
（记者同期声）我们相信，兼具游牧、农耕两大文明特点的元上都遗址成功列入《世界遗产名录》，必将丰富世界遗产的突出普遍价值和遗产类型，为保护人类文化多样性贡献一份力量。	表达自豪激越，直抒胸臆。

——《元上都遗址成功列入世界文化遗产名录》，内蒙古人民广播电台2012年6月29日
（获第二十三届中国新闻奖一等奖）

二、针对受众文化需求，加强对话交流意识

不同集群的受众有着不同的文化需求，体现出多元化、明确化和特定化等特点。我们在备稿中应细致分析不同受众群体的文化感知和心理诉求，通过主题、细节、渲染等环节努力为受众奉上精神大餐。文体消息具有一定的教育引导功能，媒体在传播中也在此点着墨较多，我们在语言表达中应根据这点进行对话交流的安排设置，播读者将其自身置于节目语境中，与现场观众和虚拟观众进行直接对话沟通，产生光芒四射的思想火花。

1. 受众心理点染得体

受众心理把握与调试是播读文体消息应着重练习之处。它与播读者心理有着直

接或间接的关联属性，影响着播读者的心理过程和情感状态，生成了不同形态的语言表达样式。由受众文化诉求相异点可知，我们在播读中应真切感受文稿中所描述的新闻人物有怎样的心理感悟，有怎样的情感走向，哪些语句是“点睛之句”，哪些话语是传神妙用，同时心中积累起应有的情感以及由此生成的认知、态度和感受等，自然而然、顺势而上将其带入到点睛之句的表达中。

2. 对象感自然常态化

由上述分析可知，对象感是贯穿文稿播读始终的重要表达技巧，是应常态化的艺术处理手法。播读者在播读中应将既有的认知充分调动起来，语言顺势推进，表达用声重在内心感觉到位，将受众心理和播读者心理结合为有机整体，在细微之处加以微调，形成表达路径平稳推进，认知情感积极升华，语气语调紧密衔接的创作情态，同时在语言处理上，停顿连接可以扬起，也可以沉下，用声可以提高，也可以加强，语势可以扬起，也可落下。

【例稿 2】

原文	分析
由湖北省武汉市委、市政府组织编撰的《武汉2049》新书首发式作为起点，4月下旬开始的“共读《武汉2049》，聚力城市复兴篇章”主题系列年度书香活动持续月余，精彩迭出。武汉市通过全城动员、名家品鉴、互动交流、创意分享四大板块，整个春季全民读书活动共开展了16项重点主题活动，58场名家讲座，300余项主题活动，600余项基层全民读书活动。	分析稿件内容，把握其思想主旨，由此统摄稿件播读过程，做到心中有数，胸有成竹。
在好书共读特别推荐活动中，市委书记、市长、在汉院士、文化名人、知名企业家向武汉市民推荐了《武汉2049》《武汉印象》《葛健豪和她的儿女们》等20本图书。每逢休息日，由大众评选出的读书明星还带领市民走进湖北省图书馆等阅读场所，品味不一样的书香。“大美武汉”诗词朗诵会、“大美武汉”摄影展、“大美武汉”特色书展等系列“大美”活动，引导民众提升阅读品位、品鉴阅读经典、学习善读之法，营造出浓浓的书香氛围。在武汉市汉阳江欣苑社区等20家社区读书组织发起的社区读书倡议活动中，中国社会福利基金会副理事长兼秘书长缪力代表全国322所中小学接受武汉市委、市政府捐赠的《葛健豪和她的儿女们》一书。	细致体察受众心理，形成自然真挚的对象感，将此次阅读活动细节清晰完整地呈现于受众。

原文	分析
各种硬件设施的跟进，也为武汉市民参与年度书香活动助力。24小时自助图书馆自2012年底设置以来，读者办证与借阅数量成倍增长，截至目前已采购图书8532种，累计75686册；地铁自助图书馆目前已有1.46万人办理借书证，累计借出书籍11.5万余本，补充上架书籍近13万本；武汉图书馆的第四代汽车图书馆则改造升级为内置3000册图书，配备无线上网、打印、图书充销仪、条码扫描仪、投影仪和外接电源接口等设备的迷你图书借阅工作站。截至目前，武汉图书馆汽车图书馆共设立流动服务点61个，辐射武汉各个区域，包括社会福利院、新农村、社区、学校、军营、警营、监狱等，交换图书共计1500余次，流动图书近250万册次，服务总里程15万公里，服务160万人次。汽车图书馆秉承“车开到哪里，图书馆的服务就跟随到哪里”的理念，让武汉市民在家门口就能读到好书。	注意相关数字播读，字音清晰、圆润、饱满，音量适当加大，语速较快，体现新闻时效性和快捷性。同时梳理语句之间的逻辑关系，把握得当，清楚明确。
武汉市委书记阮成发说：“《武汉2049》是我们这代人对武汉未来的所思、所想、所盼，包含着对这座城市的热爱和真诚。希望市民借全民读书活动，共同关注、思考城市的未来，为建设国家中心城市、复兴大武汉贡献智慧和力量。”	语言表达有一定力度，语气热情真挚，交流感强。

——《满城书香展城市未来》，《中国文化报》2014年5月22日

三、强化陶冶情感功能，生动折射体育精神

文化体育消息在传播信息的同时还生动具象地陶冶受众情感，催生丰富内涵，使受众置身于浓郁真切的文化氛围之中，体育消息更将此点加以具化，它对于受众形成体育精神品质有着重要作用。我们在播读中应根据文稿内容进行传播目的和播出风格的贴合调试。具体可从以下两点练习：

1.引发受众积极思考

文化类消息可通过多样的传播形式积极有效地陶冶受众心理情感，深化受众对客观世界和主观世界的认识理解。这里主要将文字、视频、音频、图画和特技等素材进行加工整合，发挥各自传播优势，文字表意具体、视频生动形象、音频可听可感、图画形状可塑、特技拓展延伸，这些传播手段正在将受众置身于多彩缤纷、形声俱佳的传播世界中。当然，发挥播读者的联想和想象，在调动自身兴趣的基础上有效引发受众思考，亦

是我们应仔细揣摩之处。

2. 现场感受适应情境

文体消息播音必须选准最具有代表性和典型性的现场信息进行报道，这样的传播才有说服力，才能获得较好的传播效果。这点对于体育新闻现场报道显得尤为重要。播音员主持人置身于体育赛场之中，自然而然会被现场紧张激烈的比赛氛围所感染，进入特定报道语境中。这时要注意信息传播的针对性和目的性，提出自己的见解，抛出新闻兴趣点，投入紧张有序的报道中，这样可将体育精神的内涵和外延彰显得淋漓尽致。

【例稿 3】

原文	分析
距离南京青奥会开幕还有 20 天，赛会各项筹备工作已经进入冲刺阶段。记者在采访中发现，“勤廉节俭”这一理念始终贯彻在赛事筹备的每个环节之中，打造一届勤廉节俭的青奥会成为南京的目标。	播读导语清楚明朗，抓住“勤廉节俭”这个核心信息点。
风光秀美的金牛湖是青奥会帆船比赛场地，金牛湖工程与临时设施经理陈本升说，帆船赛事综合楼起初设计建筑面积 4.5 万平方米，根据绿色节俭可持续原则，经反复论证改为 1.4 万平方米，并且将部分永久性建筑改为临时建筑，设计的防波堤也改为浮动码头，不再建设拦水大坝后，工程造价从原来的 1000 多万元缩减为 300 多万元。	梳理事件发展过程，知晓改造前和改造后的不同之处，了解节约资金数额。
“能改不建、能修不换、能租不买、能借不租”，这是南京青奥会的筹备原则之一，国际博览中心场馆媒体副主任许佃兵介绍，南京国际博览中心作为非体育场馆，在场馆改造建设中共节存资金 3500 万左右。其中灯光改造项目，如果全套更换灯光系统需要人民币 1200 多万元，场馆团队根据国际剑联提出的舞台灯管效果的要求，最终采用“改软件不改硬件”的方法，通过科学调整灯光，增加 40 个金卤灯就实现了照明效果，实际投入仅 40 多万元。	把握科学原理，引导受众对相关改造项目的认识理解，强化潜在的对象感意识。

原文	分析
据介绍，青奥会体育器材配置首先由市场开发部向社会公开征集赞助，赞助无果进行采购，租赁采购优先。青奥会的28个竞赛项目中，有23个项目的竞赛器材是通过市场开发征集赞助的方式确定供应商的，征集赞助金额1291.7万元，大大节约了开支。	语言平实亲和，从容稳健，语气自然舒展。
南京市纪委副书记何德剑表示，青奥会坚持“制度先行、注重预防、公开透明、民主参与”的16字原则，通过借鉴国际廉政建设的成功经验和先进的理念，明确青奥会勤廉建设的目标，并通过整合监督资源，用最小的监督资源来赢得最大的效益。记者了解到，南京青奥组委专门下设有青奥监督委员会，并通过其下设的执行委员会加强对青奥期间的工作监督。	重音得当，如“制度先行、注重预防、公开透明、民主参与”。
青奥会由前任国际奥委会主席罗格倡议创办，旨在扩大奥林匹克精神在青年人中的影响，参赛运动员年龄为15到18岁。2010年南京获得了第二届夏季青年奥林匹克运动会的举办权，南京青奥会将于8月16到28日举办。	熟悉新闻背景，表达自然平和，用声以中声区为宜。

——《南京青奥会打造“勤廉青奥”》，《光明日报》2014年7月28日

四、解读消息文本内涵，播说结合灵活运用

新闻文本在构建二维平面文字表达的同时，也可将深层信息寓于其中，让我们展开丰富多样的想象和联想，并对此予以开掘和体验。播读文体消息时不可仅仅停留在文字表层，浅尝辄止，模糊不清，而应在认真分析稿件内容基础上，努力做好以下两点：

1.梯度式解读文本内涵

在表达创作中，很多人盲目追求快读快播，追求所谓的“一气呵成”，认为这就是文体新闻播音应追求、应体现的，其实这是极为错误的认识和行为。它只会造成播读一片混乱，语句漫无目的，表达生硬架起，章法错乱纷杂。正确的做法是，在备稿中应对稿件涉及的文体事件进行梯度式分析，由表及里，由浅层到深层，由表形到表意，由感性到理性，逐层逐句进行探析，创作思路更加明晰，分析备稿更加条理，这样可避免上述现象发生。

2. 播中有说灵活多样

播音创作方法的多样运用是现代社会对语言表达传播的要求使然，是充分满足不同受众对有声语言创作诉求的生动载体。我们在文体消息播音中，应保持轻松、平和、自然的播读状态，将播报式和说新闻有机融合，寻求真实贴切、意蕴深远的传播语境。努力克服表达状态松散、语境含混不清、语法错误百出、语调生硬造作等问题，寻求基调稳定、交流感强、传情会意的表达样式，将描绘、评论、抒情、解释或说明等表达方法寓于其中，巧借播报式大方得体和说新闻轻松自如之势，实现语言表达多样化。

【例稿 4】

原文	分析
国家今天正式成立公共文化服务体系建设协调组，文化部牵头中宣部、国家新闻出版广电总局等 20 部委合力推进重大公共文化服务法规、政策、标准的制定，今后，更多公共文化服务设施有望向百姓免费开放。	表达清楚明确，扬停为主，节奏稳健自如。
以前农家书屋是由国家新闻出版广电总局负责，“数字文化共享工程”由文化部推进，但是如果想成立“数字化农家书屋”怎么办？归谁管？这就需要两部委或多部位协调合作。成立协调组，就是为了理顺这样类似的问题。	“说”出新闻，一问一答之间体现交流感。
文化部公共文化服务司司长张永新：“比如我们的公共图书馆就可以对农家书屋的选书、管理、配送包括人员培训提供支持，这样就可以使分配在不同部门、不同资源力量整合起来，避免单打一、避免重复建设。”	阐明开设公共图书馆益处，语流畅达自如。
打开协调组重点任务工作计划表我们会看到，今年 20 家部委联合要做的工作就有 10 大项：推进《公共文化服务保障法》立法；推进贫困地区公共文化建设，向老百姓开放更多的公共文化机构等。	体现语言层次感，把工作要点介绍清楚。
张永新：“协调各个部门有针对性地解决 530 多个扶贫开发县以及 14 个特困连片地区的公共文化服务体系建设问题。和我们公共文化相关的一些公共文化服务设施也可以参加到免费开放中，青少年宫、科技场，进一步研究免费开放政策和措施，让更多的设施、资源向老百姓开放。”	气息调控自然，吐字归音圆润明朗。

——《国家 20 部委合力推进重大公共文化服务》，央广网《全国新闻联播》2014 年 3 月 19 日

五、把握语言韵律节奏，播读状态自然活跃

文体消息的内容决定了它的语言表达节奏应是跃动分明，富有韵律感和动态感的。在丰富多彩的文化生活和体育活动中，受众不仅感受着精彩的文体活动带给他们的身心愉悦，同时也对社会生活有更加深入的理解认识。备稿中应在以下两方面的练习中实现语言节奏和播读状态的自然生成：

1.根据稿件内容把握节奏

播读者应在字里行间找出具有规律性的节奏样式以及语言表达要求。文体消息播音对此要求特别明显。应把舒缓型、紧张型、轻快型、凝重型、低沉型、高亢型等节奏类型综合运用于播读之中，以一种或两种为主，其他类型次之。随着稿件内容的展开，播读节奏也应同步跟进，节奏变化时首先应将播读心理积极调动起来，把文化事件引领时代发展方向的关键点找出来，把文化发展的多样性提炼出来，把文化驱动的力量源泉开掘出来，把体育赛事的兴奋点传达出来，把群众体育活动的精神风貌展现出来，这样会更加有效地生成多样语言节奏。

2.播读状态体现赛事风采

体育赛事紧张激烈、扣人心弦，现场气氛律动活跃，吸引着广大受众，具有生活气息和生活品位。播读中应将生动形象的语言呈现于受众，将受众引向超越时间和空间的情境中，并将时空感知转化为有声语言。同时应注意语气充满体育美德内涵特质，充满体育精神的律动、健美与跃动，语调轻松自如，上扬跃起，跨越时空的约束，语速较快，体现事件报道的快捷性和及时性，停连得当，大量运用扬停，情绪积极饱满，进入由语言创作生成的艺术境界中。

【例稿 5】

原文	分析
英国凌晨 4 点，2012 年第 30 届夏季奥运会在伦敦盛大开幕。 随着孩子们手中象征倒计时的气球逐一炸开，奥林匹克钟也随之敲响，以“奇迹之岛”为主题的 2012 年伦敦奥运会开幕式也就此拉开序幕。 乡村小屋、水磨坊、耕作的农妇、野炊的家庭……唱诗班孩子们的天籁之音，把观众带入一座宁静如画的乡村。	突出现场感受，适当运用情景再现，节奏跃动鲜明，富有体育运动的活力与激情。

原文	分析
随后，震耳欲聋的鼓声打破了田园的宁静，大地“崩裂”，象征工业文明的七根巨大的烟囱在场地中央拔地而起，工业革命改变了英国的命运，也改变了人类的命运。	配合画面，以“说”为主。
在强烈的摇滚乐中，天空中五个巨大的圆环在烟火中相聚，奥运五环璀璨夺目。 英国儿童文学里的魔鬼在暗淡的灯光下登场。动感的音乐声中，医生、护士和孩子们欢快起舞。电影《烈火战车》中的音乐点燃了全场的激情，憨豆先生用他特有的方式展示着这个绅士国度的幽默。	随着镜头移动，语言指向感也随之调整，改变位置。
文艺表演后，来自 204 个国家和地区的一万多名体育健儿先后入场。 中国代表团在旗手易建联的带领下在第 42 位出场。代表团由 621 人组成，其中运动员 396 名，他们将参加除足球、手球和马术之外的 23 个大项和 212 个小项的比赛。香港代表团和中华台北代表团分别由 42 名和 44 名运动员组成。中国政府代表、国务委员戴秉国与来自约 80 个国家和地区的元首和政府首脑等国际贵宾一同出席了开幕式。	播读清楚相关数字，字音圆润集中，表达充满自豪、亲和之情。
在奥运会主席罗格致辞之后，英国女王伊丽莎白正式宣布：“第 30 届伦敦奥运会正式开幕，让我们为这个城市、奥运和时代欢庆！” 开幕式点火仪式开始，火炬由快艇载着贝克汉姆送至伦敦碗，伦敦奥运会开幕式别出心裁地取消了主火炬手，改由 7 名年轻人共同点燃了 204 个铜花瓣组成的火炬。 观众：“一开始的时候体现田园风光，还有点圣火那一刻，就是传统和时尚的结合，这一块也给我们留下很深刻的印象。”	语言节奏加快，语调跃动上扬，强化现场感受的壮观雄奇。
开幕式前，英国女王伊丽莎白二世在白金汉宫为各国元首、政府首脑等国际贵宾举行欢迎招待会，戴秉国出席。	气息平稳，语速较快。

——《第 30 届夏季奥运会伦敦开幕》，《新闻联播》2012 年 7 月 28 日

第二节　练习材料及播读提示

【练习 1】

10 月 6 日，第七届“创意中国　和谐世界”文化产业国际论坛在北京举办。本届论坛由文化部文化产业司及中国联合国教科文组织全国委员会指导，中国传媒大学主办。来自 20 多个国家的 30 多位专家、学者对“城市建设与文化发展实现互动平衡的规律与路径”这一核心议题进行了研讨。

法国文化部总监察司官员菲利浦·查特皮在题为《大巴黎》的演讲中，指出了文化创意在城市经济发展中所占据的重要地位。他表示，巴黎之所以能够成为法国举足轻重的国际化大都市，得益于丰富的文化遗产和文化形象，以及国家对文化创意产业的高度关注。中国传媒大学文化发展研究院院长范周则联系本土实际，结合党的十八大精神全面阐述了文化发展在中国新型城镇化建设中的作用。

此外，与会专家学者还围绕文化发展与城市可持续发展的关系、数字信息时代如何激发人们的创造力、媒介对城市发展的影响等细分议题深入交换了意见，为中国的文化产业与新型城镇化提供了国际化发展经验。论坛期间，还发布了已出版的《中国文化产业年鉴》和即将出版的《文化产业与新型城镇化》最新专项统计数据。

——《文化产业国际论坛建言文化与城市发展》，《中国文化报》2013 年 10 月 9 日

播读提示：

备稿中应对文化产业与城市发展之间的关系有一定理解认知，同时应知晓“城市建设与文化发展实现互动平衡的规律与路径”是该条消息的核心要点，进而通读全篇稿件，梳理清楚稿件内在逻辑关系，把握好国内外政府官员、专家学者对此议题的见解和观点。表达中应做到语气自然平和，语速稳步推进，语调积极上扬，状态亲切大方，将主要信息向受众娓娓道来。

【练习 2】

今年两会闭幕之际，人民出版社推出《文化热点面对面》一书，汇集文化部部长蔡武有关谈话、答记者问、讲话和文章的精彩内容，对广大群众关注的文化热点问题作出回应和引导。该书出版以来，在读者中引起强烈反响。4 月 22 日，人民出版社举行《文化热点面对面》出版座谈会，邀请专家学者围绕书中呈现的一系列新理念新方法展开研讨。

人民出版社常务副社长任超说，《文化热点面对面》一书贴近群众关切，从发展形势、政策理念、具体措施等多个层面对一系列文化热点问题作出详细解读，具有很强的

思想性、针对性、可读性。“深入基层，走进群众，与广大群众面对面交流”是本书倡导的核心理念，对于当前文化领域开展党的群众路线教育实践活动，将起到重要的促进作用。

中央党校教授张筱强、国家哲学社会科学规划办公室原主任张国祚、北京师范大学文学院教授禹建强等专家学者，从文化理论创新、领导干部要勇于善于和群众面对面、政府如何引导社会热点、树立开放包容的执政理念等多个角度，畅谈了看法。大家认为，《文化热点面对面》一书既是对近年来文化领域改革发展艰辛探索、工作经验、政策理念的有益总结，也是对中央关于文化改革发展决策部署的具体阐释。书中强调和阐发的“文化中国梦”“文化体制改革不会停顿”“坚持以人民为中心的工作导向”“确保导向不改阵地不丢”等理念，能帮助我们进一步理解中央决策部署的重大意义、深刻内涵和实践要求，进一步坚定推动文化改革发展的信心和决心。

——《专家学者座谈〈文化热点面对面〉》，《中国文化报》2014 年 4 月 23 日

播读提示：

播读中应紧密结合当前我国文化事业发展动态有针对性地备稿。熟知时代背景即代表先进文化的前进方向，建设中国特色社会主义文化。表达中停连运用适宜，停少连多，且多为扬停，语气充分体现稿件蕴含的思想情感，气息状态保持相对稳定，科学运用胸腹联合式呼吸播读稿件内容，做到吐字如珠，饱满有力，节奏鲜明。

【练习 3】

5 月 12 日，由古巴文化部、古巴旅游部、中国文化传媒集团、古巴驻中国大使馆联合主办的“温馨之约——中国古巴文化传媒论坛”在古巴首都哈瓦那举行。古巴文化部部长朱里安·冈萨雷斯·托勒多，副部长朱里奥·巴雷斯第，中国驻古巴大使张拓，中国文化传媒集团副董事长兼中国文化报社总编辑宋合意，古巴文化部国际局局长阿尔弗来德·罗彻，中国人民日报社文艺部主任刘玉琴和中国驻古巴使馆文化参赞甘萍等出席论坛。

朱里安率先发表了热情洋溢的致辞。他说，在古中两国关系全面发展的历史时期，举办这次论坛意义深远。他介绍了古巴文化艺术发展的基本情况，指出古中在文化领域包括文化旅游领域有非常广阔的合作前景。

张拓在发言中用西班牙语阐述了古巴文化旅游资源的丰富多彩和吸引力，指出中古通过文化交流增进了解、加强友谊的重要性，并提出了有针对性的建议。

古巴著名旅游机构负责人在论坛上介绍了古巴丰富的文化旅游资源和推动旅游业发展的经验做法。

中国和古巴相关新闻机构代表出席了本次论坛。古巴电视台和哈瓦那电视台在活动当晚的要闻栏目对论坛进行了充分报道。古巴最大的报纸《格拉玛报》也对论坛

进行了全程采访。

本次论坛是继去年在瑞典举办“温馨之约——中国瑞典文化传媒论坛”之后，中国文化传媒集团又一次在海外举办高规格、高水准的文化论坛活动。活动由中国文化传媒集团·中国文化对外传播中心、中古网、古巴海鸥集团承办。

——《“温馨之约——中国古巴文化传媒论坛”在古巴举办》，《中国文化报》2014 年 5 月 15 日

播读提示：

中国和古巴同为社会主义国家，两国同样物产丰富、文明和谐，两国人民友谊深厚。新时期，两国关系进入崭新发展阶段。文化交流无疑是大力推动两国人民互相往来的纽带和桥梁。播读中应带有积极热忱的思想情感，将友谊之情转化为真诚质朴的语言，通过音量、音色的适当加工调整，使播读更具有人文色彩，同时增强声音集中度，使传播目的更为明确具体。

【练习 4】

首届“阅读之城——北京读书计划”全民阅读公益活动 4 月 22 日在首都图书馆启动。

活动由北京市文化局、首都图书馆联合主办，旨在最广泛邀请市民参与读书，提升全市阅读水平，努力打造“城市共读”理念。活动包括市民荐书阶段、专家评审阶段、成果发布阶段、展示推广阶段，将延续至 2014 年年底。第一，从市场需求出发。根据各联盟成员馆借阅排行、媒体好书榜、出版业推荐书单等，以 2013 年 1 月 1 日至 2014 年 6 月 30 日期间出版的社科、文学、科普、生活、艺术、少儿 6 类 120 本图书为范围，供读者推荐、品评、投票。第二，主动借势新媒体。市民除在 30 家联盟成员馆内专设的“荐书台”填写投递荐书卡参加活动外，还可在首图官方网站、微博、微信参加活动。现场扫描二维码即可获取电子书阅读。第三，市民评选城市阅读书目。专家评审委员会将围绕市民推荐、投票产生的图书，从中选出 30 本图书作为“2014 年度城市阅读书目”，供市民阅读。

据第十次全国国民阅读调查报告公布的结果，中国人年均阅读量为 4.3 册，而日本、俄罗斯、以色列分别为 40 册、55 册与 64 册，报告同时指出我国人均阅读时间每天不足 15 分钟。我国的阅读现状令人担忧。

——《首届“阅读之城——北京读书计划”全民阅读公益活动启动》，
《全国文化信息联播》2014 年 4 月 22 日

播读提示：

备稿中应从我国与世界其他国家年均阅读量相差较大入手，进行有序地广义备稿。在狭义备稿中，应结合北京市文化发展实际，从城市文化底蕴、市民文化诉求、文化发展走向和文化消费市场等几方面细致入微地进行稿件理解与整合。表达中应有

效运用语言节奏，使其跃动分明，体现出本次活动的积极意义和广泛影响，语流畅达自如，平稳推进中体现新闻事件进展的有序性，使受众更易于理解稿件传播主旨。

【练习 5】

伴随着文化体制改革的深入，国家在推进国有文化企业改革发展的同时，积极鼓励和引导社会资本进入政策允许的文化产业领域，越来越多的民营文化企业焕发了活力。

长沙女孩毛莉毕业于艺术设计专业，以前苦于自己的漫画作品找不到发表途径，现在，通过“国家手机动漫公共技术服务平台”专业动漫网站，只需要简单五个步骤就能将作品上传，她的作品《美食每刻》已经拥有了两万多的浏览量。

目前，这个手机动漫平台已经汇集了近 400 万部优秀动漫作品，网站浏览量过亿。民营文化企业湖南拓维信息公司将科技与文化相结合，使传统动漫产业焕发出新的活力。

在杭州的宋城景区，《宋城千古情》最火爆时一天演出 9 场，自 1997 年首演以来，已经上演了近 14000 场，通过“主题公园 + 旅游文化演艺”深度融合的模式，2010 年宋城股份成功上市，成为中国文化演艺第一股。

没有了政策和资金的后顾之忧，一批有品牌影响力和号召力的民营文化企业得以发展壮大。在北京，由星光拓诚投资有限公司投资兴建的星光影视园，在为电视节目制作提供全方位、一站式专业服务的同时，引入舞美、后期制作等配套服务企业到园区入驻，成为中小民营传媒企业的聚集平台。

——《鼓励民企参与文化产业焕发活力》，《新闻联播》2013 年 3 月 1 日

播读提示：

从稿件中应明确认识到，积极鼓励民营企业参与文化产业，有效整合社会资源，加强行业间交流互通是有利于我国文化产业健康发展的，是有效推进文化体制改革的正确之举。播读中调整好气息状态，打破原有标点符号的限制，根据具体内容，重新确定合适的气口，这样便于播读，同时在发音状态上加强偷气、抢气，在短暂的顿歇中补充少量气息。

【练习 6】

辽宁大连海昌集团十几年来，一直致力于国内旅游文化产业的发展，现在他们又将目光瞄准了国际市场。

老虎滩海洋公园极地馆已成为许多游客来大连必不可少的一处景点。2002 年，海昌集团在大连建成了这个中国首家以展示南北极动物为主的极地馆，随后，又在青岛、成都等地建成了 6 家海洋公园。

除了拥有亚洲最庞大的海洋生物种群，海昌集团还注重打造一支高水准的专业经营管理团队。在动物保护、科研方面，他们有着600多人的专业技术团队，在6个极地海洋公园都有动物孵化基地。海昌集团已连续两年跻身全球十大主题公园行列，今年3月，海昌集团成为中国第一家在港股上市的主题公园行业公司。如今，海昌又在筹划制作具有自主知识产权的动画片，准备参与国际市场竞争。

——《辽宁提升旅游文化产业国际竞争力》，《新闻联播》2014年6月25日

播读提示：

首先应明确稿件主旨，进行针对性强的稿件播读。注意段落层次的划分，找准段落之间的内在关联点，使播读状态更为有序。播读中，积极调整用声状态，使用中声区，使音高变化富有韵律感，增强语言表达的生动性和感染力。克服紧张心理，使用声和用气自然、大方、亲切、平和，增强信息传播的真实性和可感性，为稿件播读润色增彩。

【练习7】

吉林省在文化建设上"下移重心"，让基层群众充分享受文化惠民成果。

就在东北进入夏季农闲期的时候，贯穿整个7、8月份的吉林"农民文化节"应声开锣。这几天，吉林省戏曲剧院的送戏大篷车就开进了村里。

除了送戏下乡700多场外，还将送图书下乡2万多册，送电影下乡1万8千多场。

庄户人家在家门口享受文化盛宴，城里居民也在各个文化场馆，尽情欣赏戏剧歌舞、参观阅读。

今年，吉林9319个行政村实现了文化大院和农家书屋全覆盖，全省841个图书馆、博物馆、美术馆、文化馆全部实现免费开放。

——《吉林：文化建设"下移重心"惠民生》，《新闻联播》2014年7月18日

播读提示：

文化惠民政策不仅有利于文化建设科学、健康发展，也有效提升广大群众文化知识水平。备稿中应细致分析吉林省采取"下移重心"的具体办法、民众认可和积极影响等，将稿件内容进一步细化，使播读思路更加清晰完整，用声和用气更加科学，节奏变化应随稿件内容推进而有微调，表现出活动进展的井然有序和影响广泛。

【练习8】

近日，第三届阿拉伯艺术节启动仪式在北京国家大剧院举行，现场宣布本届艺术节将于本月10日在北京正式开幕，活动时间将一直延续到10月。

本届艺术节活动时间横跨近3个月，内容涵盖文艺汇演、论坛、非遗与艺术展览、电影节、书展等众多领域，活动数量创历届之最。此外，本届阿拉伯艺术节除了有北京

作为主会场,陕西西安、宁夏银川和福建泉州等城市也会作为分会场。作为本届艺术节和“中阿丝绸之路文化之旅”重要项目的“中阿文化部长论坛”将于本月10日在国家博物馆举办,而作为此次艺术节重要内容之一的“中阿非物质文化遗产大展”将于12日在西安开幕。

——《阿拉伯艺术节在京启动　众多领域活动创历届之最》,《北京晨报》2014年9月7日

播读提示:

加强国际间交流往来、增进了解的实现途径之一就是文化交流。本届阿拉伯艺术节正是在地区文化繁荣发展的背景下举办的。播读中,态度积极明朗。语气热忱亲切,语调积极上扬。用声自然平和,质朴大方;用气稳健推进,送气量较小;字音饱满,圆润,集中。

【练习9】

各位听众,我现在正在雅典奥运会主体育场为您报道,男子110米栏决赛就要开始了,我国选手刘翔在前三轮比赛中一路过关斩将,轻松顺利地进入了决赛。

现在运动员都在起跑线上作着最后的准备,刘翔是排在第四道,刘翔做了个深呼吸,给自己鼓了鼓劲儿。

好,现在运动员已经在起跑器上准备起跑。

(发令枪声)

起跑!第一个栏,我们看到刘翔和旁边的选手并驾齐驱!

第八个栏!第九个!最后一个!刘翔第一个冲过了终点,中国选手刘翔第一个冲过了终点!他以12秒91的成绩获得了男子110米栏的冠军,刘翔刚才的成绩也是平了这个项目的世界纪录。刘翔今天晚上真的太出色了,这个成绩超过了他以往所创造的个人最好成绩。刘翔为中国田径夺得了本届奥运会的第一枚金牌,也为中国田径和亚洲田径夺得了第一个奥运会短跑项目的金牌。

现在的刘翔身披着五星红旗,正在绕场奔跑着,刘翔向场下的观众挥手致意,并不断地把我们的五星红旗展示给全世界的人们。现在刘翔身披国旗绕到了我所在的看台的前面,他自己也忍不住哭了起来,确实太让人激动了!

(观众齐声喊:“刘翔,刘翔!”)

【出录音】刘翔:“根本就没有想到,我自己也没有想到能跑到13秒里面。我可以说,在黄皮肤的中国人或者亚洲人来说,我实现了一个不大不小的奇迹吧。”

——《翱翔雅典,跨越历史——刘翔夺得男子110米栏金牌》,中央人民广播电台2004年8月28日

(获第十五届中国新闻奖一等奖)

播读提示:

该条消息激荡人心,欢欣鼓舞,具有极大的传播价值和深远影响。播读中应调整

好用气发声状态，在小腹保持拮抗状态下将气息平稳送出，到激越和兴奋之处时，加强换气、偷气力度，补充更多的气息。节奏鲜明跃动，将紧张兴奋和喜悦之情淋漓尽致地表达出来。停连适当，连接紧密度较大，扬停较多，体现当时特定环境，加强表达的情感渲染。

【练习 10】

2014 柔道教育中国行昨天来到了广州。在广州体育职业技术学院，500 名大学生在现场观看了柔道展示，不少人还穿上了道服，跟奥运冠军学了两招，学生们发现其实学柔道并不难。

尽管这里是体育职业技术学院，但不是每个人都能了解柔道是怎样一个项目。由奥运冠军冼东妹、杨秀丽领衔的柔道教育中国行宣讲团在短暂的两个小时内通过技术展示、项目介绍等全方位地为大家介绍了柔道。看着奥运冠军在场上干脆利落的技术展示，很多大学生也想亲身体验一下，很多人都是第一次走上柔道垫，而奥运冠军亲自带着做热身，并且手把手地教授柔道动作，在简单的培训之后，当发现自己居然可以直接和奥运冠军交手之后，很多人对柔道这项运动多了新的理解。

这是柔道教育中国行第一次来到广州，通过大学生们脸上的表情不难看出，曾经大家印象当中一项陌生冷门的运动，现在已经用独特的魅力征服了他们。

——《2014 柔道教育中国行　奥运冠军领衔广州站》，中央电视台《体育晨报》2014 年 5 月 16 日

播读提示：

这条消息带有一定的普及运动常识之意，在平和自然的播读中，传播主旨自然得以外化呈现。注意科学运用声音共鸣腔，加强口腔和鼻腔的共鸣练习，使字音力度更加坚实，字音更加饱满，从而将消息内容娓娓道来。气息变化张弛有度，控纵有余，为表达留有较大空间，形成自然连贯的用气状态。

【练习 11】

就在青奥会即将开幕之际，坐落于南京体育学院的中国网球学院也迎来了揭幕的日子。本次南京青奥会上，中国网球学院将承接网球项目的比赛。

中国网球学院是由国家体育总局网球运动管理中心、江苏省体育局和南京体院三方共同承办的。学院除了完成训练、教学、科研任务外，还承办高水平的网球赛事。学院将硬地、红土和草场汇聚在一起，8 月 17 号将承办本届青奥会的网球比赛。为此，中国网球学院在场地安排等方面，已经作好了准备。

记者："应该说在采访过程中，中国网球学院的场地给我们留下了非常深刻的印象。本届青奥会的口号是'分享青春，共筑未来'。我们也希望青奥会期间来自世界各地的青少年网球选手在这里分享青春，共筑世界网球未来的同时更能够共筑世界青年

的美好未来。”

——《分享青春共筑未来　中国网球学院揭幕》，中央电视台《体育晨报》2014 年 8 月 11 日

播读提示：

青年奥林匹克运动会是世界青少年欢聚一堂的盛会，大家以体育为纽带，加深了解，增进友谊。播读中应细致体会青奥会精神，结合本条消息中网球赛事的精心安排，传达出中国举办青奥会的信心和实力。播读中注意对声音明亮度的把握，加强唇舌控制力度，唇形圆展程度适当，增加发音明亮度。

【练习 12】

今天距离仁川亚运会开幕还有 15 天。2006 年刚刚 14 岁的跳水小将陈若琳初出茅庐，她在当年就参加了多哈亚运会，现在八年过去了，她以两届奥运会四枚金牌的惊人夺冠效率成为了“梦之队”跳台的绝对主力。对于她来说，仁川亚运会将是她辉煌纪录的又一个注脚。

尽管面对镜头还会有些掩面的娇羞动作，但是 22 岁的陈若琳却早已是中国跳水队的中流砥柱。北京奥运会和伦敦奥运会，陈若琳仅仅用了两届奥运会就在跳台上斩获了四金，不但在数量上追平了伏明霞、郭晶晶和吴敏霞，在效率上更是将前辈们甩在了身后。

北京奥运会之后，随着年龄的增长和身体的发育，陈若琳一度被更加年轻的运动员压制着，甚至一度萌生了退役的想法。好在她凭借自己的信念，坚持了下来，才成就了后来的四金王。不过从去年冬训以来，陈若琳很少在跳台单人项目上露面。对于奥运冠军陈若琳来说，眼前要开始的亚运会自己并没有压力。

——《积极备战仁川亚运会　陈若琳坚守 10 米跳台》，中央电视台《体育新闻》2014 年 9 月 4 日

播读提示：

陈若琳是两届奥运会四金王，从她身上，我们分明看出中国女子跳水队的雄厚实力。备稿中可观看相关影视资料，对陈若琳有更加立体多元的认识。播读中语气自然平和，张弛有度，在展现陈若琳的骄人成绩时语气欣喜兴奋，在播报陈若琳迎接挑战时语气从容真切，气息调控自如，通过小腹拮抗形成气息饱满有力、收纵得当的表达样态。

【练习 13】

夜幕中的耶稣像静谧地眺望着远处的马拉卡纳球场，在这座巴西足球的圣殿，永不消沉与放弃的德意志战车终于登上了世界足坛之巅，在现场 74738 名观众和全球亿万球迷的注视下，队长拉姆奋力举起大力神杯，德国人就此打破了“欧洲球队从未在美洲夺冠”的魔咒。

整整一个月的梦想，数亿球迷的期待，最终随着德国队在加时赛以 1∶0 击退阿根廷队而告终，来自拜仁慕尼黑刚满 22 岁的小将格策在加时赛打入了金子般的入球，让德国人在 24 年之后再次问鼎世界杯，这是欧洲球队首次在美洲大陆夺得世界杯，德国人也以四次夺冠的成绩追平了意大利队。

打入绝杀球的格策赛后久久仰望天空，仿佛不敢相信眼前的场景，德国全队也疯狂地相拥庆祝。梅西距离世界杯之巅只差了一步，失利的阿根廷队员，也连同“入侵”里约城的近 10 万阿根廷球迷，一起落寞离场。

哥伦比亚队超新星詹姆斯·罗德里格斯最终以 6 球 2 次助攻的成绩夺得金靴奖，法国小将博格巴收获最佳新秀奖，而失落的梅西领走了金球奖。

巴西世界杯是与众不同的世界杯，开赛前的质疑和担忧随着哨声响起而烟消云散，东道主的热情感染了人类第一运动！从卫冕冠军西班牙队走下神坛，到“五星巴西”1∶7 惨败德国队，再到德国队打破魔咒，在“足球王国”上演的足球盛宴牵动着全世界球迷的心。

这场惊心动魄的决赛，阿根廷前锋伊瓜因第 29 分钟曾经为球队打入一球，但被判罚越位在先。德国后卫赫韦德斯半场结束前也有一记头球击中门框。双方在常规时段战成 0∶0，比赛进入加时赛。第 113 分钟，德国球员许尔勒左路加速突破并传中到禁区，格策胸部停球，接着左脚一脚凌空抽射破门。

这是马拉卡纳球场第二次举办世界杯决战，64 年前的巴西世界杯，东道主在决赛中负于邻国乌拉圭，留下了之后几代巴西人心头挥之不去的悲痛回忆。64 年后，当世界杯再次来到巴西时，东道主却受到了更深的伤害，在半决赛和季军争夺战中惨败而归。

可是在赛场之外，巴西却赢得了世界的掌声。巴西人用自己的方式举办了一届与众不同的世界杯。4 年之后，俄罗斯再见！

——《格策绝杀阿根廷　德国战车登上世界之巅》，新华网 2014 年 7 月 13 日

播读提示：

播读中应注意稿件中的细节描写——体育竞技的精神、紧张激烈的赛事、扣人心弦的进球和万众集聚的狂欢，这些无疑为 2014 年巴西世界杯添上了浓墨重彩的一笔。积极投入情感元素，将热烈奔放之情融于表达中，将世界友谊之情化为语言呈现于受众，气息运用张弛有度，收放适当，语速不可过快，草草收尾。

【练习 14】

16 日举行的环青海湖自行车赛第十赛段比赛中，哈萨克斯坦阿斯塔纳队的大卫德诺克不仅连续六个赛段保持总成绩第一，而且还收获了自己的第一个赛段冠军。而乌克兰科尔斯队的格拉库提由于在比赛中扒车，被取消了参赛资格。

第十赛段从天水到平凉，终点位于崆峒山脚下的崆峒古镇，赛段全长223公里，途经7座隧道，为本届环湖赛之最。

共有131名车手参加了当天的比赛。中国恒翔队车手马光通率先冲过第一个冲刺点，第九赛段冠军、土耳其托尔库队车手奥尔肯率先冲过第二个冲刺点，他还第一个达到第一个爬坡点。

大卫·德诺克的成绩是5小时15分34秒，到目前为止他是本届环湖赛的最大赢家。他从第五赛段开始就是个人总成绩第一名，然而还从未获得过一个赛段冠军。他在赛后说："我今年参赛有两个梦想，一是拿一个赛段冠军，另一个是把总成绩第一的黄衫穿到最后，现在终于圆了一个梦。"对于第二个梦，他也充满信心："我现在领先优势很大，而且我的状态很好，所以不会担心太多。现在还剩下三场比赛，我的目标不再是夺赛段冠军，而是帮助我的队友本法托争夺赛段冠军。"

乌克兰车手在比赛中出现了两种截然不同的表现。该队车手科农恩科不仅获得赛段第三名，还继续身穿冲刺积分第一的绿衫；然而另一名车手格拉库提在距第二个爬坡点还有1公里时，不知为何头脑发昏，竟然扒车行驶，裁判发现后取消了他的参赛资格，协助他扒车的领队也被停止比赛。

大卫·德诺克继续保有黄衫、蓝衫，伊朗大不里士石化队车手葛尔德已提前加冕爬坡王，他将把圆点衫穿到最后。

第十赛段结束后，所有车手转场至宁夏银川，17日将举行银川赛段的比赛。

——《环湖赛第十赛段大卫·德诺克夺冠　乌克兰车手被取消资格》，新华网2014年7月16日

播读提示：

可运用情景再现的方法将本次比赛的画面浮现于脑海中，将跃动分明的语言节奏通过心理调控和语气变化展现出来，通过气息变化体现出时空感。注意情感、声音和气息三者的配合，以关注赛事进程的情感投入为基础，以声音表达外化为目的，以气息运动为支撑，形成语言状态不紧不松，语气运用自然平和，语速适中的样态，这样可体现出体育消息的传播要求。

【练习15】

据NBA中国官网消息，ESPN报道称，达拉斯小牛队公布了2014～15赛季8场季前赛赛程，其中有四场在美航中心球馆举行。

对于钱德勒·帕森斯而言，季前赛揭幕战是个尴尬的局面，小牛将在10月8日(北京时间)主场迎战火箭。帕森斯在今年7月份与小牛签订一份为期三年价值4600万美元的合同。

今年夏天小牛队送走了何塞·卡尔德隆、萨缪尔·戴勒姆波特、维恩·艾灵顿、肖恩·拉金(交易至尼克斯)、文斯·卡特(加盟灰熊)和拉沙德·刘易斯(终止合同)。同

时球队引入了泰森·钱德勒、雷蒙德·费尔顿(从尼克斯交易)、钱德勒·帕森斯(自由球员)、理查德·杰弗森(自由球员)、德文·哈里斯(续约)、艾尔－法鲁克·阿米奴(自由球员)。

——《小牛队季前赛揭幕战对阵火箭　帕森斯迎战旧主》,中国新闻网 2014 年 8 月 1 日

播读提示:

备稿中,认真体会和感受稿件中涉及的人物或事件相关特点和稿件叙述结构层次脉络,达拉斯小牛队队员构成有哪些变化,8 月份赛事安排是怎样的,做到谙熟于心,胸中有数。节奏明快,变化得当;情感充沛,积极热情;状态自如,收放有度;表达从容,稳健平和。

中编
通讯播音

第六章　人物通讯播音

第一节　人物通讯播音指导

社会生活中有着千姿百态的人物形象，正是多样态的人物外形和心理活动构成了社会丰富多元的跃动图景。人物通讯就是展现这些图景的有效途径。它将新闻人物加以“放大化”处理，改变了传统新闻播报中新闻要素面面俱到、蜻蜓点水般的样式，而将新闻人物或事件的某一面或某一点加以翔实报道，着重刻画人物在某一代表性事件中的所言所行、所思所感，新闻事件的详细过程以及与此相关人物的言行举止等。

播读此类通讯时应通过有声语言细致刻画出人物的言行、外表及心理活动，展现其丰富多样的内心世界，深度传达人与人、人与自然的矛盾冲突与调和。具体可着眼于以下几点：

一、人物感情风貌的把握

以人物命运或先进事迹为主要叙事线索的稿件是较为常见的类型，如《大庆铁人王进喜》《县委书记的榜样——焦裕禄》等都是我们耳熟能详、具有代表性、以人物情感风貌或先进事迹为线索的播音作品。

1.由表及里细致揣摩情感样态

人物情感样态有着多重复杂的表现形式，在现实生活中我们对此应做有心人，善于从生活细节和点滴之事中发现情感样态的生动表现，不断汲取创作动力。备稿中，应对稿件中描绘勾勒的人物情态有一定感性认识，通过情景再现在脑海中快速呈现出人物当时当刻的表情特征和体态行动，这样可对人物有大致了解认识，进而随着人物言行的深入表现，使多样复杂情感溢于言表。播读者应有效提取这些关键信息进行有效加工整合，形成对人物情感的理性认知。

2. 由内而外自然生成语言表达

人物通讯较为重视对人物性格特征和命运走向的描述。人物心理描写和情感样态勾勒是有效催生语言节奏的内在因素。播读者将自身置于人物生活的特定环境中，与其共同体验感受社会生活的酸甜苦辣，与其一同为周围的人、事、物所影响，这种内在因素的处理方法可帮助播读者有效形成富有生命活力的语言表达。同时，与人物相关联的环境、事物、人群等外在因素对人物情感亦有着重要影响。这样，人物情感风貌自然会浮现于受众面前，人物的性格品质也会浸润每个人的心田。

【例稿 1】

原文	分析
在玉树近5万援建者中，有一对80后的小夫妻，他们的爱情故事，也因为在玉树的援建经历而变得更加醇厚。 1987年出生的卢珊，原本在吉林一家待遇不错的设计院工作。2012年，她辞去工作来到玉树，就是想跟爱人张震在一起。 张震和卢珊是大学同窗。2011年，张震从中建八局青岛公司被招募到玉树时，两人还在热恋中，时时挂念张震的卢珊，动起了来玉树的念头。 2012年春节一过，卢珊来到玉树，被安排在援建玉树前线指挥部，虽然都在结古镇，也就不到十分钟路程。本以为往后两人就能够天天一起上下班了，可实际上远不是卢珊想的那样。玉树地震后，中国建筑承担了玉树80多项工程的重建。在重建任务紧张时，两人20多天就没碰过面。	在备稿中，应深入理解这份纯洁爱情之中所蕴含的巨大力量，注意把握人物在心理描写和动作描写中的细节感人之处。播读中，语气平和自然，节奏稳步推进，通过“玉树”“天天”“20多天”这些词语可深切感受到卢珊对丈夫的无限挂念，应对这些词语加以重音强调，同时应积极调动起情景再现，充分运用想象来感受两人的浓浓爱意。
在玉树，一年有效施工期不足四个月。张震是工程部的施工员，工程进度快与慢，质量过不过关，他都要负责，所以他每天要在各个工地上跑来跑去，高原反应、脚底板上磨出的血泡，让卢珊很心疼。张震只要一回到板房宿舍，过去在家不太会照顾人的卢珊也会帮他洗个脚。 而对卢珊心存内疚的张震，能做的也只有趁着下班时，绕很远的道去给卢珊买点零食。 在海拔4000多米的玉树，两个年轻人克服着时常出现的高原反应、克制着对家人的思念，互相关心鼓励，用心经营着这份爱情。卢珊说，公司里像他们这样领了结婚证却没办婚礼的小夫妻还有好几对，等9月底重建任务完成时，公司会给他们补办一个高原集体婚礼。	备稿中应充分运用情景再现和内在语等方法，在头脑中再现张震忙碌的工作身影和卢珊为他洗脚那饱含爱意的一幕。这样有助于播读者更为细致真切地理解稿件内涵，揣摩人物特征，以使表达更为真切自然。

——《新闻特写：80后援建者的高原恋歌》，《新闻联播》2013年4月14日

二、人物语言样态的传神

人物语言是通讯播读中运用较多且易于传达人物内心情感的表达样态。“言为心声”充分说明语言表达在展现新闻人物复杂多样内心世界方面的传神妙处。因此，对人物语言的处理，应细致分析人物特点，做到细腻传神，即神似与形似相得益彰。

1.从两个层面理解人物语言情感意蕴

人物语言是其思想意识的生动外化，是人物根据所处社会环境和具体情境自然生发的所思所感。播读者在揣摩人物语言神韵时，可从两个层面加以感知解析。第一个层面是人物语言本身。播报者应仔细揣摩新闻人物语言特点所在，他的语言表达有哪些特点，热情大方、婉约恬静、质朴真切、含蓄内敛、羞涩可亲等。播报者应揣摩人物所言所行反映出怎样的内心情感变化，体现出他情感世界中哪些细微波动之处，透射出他与周遭人等有怎样的关系属性。在第二个层面中，我们应深入分析媒体宣传这一人物的主旨，通过这一人物传播欲体现怎样的宣传导向，贯彻怎样的政策方针，社会背景、文化背景和地域背景是怎样的，同时应明晰在他身上集中体现出哪些时代品质，他的这种作风品格会给受众以怎样的教育启示。

2.找准重音可以使人物语言传神达意

每个生命个体都有着不同于他人的特质，而精神品质更是每个社会人所独有的，这点在通讯稿件中体现得尤为突出。解决神似的问题是通讯播音中人物语言处理的核心所在。在具体备稿中应找准语句重音，即“句眼”。“所谓抓‘句眼’，实际上是确定重音的一个原则。一句话的重音必须少而精，要抓住语意中的关键性词语。我主张，一定要在一个完整的意思里找重音，句子越长重音越要精。”[①]可见，找准重音对准确地表意来说是非常重要的。对人物语言进行处理，精细点染语句重音，突出神似，辅以形似，这样有助于使人物语言传神达意。

【例稿 2】

原文	分析
12年的贴身照料中，扈晓静碰到最紧急的一次状况是在2007年。那天，母亲说有些头疼，一开始并没有太在意。不料，到了半夜，母亲突然恶心呕吐，甚至还口吐鲜血。 从没见过这种情况的晓静一时六神无主，单薄的身躯又无法搬动母亲，急得她整夜难眠，好不容易止住了血，第二天才在舅舅的帮助下将母亲送到医院。“那时候真的感觉天要塌下来了”，经过救治，母亲总算转危为安。	备稿中应深切领会到扈晓静与母亲那浓浓的亲情，由此催生出有情之声，注意“塌下来”这一重音，表现出她面临的巨大困难。

① 方明:《播出通讯的特点》(上),《新闻与写作》1991年第10期。

原文	分析
由此，坚定了扈晓静做一名护士的决心，"一方面是为了早点撑起家里，另一方面也是为了用更专业的知识照顾母亲。"	通过重音表达将扈晓静的决心生动地加以外化。
晓静用在学校获得的第一份奖学金，给妈妈买了一台CD机，因为妈妈很喜欢听音乐；上班后拿到的第一份工资，为妈妈买了一个记忆枕。这样，妈妈躺在床上可以舒服点。单位领导与同事得知她家里的情况后，纷纷表示想要帮助她，她总是婉拒，唯一的要求是希望能够多学一点护理知识，更好地照料母亲。晓静说，"看到妈妈的精神比昨天好一点，就是我最大的快乐。"	语气亲切自然，饱含至真至爱，语速舒缓有致，传达出晓静对母亲无微不至的照料和关怀。
如今，扈晓静正在自学准备考本科，照料母亲、工作、学习一样也不能松懈。谈及自己的愿望，这个"90后"女孩话里话外仍然是母亲。母亲还同时患有肝硬化、高血糖等并发症，"治疗类风湿性关节炎需要使用激素类药物，但肝硬化又不能用激素，我跑过几家医院，也没有什么好的治疗手段，如果能有这方面的专家为我母亲会诊一下，就好了！"	语流稳健畅达，节奏疾缓相间，重音表达传神入微，细致刻画出这份亲情的真切动人。
她还有一个小小的愿望，想带母亲出去走走，"母亲在家里躺了10多年，除了去医院几次，几乎没出过门。"扈晓静说，由于家在二楼，靠她一人无法把母亲背到底楼，"如果能买到或者租借到爬楼机，帮助母亲下楼，那就再好不过了。"说到这，扈晓静再次露出羞涩的神情，"不过我得先研究一下周边的公园地图，也有10多年没去了。"	话语中流露出对美好生活的憧憬，自然平实的表达中诠释出母女缘的伟大含义。

——节选自《21岁女孩照顾瘫痪养母12年　一段母女缘　一生守护情》，《解放日报》2013年5月8日

（获第二十四届中国新闻奖二等奖）

三、人物抒情言志的展现

抒情是通讯播音中较常见的表现手法。播读者通过细腻真挚的表达，传递出自然、生动、具体和恰切的情感元素，充分表现出新闻人物、事件的丰富内涵和人文精神。在通讯播音中，我们应注重从语言样式、议论抒情化和抒情色彩的融合等多个角度细致表达抒情样态。

1. 应以形象化的语言样式，表达由衷之情

对于人物通讯中的抒情篇幅，在适当恰切之时或直抒胸臆或婉约流露可使稿件中的人物形象更为传神，使事件进程更为立体，同时可使播音如有源之水生动感人。这里的抒情应把握新闻人物之情和作者之情。播读者应深入人物及作者内心深处，积极把握他们在事件进程中的具体情感，通过分析体验这些丰富多元的情感，明确新闻人物的行为动机及事件产生缘由，与其产生情感共鸣，这样更有益于将稿件中的人物情感内化为播读者的情感。这样的播音创作才会真切而富于人文气息。

2. 应以实声为主，虚声为辅，传播真情实感

抒情性话语在通讯播音中发挥着表述新闻主旨，传播人文关怀的重要作用，是连接社会事件和受众情感的生动纽带。一般而言，广播电视媒介都会将新闻事件或人物的正确影响给予受众，使受众在有意或无意间获得情感的熏陶和感染。同时，人物通讯不同于小说、评书，可以惟妙惟肖刻画人物言谈举止，甚至有表演成分在其中，如果通讯播音如同这般，那真实性和可信度就大大降低。因此，应注意实声和虚声的比例关系，尤其在抒情中更应以实声为主，突出新闻事件或人物的真实感。同时辅之以虚声的精细点缀，在细致传神之处稍加修饰，即可于不经意之间传达作者所思所想。虚声不可过多过滥，根据稿件内容酌情而定。

【例稿 3】

原文	分析
清晨5点，东方刚刚露出鱼肚白，史学军就起床了。她匆忙收拾好行囊，望了一眼熟睡中的丈夫和儿子，悄悄走出了房门。这已经是她第13次去遥远的甘南，去她的另一个家。 40岁出头的史学军，是天津医科大学眼科中心的护士，看上去文文静静，当和记者聊起在甘南的家，她的话一下子就多了起来。 原来，史学军还有一个藏语名字叫“扎西草”，意思是吉祥到永远。她为什么会有这样一个家，还有这样一个名字？这还得从2005年的夏天说起。 那年夏天，爱好旅游的史学军第一次来到甘肃甘南郎木寺，第一次去牧区，她就住在了扎西卓玛家。夜晚，寒冷的天气让史学军肚子疼痛。 （录音：略） 当时刮着六七级大风，史学军知道，这是阿妈策马扬鞭顶风冒寒、专门为她寻来的。喝着姜糖水的史学军流泪了，她暗暗发誓，一定要尽自己最大所能，帮助这些善良纯朴的藏族同胞。	史学军用自己的默默奉献诠释着新时期人民医护人员的大爱真情。人间真情在本篇通讯中得到淋漓尽致地展现。备稿中应注意史学军喝着热乎乎的姜糖水的动人画面。

原文	分析
就这样，史学军和阿妈一家结下了不解之缘，她也成为了阿妈的女儿。于是，她就有了一个藏族名字“扎西草”。每年，史学军都要回甘南藏区探望阿爸阿妈、哥哥嫂嫂，看看牧民老乡们，为他们查体治病。	播读中细致体会史学军对藏族亲人难以割舍之情。
我们住的牧区海拔达到 3900 米，虽然是夏天，到了晚上 10 点多，帐篷里的气温已降到了零度左右。史学军裹上阿妈专门为她做的藏袍，心里格外的温暖。 高原的夜空清彻透亮，望着满天的星星，史学军想起了远在天津的丈夫和儿子，心里涌出阵阵愧疚。是呀，自己每年都往藏区跑，因为这里手机信号不好，几天也打不通一个电话，上次儿子病了发高烧，都转成了肺炎，我也不知道…… 每当想起这些，史学军心里就会难受！可是过后她还要来甘南，因为这里的亲人也需要她。在天津有时候忘了给阿妈阿爸打电话，甘南的大哥就会发来短信问：是不是最近太忙啊？史学军说今年事儿多，不回甘南了，阿妈会真的生气。 ……	史学军对天津和甘南两个家都有着无尽的爱意，两边的亲人在她生命中都非常重要。在天津和甘南两个不同的生活场景中史学军有着相同的亲情。表达中应找到情感抒发的动情点：在天津，儿子生病她却不知，这是一个动情点；在甘南，牧民的淳朴是一个动情点。应把这两个动情点有机融合为一体，体现播读的情感升华。
8 月 28 号上午，史学军必须按期回天津了。每次回家她都特别纠结：想来，又怕走……阿爸阿妈、兄弟姐妹一起送她出来，才松加还为姑姑唱起了一首送别的歌。 “你们都走了，带走了欢乐；留下我一个好孤单，仰望天空默默思念”——听着这悠悠的歌声，史学军再也控制不住眼里的泪水。7 年了，每次从甘南家里出来，她都要经历一次这样痛彻心扉的难受，她总怕这是自己最后一次回家……	本篇通讯在此时达到了情感高潮点。史学军在救助牧民的同时，自己也被病魔折磨着，她想到的是如何给更多的淳朴牧民治病，而不是自己的病情如何治愈。备稿中应注意这种矛盾心理的把握，尤其在“你们都走了，带走了欢乐；留下我一个好孤单，仰望天空默默思念”这段歌声响起之时，我们更应将播读愿望推至新的高度，使播音员、受众和史学军之间产生深深的情感共鸣。

——节选自《扎西草回“家”》，天津人民广播电台（获 2011 年天津市新闻奖一等奖）

四、人物时代品质的弘扬

通讯播音重在“传情达意”，即通过对新闻人物或事件的深入细致播报，来传达出蕴含于其中的人物时代品质和宣传主旨。挖掘稿件中的人物时代品质，有利于播音员对稿件有更为充分的情感认知和体验，从而使播音生动形象地传达出稿件深层立意。

1. 宣传主旨的准确把握是成功播报的关键所在

宣传主旨是人物时代品质的媒介化表达，是其传播方式的优化建构。突显人物时代品质，应对稿件中蕴含的宣传主旨有深入的理解和分析，需要播音员具有一定的思想政治觉悟，具有良好的党性意识，坚定“党的喉舌”观念，把为人民服务的党的宣传宗旨切实有效地贯彻于实际工作中。从微观上看，需要播音员对稿件思想主旨有较为深入、准确和明晰的认识，能够紧密结合社会实际，深入领会通讯作品中所蕴含的感召力和凝聚力。

2. 对播出背景的细致揣摩是弘扬时代精神的必备要素

在中央电视台、中央人民广播电台等各级媒体中，不断涌现出形式多样的通讯播音作品。无论通讯作品怎样创新，广大播音员在播报中，应紧密结合播出背景，有针对性地体味稿件内容实质，充分把握并详细认知主题思想和播出目的的必要性与前瞻性，播音员自身应积极调动起既有情感储备，产生强烈的社会责任感和播讲愿望，避免就事论事地、毫无目的地播报。这里可运用横向延伸和纵向归纳的方法。纵向归纳是就这篇通讯表现人物品质的方法来做一归纳，通过各类方法的表现形式来理解稿件思想；横向延伸是指由这篇通讯推及到与此人物品质相近的其他稿件，将它们的共通之处作为备稿的重要内容，形成理性层面的认识。

【例稿 4】

原文	分析
又过了 7 年，益气化瘀法治疗颈椎病的“黑箱理论”中最后一个盖子也被揭开了，一根完整的“链条”凸显了出来：益气、化瘀、补肾中药的有效组分→促进气血调和、肾精充足→有效抑制脊髓局部的炎症反应→抑制脊髓细胞凋亡→同时促使神经营养因子表达与分泌→有利于脊髓和神经功能的修复。这，就是中医“调和气血”“补肾填精”理论的内在规律！ 2011 年，“益气化瘀法治疗椎间盘退变性疾病的基础研究和临床应用”获得了国家科技进步奖二等奖。现在，人们对老祖宗留下的“稀世珍宝”，不仅“知其然”，而且开始“知其所以然”了！ “由于我们是从细胞、分子水平，解释了益气化瘀补肾药是通过一个什么环节来干预脊髓、神经损伤病理变化的。因此先后在世界脊柱病大会、美国骨与矿盐学会年会、美国骨科研究学会年会等国际学术会议交流 18 次，在国内学术会议交流 25 次，国内外的西医学者都能理解，也很感兴趣。”施杞说。	施教授和他的学生在攻克无数难关后终于揭示出益气化瘀法治疗颈椎病的内在规律，多年的艰辛付出换来科研的丰硕成果，在国际相关领域形成较大影响力，这使施教授非常欣慰。它不仅将我国古老中医理论研究推向一个新高度，同时也将在国际领域开拓出更为广阔的发展空间。 播读中结合多年来他艰辛探索的科研经历，体味施教授思想情感的起伏变化，话语中饱含着打开科学大门的喜悦之情。

原文	分析
2003年底，施杞去香港大学访问，与该校著名的骨科专家梁智仁教授进行交流。当梁教授听施杞说他们已通过动物模型，发现了椎间盘退变存在“三期变化规律”时，非常惊讶：“这应该是西医做的事啊！”沉吟片刻，他问：“你们做的这些动物模型能否重复？” “当然能，可否邀请你们派人来考察？”话刚出口，施杞立刻想到自己研究所里的简陋，又改口道，“这样吧，让我的学生到你实验室里来完完整整地重复一遍，如何？” “那太好了！”梁教授欣然答允，并提出施杞的学生可以访问学者身份使用香港大学的“孙逸仙奖学金”。王拥军就这样被施杞派了过去：“我们老说走向世界，这是个突破口！”施杞的声音里流淌着难以抑制的兴奋。 3个月后，梁智仁教授不仅完全相信了他们的实验，还建议把该研究成果的论文投稿美国《脊柱》杂志——这是国际脊柱病领域最高级别的期刊，而他本人正是该杂志的副主编。 2006年，论文在《脊柱》杂志发表。这是中国的中医药研究成果第一次在该杂志发表，有了这个突破，自2006年至今，该所的研究成果连续在该杂志发表了11篇论文，被杂志主编评价为“率先从生物化学和分子生物学角度揭示了椎间盘退变内在规律”。2007年，“益气化瘀中药防治椎间盘退变的细胞生物学机制研究”荣获中华医学科技奖一等奖。	施杞和梁智仁的一番对话生动证实了科学研究走向世界是每位中国学者的深切期盼。王拥军以在香港大学学习为契机，从而将我国的科研成果推广到世界，使施教授难以抑制心中的喜悦和兴奋之情。备稿中应将施教授的事迹做一全面梳理，由过去推演到现在，从中感受和体会他勤于耕耘的育人品质和克难奋进的科研精神。 施教授与梁教授的对话节奏轻快跃动。应注意把握梁教授由惊讶到诚恳请求语气的微妙变化。施教授的话语应紧承梁教授，两句话中的稍加思索使后一句话语气更为真挚、沉稳。王拥军访学香港大学使施教授的兴奋之情溢于言表，多年科研攻关终使古老中医走向世界，转述时应真实表达出此点。

——节选自《施杞：行医50年，他让千万个脊梁重新挺立》，《光明日报》2013年9月26日

五、人物责任担当的凝聚

人物通讯中，展现社会责任和工作使命是突出人物风貌的重要组成部分。真实生动地将其传播于受众，需要充分发挥新闻作品叙述的基本功能，进而艺术化处理和拓展叙述语言的多维表述空间。

1.叙事含情是于潜移默化中凝聚责任担当的表达技巧

叙事含情需要播音员进入情境之中，从节目名称、通讯标题开始就应进入特定情境之中，所谓“未成曲调先有情”，开头做好了随后的内容会自然生发出情感。通讯的标题及正文体现着作者的写作思想，有着特殊含义于其中，播音员播标题及正文时要

用特定情感来具体感受，用全篇总基调来统率，确定恰当的语调。

2. 把握社会需求与人物责任的交融之处是必要的备稿工作

播音员应明白每篇通讯的内涵是当今时代与社会的体现和写照，而这些要素正是通过叙述语言的表达传播于大众的。通过表述稿件内容，播音员要使人物言行具有时代分量，积极有效地反映其工作的社会责任，有效把脉人物担当与社会发展的交融之处，进而弘扬社会风尚，讴歌真善美，鞭笞假恶丑，要在具备新鲜、跃动的时代气息的同时反映健康的社会意识，代表普遍的大众情怀，不可单凭自我假想而凭空搭建起表达平台，不着边际，甚至出现含义混淆、情感脉络割裂分散、表达断层散乱的情况。

【例稿 5】

原文	分析
年仅 44 岁的长春广播电视台主持人王天雷因病离世，昨天一大早，上千长春市民自发送别他们心目中雷锋式的好人。 从 1993 年到 2013 年，王天雷用他的声音，用他的爱心，陪伴了长春市民整整 19 年。王天雷，对这座城市来说，不仅仅是一名主持人，他更像是一位老朋友。	人民心中雷锋式的好人——王天雷，正是通过他的声音向人间播撒着挚爱真情。播讲这部分时，应注意描写性话语的表达作用，应细致处理如他“陪伴了长春市民整整 19 年”，他“不仅仅是一名主持人，他更像是一位老朋友”这类描写性话语，生动形象地树立起这一具象的人物形象。语言充满浓郁深情，柔和中不乏追思怀念之情。
这位女孩叫暖暖，今年 5 岁，每年她的生日王天雷都会陪她过。5 年前，暖暖的母亲临产时大出血，急需一种人血纤维蛋白原的药品。但当时产院没有这种药物，未出生的暖暖和母亲都有生命危险。无奈之下，暖暖的爸爸给长春电台打了一个求助电话。 为了能尽快找到这种急需药品，王天雷联系了许多兄弟媒体的朋友，不到两个小时，黑龙江电台的朋友帮忙找到了人血纤维蛋白原，并以最快的速度送到了长春。但是，高额的手术费用再一次难住了麻洪波。 ……	这两段急救性的描写话语再次牵动着每位受众的心。播报时可围绕“人血纤维蛋白原”这一关键性的药品展开，节奏紧凑稍快，语势多用上山类和下山类，如“未出生的暖暖和母亲都有生命危险”可用上山类，突出情形之严重，时间之紧迫，“暖暖的爸爸给长春电台打了一个求助电话”可用下山类，表达此时此刻暖暖的爸爸无措之中想到王天雷这个百姓的老朋友，期许能得到他的帮助。 王天雷用热线电话搭建起一座无形的紧急救助之桥。播讲寻找药品过程时，语速应稍快，少停多连，体现争分夺秒，救人于危难之时的情形。感情自然真挚，不必矫揉造作地故作深情，也不可一味语速加快，囫囵吞枣，导致语义含混不清。

原文	分析
不只是小暖暖，这些年，从命悬一线的重病产妇到急需换肾的大庆的哥，从居住在铁皮盒子里的残疾姑娘到家中失火无家可归的的姐，从汶川地震到云南干旱，王天雷热心公益的触角不断延伸，倡导社会各界捐款总计近40万元。他用实际行动和真诚付出获得了广大听众的喜欢、认可，很多素未谋面的听众也都成了他的好朋友。	这段描写性话语将王天雷的善举延伸至社会多个层面中，播报时应有肯定、感激和崇敬之情，用这些复杂多样的情感统摄播报，进而在语气中融入“真爱传播四方”的意蕴。 “从居住在铁皮盒子里的残疾姑娘到家中失火无家可归的的姐，从汶川地震到云南干旱”“他用实际行动和真诚付出获得了广大听众的喜欢、认可”，播报这两部分描写性话语应形成前后呼应、因果关系明确的样态，注意情感和语气的融会贯通，强化善人善举这一社会称赞和弘扬的主旋律。

——节选自【学雷锋 我志愿】《王天雷：用声音传递正能量》，《新闻联播》2013年3月1日

六、人物敬业爱岗的讴歌

在当前社会发展中，先进人物具有时代赋予的高尚情操，敬业爱岗的生动事例层出不穷。播读这类人物通讯时，应注意细心揣摩人物的精神品质，在平凡的工作岗位中做出的不平凡事迹，走进人物心灵深处，感受他与人民生活紧密相连的深厚之情，具体应做到以下两点：

1.融入讲述形式语言，生动可感真实呈现

讲述式语言在人物通讯播音中有着持久的发展活力。它首先应符合播音创作要求，做到字音准确，情、声、气有机结合，内外部技巧处理得当等，在此基础上再根据稿件内容的不同做出恰当的语言表达的调整。源于生活而高于生活的创作宗旨使讲述式语言具有一定的生活气息，在表现爱岗敬业的模范工作者时更应注意尽量将其还原回现实生活本身，这需要播音员在备稿和表达中认真分析稿件中人物的形象特征，于生活中寻找类似的人物加以假想迁移，从而进一步激活播音员的创作思想，运用有声语言勾勒出一个个生动形象的鲜活人物，使其真实可感地呈现于受众面前。

2.运用外部技巧，传情达意新鲜到位

外部技巧的巧妙运用可使具有代表性的人物特征跃然纸上，使人物特征于潜移默化之间传播着通讯稿件的时代新意。具体而言，停连应由情感流动的疏密疾缓调控。语意和语气的停顿和连接可根据稿件内容层次作出判断。语气停连应由创作者情感细微变化进行艺术化加工。重音、语气和节奏的变化应随着人物先进事迹的推进及人物思想情感的起伏变化而自然生成，彼此之间相互呼应，融会贯通于人物精气神中，在

质朴无华中体现人物特有的无私奉献精神，这是水到渠成的情感流露，是传神会意的心灵感知，绝非一味追求技巧的生搬硬套，毫无情感的僵死架起。

【例稿6】

原文	分析
郑和平，浙江省诸暨市的一位乡村邮递员。25年来无论刮风下雨，还是严寒酷暑，郑和平为了让他管片的山区老百姓能及时收到当天的报纸和信件，他每天要奔波上百里邮路。	这篇人物通讯饱含着一名普通邮递员对人民邮政事业的热爱之情。这部分叙述语言质朴真挚，其中蕴含着郑和平对百姓邮政的无限敬业精神和细致认真，不怕吃苦受累的高尚品质，这些抒情性元素在播报中应予以突出。
早上7点，下着雨的斯宅山区，温度已降至10度，乡村邮递员郑和平推着自行车，穿上雨衣和长筒雨靴，行走在湿滑的山间公路上。郑和平首先要去的是在海拔500多米的王古坞村，除了递送当天的报纸，他还要给村里的斯大伯送去他家在外地工作的孩子写来的家信。 接过满载思念的亲人来信，斯大伯开心不已地赶紧拿出毛巾，想让郑和平擦擦被雨淋湿的头发。郑和平却说，穿雨衣不戴帽子是他的工作习惯。	这部分叙述语言其间流露着更为浓郁的抒情色彩。雨天的斯宅山区弥漫着潮湿的水气，没有柏油马路，没有邮递专车，只有郑和平一辆陈旧的自行车和一双不知疲惫的双腿。这些外在的情境描写再次将敬业爱岗之情推向新层面，播报者在此处文字上应认真揣摩，反复推敲。给王古坞村斯大伯送信，更为直接地展现出郑和平想他人之所想，急他人之所急的高尚品质。斯大伯给郑和平递毛巾以及他“穿雨衣不戴帽子”等细节描写把他与百姓的真挚之情淋漓尽致地展现于受众面前，此时的播报更应注重这朴实无华的描写中所蕴含的多年来郑和平默默无闻、心系百姓的工作精神和倡导社会文明新风的宣传主旨。
郑和平：“戴帽子，因为路上有人叫就听不见，防着有人叫，就坚持不带，冷就冷一点……” 郑和平平时负责着诸暨市东白湖镇九个自然村的投递工作，每天早上7点出门，晚上常常要7点才能回家，百十里山路跑起来虽然辛苦，但看到乡亲们收到信件时的开心，郑和平心中充满了快慰。郑和平说，这就是他能坚持25年准时投递的工作动力。	郑和平的这段话真实表达出他做工作于细微之处，注意每个工作细节，对百姓邮政不存丝毫大意之心的工作品质。这几句话语虽为叙述语言，但播报者应将其视为抒情性话语加以处理。这其中饱含的敬业爱岗精神，不可简单地平铺直叙，那样会破坏该通讯所传播的主旨思想和宣传效果。

——节选自《乡村邮递员郑和平》，中国广播网2013年6月4日

七、人物最美心灵的折射

人物通讯播音贵在展现其特有的心灵世界，以此来感召他人，唤起大家心灵深处的情感良知，从而形成关心他人、关爱家人、关怀你我的良好社会氛围。播音创作中，首先应从心理描写和情感变化着手深入体会人物心理感受。同时，人物外在的语言、行动描写亦需要通过有声语言表达得以艺术化地再现。具体可从以下两点进行创作：

1.从心理描写切入，生动展现心灵世界

在通讯类稿件中，描绘手法的运用更为多见。人物复杂多样的心理通过描绘可较为清晰地表现于外，喜怒哀乐，万千情态，通过描绘都可化作朴实无华的话语浸润受众心田，从而使新闻中的人物与受众获得心理共鸣。练习者从心理描写入手，着眼于人物描写的每一个焕发神采之处，可将语气调整为自然平和之态，转换的气口不宜过多、过密，使语气随稿件内容的推进而呈现微妙的变化差异，在轻松平和之中有起伏错落之感，在疏密相间之中有强弱对比之分。同时，节奏变化不宜过多，应保持稳定的节奏推进。

练习者科学合理地运用情景再现，将通讯中所述"平面图景"转换为"立体现场"，调动起自身想象、联想，在头脑中建立起动态式的描述过程，勾勒出人物言行的生动形象画面，由此进一步激活创作者的情感体验，从而在播读中使情感更为投入、语言更为流畅、效果更为真实。

2.观照受众情感认知，多用平实真挚语言

人物通讯中，受众通过播音员的语言表达真切感受着人物的感人之事，通过播音的细致处理感受着描写对象的心理活动，因此，播读者应注意反复揣摩人物的内外部情感状态，将受众心理感知置于重要位置，不断揣摩受众对人物言行的心理感应和影响程度，具体可通过内在语、对象感等内部技巧来把握此点。创作者应从广义和狭义两方面备稿，了解人物所处生活环境和社会背景等，熟悉他的生活境况，哪些事件影响到他的心理感受，他做的哪些事件直接或间接影响到他人，这样细致备稿才能真正感知到受众的所思所想，才能使播音在展现人物本貌的基础上，实现受众与人物的心灵共鸣。

同时，练习者应多用平实语言，认真理解"理性统摄之下的情感抒发"，在播而不演、适度得当的语言把握中将分寸感体现到位。播而不演，即语言表达应符合新闻播音语言样态的宏观定位，内外部技巧处理中应有着鲜明的新闻性，尽量用平实真挚的语言还原人物的质朴感人形象。另一方面，不可脱离新闻语言传播语境，片面地、一味地强调所谓的"情感投入"，而忘却了新闻播音的分寸感，避免出现矫揉造作、故作生情等现象。

【例稿 7】

原文	分析
今天的“寻找最美孝心少年”，让我们一起走近重庆忠县 13 岁女孩吴林香，去感受她用稚嫩的肩膀，扛起照顾重病母亲、外公外婆和年幼弟弟的故事。 …… 早上 7 点，城里的孩子有的还没起床，13 岁的林香就已经开始了一天的劳作。整整一个上午，小林香几乎没有停下来休息的时候，除草、切菜、洗衣，一切家务都安排得井井有条。而在她 5 岁的弟弟眼里，林香既是姐姐，又是妈妈。小林香很坚强，她从不向家里人说自己的苦，始终用微笑面对着三位病人和这个一贫如洗的家。	播读时应深刻体会到艰苦的生活环境没有摧垮小林香，反而更加坚定了她乐观向上的生活信念。语气应是坚强、向上、乐观、积极的，语势有波峰类和波谷类相伴，“整整”“井井有条”“林香既是姐姐，又是妈妈”“从不”“微笑”等这些词语生动传神地表现了小林香坚强面对困苦生活，用深厚真爱抚慰家人的浓郁之情。
这一晚，林香妈妈的病又开始发作，难忍的疼痛让她情绪崩溃，甚至想用死来结束自己的病痛和对家人的折磨。黑暗中，小林香强忍着没有哭出声来，转身开灯的时候，她悄悄地擦掉了眼泪。	这一感人至深的描写话语让每位观众为之动情，为之揪心。播读中语速可适当放慢，平稳中稍有停连处理，如“……情绪崩溃，甚至想用死……”中间逗号可去掉，连起来读。“……折磨。黑暗中……”中间应做停顿，表现镜头由妈妈移至小林香。应注意“崩溃”“死”“强忍”“悄悄地”等词语的重音处理，这些带有对比性描写的词语，最能表现出在亲人的百般病痛之下，小林香心疼妈妈，但又无助无奈的复杂心情。
林香说，妈妈已经不在了，她生前唯一的这段影像，一定要好好珍藏起来。她找来一支笔，认认真真地在光盘背面写下四个字：“我的妈妈。”	这段描写性话语催人泪下，感人至深。备稿中应反复体会小林香幼小的心灵要承受失去亲人的巨大悲痛，尽管这样，她还是想着妈妈并没有离她而去，妈妈就在她身边，“珍藏”“认认真真地”“我的妈妈”等都能再次说明她和妈妈永远心连着心，永远不分离。
林香告诉我们，外公外婆一天天老了，只要她在家，每天中午都会推行动不便的外婆在院子里晒太阳，帮着外公做家务，她说，自己会继续保持微笑，因为在她的心里，这份微笑，是送给远在天堂的妈妈最好的礼物。	备稿中应深切感受小林香坚毅、可亲的生活品质，妈妈的离去没有让她消沉，她反而更加坚强地照顾家人，带着那份永恒的微笑面对远去的妈妈，面对眼前的生活。播读中应将“继续”“微笑”“最好”作为重音，传达出小林香和她的家人不畏生活艰辛，保持乐观精神的生活理念。语气和缓，语速中速，“因为……”这句之后可适当放慢语速，让人回味这饱含酸涩和温馨的浓浓亲情。

——节选自【寻找最美孝心少年】《吴林香：逆境中她始终微笑》，《新闻联播》2013 年 4 月 18 日

第二节　练习材料及播读提示

【练习 1】

习近平与彭丽媛1986年一见钟情，结下良缘。婚后，他们各有事业，经常不能在一起，但都一直相互理解、相互支持，尽最大努力去关心照顾好对方。彭丽媛作为军旅歌唱家，经常要接受任务奔赴外地慰问演出，很多都是边远艰苦地区，有时一走就是两三个月，习近平总是十分牵挂。只要条件允许，无论多晚，习近平每天都要跟妻子至少通一次电话，互致平安后才放心休息，几十年来一直如此。每逢除夕，彭丽媛总要参加中央电视台的春节联欢晚会演出，在外地工作的习近平只要回北京过年，就总是边看节目边包饺子，等她演出结束回家后才煮饺子一起吃。彭丽媛说习近平是“称职的丈夫”“称职的父亲”，对他也非常关心体贴。一有机会与丈夫团聚，她就要操持柴米油盐，想法子变花样给他做可口的饭菜。

在彭丽媛眼中，丈夫既是一个与众不同的人，也是一个普通的人。他喜欢吃陕西、山东家常菜，朋友聚会时还会喝酒助兴。他喜欢游泳、登山，爱看篮球、足球、拳击等比赛，有时也会在深夜看电视转播的体育节目。

他们夫妇俩为女儿取名明泽。“清清白白做人，做个对社会有用的人”，是他们对女儿的期许，也是他们质朴家风的写照。

——节选自《“人民群众是我们力量的源泉”——记中共中央总书记习近平》，新华社2012年12月24日

播读提示：

正所谓“死生契阔，与子成说。执子之手，与子偕老”。习近平总书记与夫人彭丽媛的情真意切使本篇通讯增色良多。播读中首先应认真领会通讯主旨，即传达国家领导人与爱人的浓浓情意，表现出最为真实真切的生活画面。其次，应细致划分段落层次。本部分文脉清晰：第一段为第一大部分，描述习总书记与夫人彭丽媛互敬互爱、牵手相依的动人情节；第二、三段为第二大部分，勾勒出彭丽媛眼中的丈夫形象及夫妻对女儿的殷切期盼。语气的感情色彩为平和亲切，带有真情实意的浓浓传达，语速为中速推进，不可求快或变慢，那样会破坏全文的表达情境和传播主旨。

【练习 2】

“见义勇为的会员蔡国炳走了，他的家人就是我们的亲人”，这是成都杭州商会会员们的共同心声。几天来，在成都杭州商会应福友会长号召下，成都杭州商会为商会见义勇为遇难义士蔡国炳家属举行爱心捐款，截至目前，来自成都杭州商会会员的捐

款已达 7.54 万。

8 月 25 日晚 9 点后，成都市 42 路公交突然在一环路北四段附近停下，歹徒持刀从车上跑出，一路伤人，蔡国炳的家在马鞍街，当时他正与当天刚来成都的父母在家门口纳凉，听见有人大喊“逮住他、逮住他”，歹徒已经跑到蔡家附近。蔡国炳立马起身挡住歹徒，与其搏斗，希望制止歹徒，歹徒手持长刀疯狂刺向蔡国炳，蔡国炳不幸被歹徒刺中腹部，因抢救无效于 26 日凌晨去世，蔡国炳为制止行凶歹徒献出了自己年轻而宝贵的生命。

在随后的几天里，人民网、新华网、中新网、中国网、中国青年网、中国广播网、腾讯网、新京报等数十家网络、报纸、电视台报道了蔡国炳勇斗歹徒不幸献出宝贵生命的事迹。

媒体和网民及周边群众也呼吁当地政府能够授予蔡国炳见义勇为的荣誉称号，积极宣传他的英雄事迹，让这位“最美浙商”的正能量能够得到最大的传播和释放。

——节选自《“最美浙商”蔡国炳用生命诠释正义》，中国青年网 2013 年 9 月 7 日

播读提示：

在这则新闻特写中，语言表达应随着紧张急促的事件发展节奏而富有张弛力度，可适当有起伏错落之感，在激烈搏斗时语气和语速可适当加快，少停多连，加强事件再现的真实性。这段文字中加点词语意在突出蔡国炳与歹徒搏斗时的真实画面感和现场感受，播读者应随着事件推进而不断激活自身内心感受。应注意加点词语前后的语气衔接应自然、流畅，可随着心理节奏的调控将语言表达置于可自如调整范围之内，积极引导受众在有声语言表达中感受人间真情的宽广博大，此时抒发的英雄浩然正气已经久久回荡在每位受众心中，这样的抒情效果会更为优化，新闻主旨也更为鲜明突出。同时应避免出现明显的提高音量或刻意突出某词语之感，那样会在不经意间破坏英雄人物的生动形象，留下造作和夸张的痕迹。

【练习 3】

87 岁的李文祥老人住在河南范县北街村，他 1947 年参军入伍，曾参加过淮海战役、渡江战役等，荣立过特等功、一等功，还获得过“战斗英雄”荣誉称号。新中国成立后，李文祥从部队转业到福建省建设厅工作。1962 年，他又响应国家号召，主动放弃干部身份，带着妻子回河南老家务农。

范县地处黄河滩区，60 年代这里到处都是沙土地、盐碱地，种植小麦、高粱等农作物亩产只有 200 多斤。当了村干部的李文祥带领村民挖水渠，复耕农田，还引来黄河水种植水稻，结束了村里吃救济粮的历史。

村里人都不知道李文祥在部队时的经历，只知道他当过兵。按照政策规定，新中国成立前参加革命并加入党组织的，可以申领老党员补助费，但李文祥觉得，自己靠劳

动完全可以养活自己，不愿给国家添负担。当地民政局多次到村里了解老党员情况，他都隐瞒了自己的经历。直到2011年，范县民政局通过搜集、整理李文祥的个人档案，才知道他是一位老党员和战斗英雄。

——节选自【十八大代表风采录】《李文祥：收起军功章奉献家乡》，《新闻联播》2012年9月2日

播读提示：

这篇稿件是中央电视台《新闻联播》中《十八大代表风采录》对河南范县87岁老人李文祥先进事迹的报道。练习者在播读中应注重先进人物在战争年代、和平建设年代的思想发展变化。这其中既有对李文祥老人甘于奉献，献身社会的伟大建设精神的肯定和弘扬，更有对一名共产党员争当时代先锋，发挥模范带头作用的优秀品质的生动呈现。这时语势是积极上扬的，是坚定有力的，是平实稳健的，是情感丰实的，是推演递进的。一位老党员和战斗英雄默默无闻、奉献村民的光辉品质是这篇新闻传播的主旨所在，练习者应深入细致地揣摩人物特定的社会身份和先进事迹，将其加以融合提升，语势平稳，无大起大伏，无大停大连，顿挫时间要短，句首起势应上扬，句尾归音要干净。

【练习4】

一到过年，进城务工人员纷纷回家，城里人就感觉到生活不那么不方便了。这些支撑起城市服务的务工者诚实劳动，乐观向上，向往幸福，为梦想打拼。没有他们的辛劳和汗水，我们的城市就少了一份活力。新春之际，《新闻联播》推出《新春走基层》系列报道《流水线上的爱情》，今天带您去上海一家工厂，我们祝福一对务工者夫妻，看他们在车间里拍摄的婚礼。

离过年没有几天了，上海的这家电子元件工厂，仍然还有很多订单没有完成，生产线上热火朝天。

她叫张丽丽，来自江苏宿迁。她告诉我们，别看她在车间里很好强，但在丈夫眼里她还是个小女孩。丈夫和她是同村的老乡，两人从小青梅竹马一起长大。

张丽丽丈夫的大名叫沈习军，也在上海打工，是附近另一家工厂的司炉工。刚结婚的时候，妻子留在老家，两个人通次电话都很不方便。

经历了五六年的相互牵挂，2008年，张丽丽决定跟随丈夫一起来上海打工。他们在郊区租的这间房不到15平米，每月租金200块钱，虽说有些简陋，但收拾得干干净净。夫妻俩经常一起梦想未来，靠自己的努力在上海买房，把父母和孩子接来一起生活。

其实，他们的梦想并不遥远。一个月前，两口子攒钱买了一辆面包车。每当周末休息的时候，坐在自家的车里欣赏窗外城市的风景时，张丽丽觉得自己的梦想似乎触手可及。

这一天，工厂将为即将返乡的年轻夫妇拍摄婚纱照。张丽丽和沈习军起了个大早，赶来挑选婚纱。

第一次穿婚纱，第一次化妆，在镜头前这对结婚11年的夫妻难以掩饰心里的喜悦。

因为来得早，张丽丽第一个画完了妆。等其他工友化妆的时候，小两口忍不住拿出手机自己拍起照来。

这天中午，几对打工夫妻穿好婚纱化好妆，车间里的婚纱拍摄开始了。

在很多城市里的年轻人看来，拍婚纱照早已不是什么新鲜事了。但是对于那些为了生计在外奔波的打工夫妇们来说，这是一个奢望。摄影师不断按动快门，记录下这些普通的打工者们来之不易的幸福瞬间。

——节选自【新春走基层·流水线上的爱情】《车间里的婚纱照》，《新闻联播》2013年2月11日

播读提示：

张丽丽和沈习军夫妻俩在简陋却充满温馨氛围的小屋里过着平凡却充实的打工生活。在播报这部分文字时，语气平和带有丝丝欣喜欢悦之感，语调可适当上扬，“15”“干干净净”“自己”等应作为重音加以强调，表现出夫妻俩乐观向上、奋斗拼搏的积极生活心态。

播读时语气可轻松自然，带有上扬、跃动的语感，字里行间充满欣喜幸福之情，这里要少停多连，可使语言表达具有连贯衔接紧的艺术效果。“第一次”“难以”“自己”等这些生动的词语表现出夫妻俩向往和追求美好生活的无限热情。播读时节奏轻快、自然，有一定的起伏错落。

不断闪动的快门记录下这一对对打工夫妻美好幸福的时刻。播读时，语气可平稳中速，带有弥补遗憾的喜悦和定格永恒的希冀之情，可在“早已不是什么新鲜事了”和“这是一个奢望”之后做一顿歇，表现出语意的转折和过渡。“城市里”“奢望”“来之不易”等这些词语生动地表达了打工夫妻珍惜这次拍摄机会，对美好生活寄予无限憧憬之情。

【练习5】

接下来我们来认识一位最美消防员的候选人，他是成都消防支队特勤三中队代理排长刘亚光，一位有着15年兵龄的老兵，从汶川地震抗震救灾到舟曲泥石流、映秀洪水的救援，他一次一次出现在危难的最前沿。

我们见到刘亚光时，他正在进行高空救援演练。

升空、探身、切割，一气呵成，浓烟中，78米高空作业他如履平地。

然而上千次地出入火场、潜水救捞，却不及地震那一次的救援让刘亚光刻骨铭心。

无法使用大型工具，刘亚光和战友们只能用肩扛，用手刨。手套磨烂了，手指出血

了，跪在废墟里疯狂刨挖的刘亚光浑然不觉。

10多个小时地连续刨挖，小女孩已经渐渐地露出上半身，可下半身仍被死死卡住。刘亚光把头盔戴在小女孩的头上，一口一口地给她喂水。废墟里的孩子又冷又疲惫，昏昏欲睡，焦急的刘亚光明白，此时一旦睡去，可能就永远不会醒来。于是他一边加紧探身刨挖，一边和小女孩聊天。

余震不断发生，松动的墙体随时可能垮塌下来，砸中废墟深处的刘亚光，但他始终不肯停手。

整整三天三夜，黄金72小时，在这片废墟上，刘亚光和战友们一刻不停地与死神展开争夺，救活了45个孩子。

……

水火无情人有情，15年奋战在救人于危难的生死一线，刘亚光最享受的是成功救援后，走出现场的那一瞬间。

——节选自【寻找最美消防员】《爱在生死间　消防老兵的水火春秋》，《新闻联播》2013年3月20日

播读提示：

播读者在表达中应体现出情感的升华和美德的传播。“10多个小时地连续刨挖……一边和小女孩聊天”一段集中体现了生死一线的危急关头，播读者在头脑中应积极构建出当时灾难现场的碎石烂瓦、房屋坍塌、空气污浊、道路瘫痪等情景；随着刘亚光来到现场，切身感受到场面的凝重，抢救的万分紧张，应注意语速稍慢；在刘亚光与小女儿的细致描写中注意传神用笔之处，语气自然亲切，人性光芒在此时得到升华。

【练习6】

今年已80岁的余永奇爹爹，在黄陂老家开辟了一块“桃花源”式的场地，义务为年轻人讲授做人的道理。

他没有教室，瓦棚、山坡、甚至院子里的枇杷树下都可以作为上课地点。他没有教材，劳作、亲近自然、尊重历史是他必讲的内容。20年来，慕名来这里上课、听讲的中小学生及大学生多达10万人次。

余永奇的家位于黄陂区大余湾村，这是一个风景秀丽的村子。从一个小广场拾级而上，绕过一片小树林，就可看到一扇小铁门，一个“桃花源”似的院落。

“我这一辈子都是搞教育的，我有一个理想，就是把这个院子变成学生们的校外学校，把做人的知识，通过寓教于乐的形式，教给村里的学生。”余爹爹说。

从退休到现在，余爹爹就在“随园”里，义务为孩子们讲解做人的道理。几乎每天都有人慕名来这里“听课”。采访的当天晚上来听课的，是江汉大学机电建筑学院工业设计系大一的学生们。

晚上7点整，讲课开始。一个小时下来，80岁的余爹爹口若悬河，连一口水都没有喝。学生李浩说："余老师的讲课，让我们学到了很多书本上学不到的东西，这堂课非常值得。"

20年里，来这里听课的大学生远远不止江汉大学这一拨。在余爹爹的笔记本上，密密麻麻地留言记录着他的听课者来自哪里。有武大的，有华科大的，有武汉理工大的……

这么多年来，义务为孩子们当课外老师，有人说余永奇是个"苕"。对于这些话，余爹爹付之一笑，作联自侃："做牛，做蚕，做烛，出力，吐丝，化灰，苕自愿；乃松，乃竹，乃梅，静谧，挺直，含香，傻自愿。"

余永奇的退休工资每月3000多块钱。"我不喝酒，不抽烟，不打牌。最大的爱好，就是给孩子们讲讲课。"余永奇说。如今，他每天过着"活神仙"般的生活。用他自己的话描述就是："早晨6点起床，爬山、看日出、打太极拳。白天种家菜、采野菜、喝清茶、吃淡饭，座谈天下事。傍晚看小鸡绕树嬉戏。晚上卧听小楼风铃响，看星星弥合，看月圆月缺，如梦安然。"

——节选自《80岁老人开辟"桃花源"式场地 义务授课20年》，《武汉晚报》2013年6月30日

播读提示：

余永奇爹爹无偿授课的事迹感染着每个年轻人，同时也积极带动周围的人形成尊重知识、学无止境的良好风尚。播读中应细致揣摩主人公的思想境界，把握他对文化知识的深刻理解，对青年一代的帮助关爱，同时应勾勒出主人公的形象体貌，运用假象和迁移生活类似形象的方法使主人公跃动于脑中，从而进一步激活播讲愿望。播读者可适当运用情景再现的方法，浮现出老人给中小学生和大学生授课的生动场景，老人讲课时的表情动作，学生聚精会神听课，以及课下老人与学生的热情交谈等，只有做好细节之处的分析理解才能为播读作好思想准备。在表达余爹爹的话语时，应做到传神即可，运用亲切自然的语气来表达老人的话语，不可一味追求人物语言的最大化还原，使播音变为扮演式的表达，那样就背离了新闻播音的基本要求。

【练习7】

"打江山靠老百姓，坐江山更得依靠老百姓。"王任之时常这样讲。

1957年7月，王任之来到历城县任县委书记。时任历城县委副书记的杜秀明回忆说："他这个人心里装着百姓，总想着让百姓过上好日子。在历城，他带领群众修建了37座大中小型水库，改善了农业生产的耕作条件和水浇条件，粮食连年丰收。为此，毛泽东曾三次到历城视察。1959年到1960年，农村普遍缺粮断炊，闹饥荒，甚至出现饿死人的情况。而这里的老百姓都能吃饱，没饿死一个人。"

提起王任之来，七八十岁的老人们满怀感激。曾任郑王公社的文书蔺利园老人

说:“1961年,王任之任惠民地区地委副书记,分管农业。他每次来到我们这里,从不坐办公室,白天往地里跑,夜里开会到半夜才简单地吃晚饭。当时公社驻地有一处废弃多年的盐碱地,大约上千亩,他动员群众将此处作为试验田,挖深沟渗碱,浅渠灌溉,修筑台田,达到涝能排、旱能浇,这片废弃的盐碱地当年就喜获丰收。第二年,他又在滨县南部选择了数万亩盐碱地继续试验,实施沟、林、渠、路配套的滨南深沟大台田农业河网工程,当年就实现了粮食大丰收,试验成功后迅速在惠民地区全面推开。”

曾几何时,黄河岸边满地碱花:春天白茫茫,夏天水汪汪。即便农民辛勤播种,收成却寥寥无几。这一切,因为王任之的到来而逐步改变。时任地委机要科长的王道风老人哽咽着说:“那时,连年受灾,他来做的第一件事是搞生产自救,他与水利专家跑遍了惠民地区的边边角角,查找造成土地严重碱化农作物低产的原因,寻找治理解决的办法,带领百姓深挖沟,修大台田。与群众一起吃住在田野,收割芦苇,换钱买粮。由于他不按时食宿,患上了胃病,腰间总是缠着一个热水袋。”

来到杨柳雪镇,笔者看到了当年开挖的深沟,依然起到引黄河水压碱、防洪排涝的功能,东西走向的条渠依然有着灌溉功能。现任杨柳雪村党支部书记的杨秉廉说:“这里闯出了一条盐碱地上夺粮棉高产之路,收获的季节里棉田状如雪海,在全国引起轰动。”

——节选自《“梦”牵长路步生情——追忆老红军王任之》,《光明日报》2014年5月2日

播读提示:

2014年3月18日,中共中央总书记、国家主席、中央军委主席习近平在兰考调研时指出,教育实践活动的主题与焦裕禄精神是高度契合的,要把学习弘扬焦裕禄精神作为一条红线贯穿活动始终,做到深学、细照、笃行。结合习总书记的讲话精神,我们可以看出王任之的身上闪耀着焦裕禄精神的光芒。备稿中应深入结合当前社会发展实际,紧扣党中央群众路线教育实践活动,有的放矢地进行广义备稿。同时,在狭义备稿层面上,应运用假设想象等方法描摹出主人公的外部形象特征,包括语言表达特征、行动特征和表情特征等,使人物形象跃然于创作者眼前。本文的一大特点是引用主人公同事及相关人员的话语较多,播读者应把握好分寸感,不可过度悲情,也不可平淡无味,在话语中找到主人公可亲可敬之处和其工作精神可贵之处,明确播讲目的,突出宣传主旨,从而进一步感染受众。

【练习8】

1994年10月,我和夫人应邀去王洛宾家玩,带去了应其请求画的一幅水彩画《雨后玫瑰》。王洛宾看后兴奋地说:“我很喜欢。”我对他说:“王老您看,我创作的这幅作品,为什么只在玫瑰花瓣上画了两滴水珠?”

老人若有所思。我说:“这两滴水珠意喻着您的两滴眼泪,一滴是怀念您的妻子黄

氏，另一滴是怀念台湾作家三毛。”王洛宾随后幽默地说：“幸亏你只画了两滴水珠，若要画多了，我可就说不清了。画得很美，我很喜欢。”

而当我们问王洛宾平时生活由谁来照顾，为什么不和儿女生活在一起时，老人回答道：“我是搞音乐创作的，需要一个相对安静的环境，另一方面，新疆的冬季长达六个月之久，冬天只能在家里锻炼，我锻炼的方法很特别，是在地上爬行和打倒立，这种姿态让儿孙们看见，那我就失去爷爷的自尊了。”

1995 年初春，我和好友摄影家吴渝生，一同去兰州军区总医院看望王洛宾，在谈到休养情况时，老人无奈地说：“人一旦有了点名气，随之而来的也就多了许多干扰。我们从事创作的人最怕干扰。我多么想找一个安静的地方，没有任何人打扰，踏踏实实地写点东西。”

“我年事已高，体力、精力都不及从前，但我仍想多写些歌曲，对我现在来说叫作‘垂死挣扎’，有点像将被宰割的鸡一样，还要扑腾扑腾。”说完这些，王洛宾哈哈大笑。

我们看到一个音乐老人的幽默和对待死亡的豁达。

即使在重病期间，王洛宾还在想着他的音乐创作。他曾动情地说：“我崇尚民族的东西，期望它能走向世界。人一生下来就能听到声音。我这一生实际上只做了一件事，就是一个传歌者，那就是用音乐的美去感染人，尤其是对孩子，好的音乐会影响他们的心灵。”

——节选自《一个传歌者——走进王洛宾的精神世界》，《光明日报》2014 年 4 月 25 日

播读提示：

王洛宾——中国 20 世纪最负盛名的民族音乐家，与西部民歌有着不解之缘，他的歌曲见证了中国西部人文的深厚与隽永。本文作者李保存因艺术与王洛宾结识，又因艺术与其家人有着深厚情意，这是本文的独特之处。播读者在备稿中应从王洛宾的生平、代表作和艺术特色等角度对其进行深入了解，对他的艺术感悟和创作源泉进行一定把握。在这部分文字中，“传歌者”的艺术感悟是贯穿其中的红线，我们只有抓住它才能对文字有更为深入的理解和认知。文中多次出现王洛宾与作者的对话，在播读中应认真揣摩王洛宾的话语中所折射出的艺术感悟和生活体验，语速平稳中速，在适当时候可放慢，尤其是播读他在兰州军区总医院住院时的谈话时，语速既要稍慢，同时又要不失力度，语气缓和轻松，体现出重病期间的王洛宾乐观开朗、豁达自然的积极心态。

【练习 9】

送雷锋当兵、送郭明义当兵、送老儿子当兵是余新元最自豪的事。

12 月 3 日，记者来到家住鞍山干休所的老红军余新元家。走进客厅，一幅雷锋的照片出现在眼前，雷锋的嘴角挂着微笑，像是在和我们打招呼。“我就是余新元！”犹如

洪钟响过，一双大手捂住了记者的手。落座后，记者同余老像多年未见的老朋友一样，亲热地唠了起来。

“送”自己去当兵

余老先是轻描淡写地谈了自己当兵后的76年。

“1936年10月，红军来到会宁，会宁离我家不远。毛主席也来了，他讲话我去听过，好多话我没大听懂，但他说红军是咱穷人的队伍，这句话我听懂了。所以，我把放羊的鞭子一扔，当了兵。那时，我差一个月满13岁。”

“我参加过大小500余次战斗。黄土岭战役，左腿被敌人机枪打成了马蜂窝，是白求恩主刀保住了我的腿；狼牙山反扫荡中，我与‘狼牙山五壮士’同在一个团，受伤后昏迷了200多天；百团大战中，我的屁股被炮弹炸出7个眼儿……”

“我是1981年离休的，最后一站是鞍山军分区副政委。退休30多年来就干了一件事儿——宣传雷锋。你看，我的聘书，一铁箱子都装不下。我是全国146所大中小学校的校外辅导员，还是多家单位的党课教员和顾问。30年间，我作雷锋专题报告、上党课4000多场，听众差不多有400万人……”

送雷锋去当兵

接着，余老流着眼泪谈了送雷锋当兵的经过。

“1959年底雷锋报名参军，当时我是辽阳市武装部政委。雷锋身高和体重都差一点点，评议时被拿了下来。我问小雷子，你现在拿38元8角5分工资，不是挣得挺多吗？雷锋回答说，我报名参军是想到前方打仗。听了雷锋的话，我一连叫了几声好。后来，雷锋搬到我家来住，一住就是58天。有一天改善伙食吃菜包子，我问雷锋，你当兵爸妈同意吗？雷锋把刚咬了两口的菜包子放下了，眼里全是泪水。雷锋是最后一个穿上军装的，那天他可高兴了。他对我和老伴说，首长，让我叫你一声爸爸吧！阿姨，让我叫你一声妈妈吧！走那天，我老伴给他买了背心、裤衩、毛巾，一直把他送到车站，嘱咐说，‘小雷子啊，阿姨希望你到部队好好干，当毛主席的好战士’。”

“雷锋牺牲的消息我是在《前进报》上看到的。我老伴把报纸递给我，流着泪说：‘咱那儿子走了！’想到雷锋和我们全家相处的日子，想到跟雷锋经历的那些往事，我们全家人都哭了，连中午饭都没吃……”

送郭明义去当兵

再接着，余老笑着谈起了送郭明义当兵的经过。

“1976年底，有一天郭明义的父亲来到我这，没进门就喊：‘老政委啊，我来找你来啦！’见到他，我就乐了。我说，‘啥事啊？’他爸说：‘我今天来没别的事儿，就是送我儿子郭明义当兵。'我问,'检查上了吗?'他爸说,'检查上啦！我说,检查上了不就行了嘛!'他爸摇着头说,'不行不行,今年检查上的可多了,听说走得少,反正你得让我儿子走上!'我说,'你怎么跟当年雷锋一样的调,还赖上我了是不是?'我拿起电话,打给军分区动员科科长车文普,问了一下郭明义的情况。小车说,'郭明义体检、政审都过关了。'我说,'郭明义他爸、他叔是鞍钢工人出身,郭明义是个好苗子,部队需要这样的'。"

"新兵出发时,郭明义代表全体新兵发言。郭明义精瘦精瘦的,说话倒很有力量:'我们要向雷锋学习,做毛主席的好战士!'前些日子,郭明义到我家来,我对他说,'当雷锋传人,不能当带引号的,你说我说得对不对?'郭明义说,'对！对!'"

送老儿子去当兵

最后,余老神情严肃地又谈起了老儿子余锦旗。

"孩子们对自己要求都挺严,从不干越格的事儿,大格小格都不越。老儿子余锦旗1978年当兵,到部队后他给我写信,让我找人调动调动。我回信写了11页纸,我说你别埋怨老爹对你要求严,你不要和别人比,要和雷锋比。老儿子看我不开口,就闷着头干了下去。这小子干得还行,入伍一年多就被评为军区装甲兵优秀共青团员,入伍第二年就入了党,还当上了班长。1981年年底,老儿子退伍回来被分到鞍钢最北的选矿场当工人。后来,公安局选警察,他被选中了。老儿子对我说,'老爹,我最后一次求你,找人说句话,让我进一个条件好一点的公安分局'。我摇了摇头。结果,老儿子被分到鞍山郊区一个分局,当上了一名侦查员。你知道干这行很危险,我天天担心。老儿子干得挺出色,被评为全国优秀人民警察、鞍山市劳动模范、辽宁省优秀青年卫士等,荣誉标兵得了一大堆!"

告别余老时,余老和记者来了个拥抱。他把脸贴在我的脸上,紧紧的、紧紧的,一股暖流涌遍我的全身……

——《老红军和他的三个兵》,《辽宁日报》2012年12月15日(获第二十三届中国新闻奖一等奖)

播读提示:

这篇人物通讯细致生动地再现了余新元老人与他的三个兵的感人故事,是他将这三个兵从稚嫩带到成熟,使他们为祖国、为人民作出积极贡献。播读中首先应明确全文主旨,即透过余老送兵看到老人与祖国命运休戚与共,与他的兵在一起的还有亿万人民,一同捍卫共和国荣誉和尊严的高尚品质。可从本文已有的四个部分来分别备稿:"送"自己时的革命峥嵘岁月,送雷锋时的亲人般关爱,送郭明义时的深切期望,送老儿子时的从严要求。播读者可通过假设联想来"还原"余老形象体征,白描般地勾勒出一位和蔼可亲、为人可信、朴实真挚、精神矍铄的老兵形象。在复述老人话语时,应以传播文字内容为主,适当带有些许情感色彩,不可一味模仿老人的说话语气,过于逼真反而丢失了新闻播音应有的语言表达特点。

【练习 10】

10 月 7 日是重阳节，无数中国老人和家人一起饮菊花酒、吃重阳糕、登高望远，度过了这个和乐、温馨的节日。而 74 岁的吴兰玉老人，却和以往的许多个重阳节一样，独自忙碌了一天，捡回了一大堆废纸箱、饮料瓶。

和以往许多个重阳节不一样的是，她如此忙碌不再是为了偿还沉重的债务，而仅仅是为了活动自己的肢体。“我不能闲下来，一闲下来，我的腰、腿啥子就没得劲了。”她说。

吴兰玉是兵团第二钢铁厂的职工家属，她的丈夫李升然、儿子李培川都是厂里的工人。自从 1990 年 27 岁的儿子不幸患上了尿毒症，这个家庭就走上了困顿、辛酸之路。儿子的肾移植手术需要 10 多万元费用，夫妇俩省吃俭用，一元钱一元钱地给儿子积攒手术费。

因为极度的焦虑和营养不良，1995 年初，李升然被确诊为肝癌。3 个月时间，李升然的生命就走到了尽头……

1996 年，吴兰玉倾尽所有积蓄，又借了 5.5 万元钱，终于给儿子做了肾移植手术。但是，这一切努力并没能挽回李培川的生命，1999 年 8 月，他因多种脏器功能衰竭而停止了呼吸。

丈夫走了，儿子走了，今后的日子怎么过？数万元借款怎么还？坐在冰冷、昏暗的屋子里，没有经济来源的吴兰玉绝望至极。她找出儿子吃剩下的一堆药，一股脑儿地吞下去，然后躺在床上静静地等待死亡的来临。

但是昏睡了一天一夜后，吴兰玉竟苏醒过来了。知道自己没有死，她失声痛哭：“老天爷都不让我死，因为我还欠着债呀！”

……

这以后，吴兰玉便背着一个编织袋行走在街头巷尾，她决定捡废品卖钱来偿还 5.5 万元借款。这个没有多少文化、没有什么技能、身高不到 1.50 米的 60 多岁的老太太，以孱弱之身、用这样的方式担当起了一个对她来说几乎无法担当的责任。

……

当地领导都很关心吴兰玉，她的儿子离去后，就给她发放了最低生活保障金。去年春节，兵团民政局局长刘钢来到吴兰玉家，见寒冷的季节家里竟然没有烧火炉，刘钢的心里一阵酸楚，第二天就给她送来了一吨煤。今年春节，民政局想方设法资助了她 5000 元钱，帮她给最后两位借款人还清了债。

“我从心里感激这些领导，要不，我还得苦熬两年。”吴兰玉告诉记者，“以后的日子不会太难了，我要好好地活着！”稀疏的灰发下面，老人那张曾经写满了苦难的脸上露出了微笑。

——节选自《“我要做一个诚信的人”》，《兵团日报》2008 年 11 月 13 日

（获第十九届中国新闻奖一等奖）

播读提示：

本篇通讯通过吴兰玉老人九年时间拾荒还债的故事告诉我们，“诚信”的社会意义是巨大的，正是每个人的诚信才铸就出中华民族的传统道德长城。备稿中，应充分认识到《兵团日报》在一版头题刊发这篇通讯的重要意义以及它在当前社会中的广泛而深刻的影响度。播读者可在脑海中描绘出一位年迈、衰弱且贫困不堪，但同时又面带和蔼可亲笑容的老太太形象。语言表达中，应注意叙述话语的平时自然，在讲述内容时好似你就是吴老太太本人，你在讲述自己的生活，你在品读自己的感悟，这种换位创作的方法能有效地提炼人物精神本质，找准播读意蕴。

第七章　事件通讯播音

第一节　事件通讯播音指导

现代社会快速发展，经济建设日新月异。这其中，发生着千千万万的事件，有的让人刻骨铭心，有的予人警示告诫，有的令人意味深长，有的指引正确方向，等等。它们不仅让我们看到了人间百态、世间冷暖，同时也让我们感受到社会深层次的矛盾。

事件通讯是客观、真实报道社会上新近发生的新闻事件的通讯。它通过真实的人物、事件等要素，将事件发生的全过程如实地反映出来，帮助广大受众了解事件的整个过程，通过对富有感染力的情节和细节进行描写刻画，使受众对事件的认识更加深刻，并从中吸取经验教训。

事件通讯播音是提高播音员语言表达能力的有效途径，是广大受众了解社会发展动态，知晓世间多样图景的生动载体。此类播音总体要求是：以事为据，以理为本；情节生动，形象逼真；实声为主，虚声为辅；文脉清晰，思路明确；语感鲜明，发人深省。下面我们结合稿件来作具体分析：

一、人间真情的生动呈现——语言表达的真切感人

事件通讯播音通过真实可感的新闻事件传播着丰富多样的世间图景。叙述语言和描写语言的运用可使语言表达具有情真意切、可信可感的传播效果。具体可从以下两点来进行创作：

1.叙述语言朴实自然，语言真切

事件通讯将当前社会中具有典型代表性的事件作为写作素材，围绕着事件的诸多要素展开线索对事件进行明晰地叙述，叙述语言表达追求真挚自然，在娓娓道来之间

蕴含着巨大的社会感召力。因此，叙述语言的艺术化加工处理在此就显得尤为重要。首先，应找到每段的起始点，承接点或转折点，收尾点。一般而言，起始点语言起势较低，随着语流的推进，在承接点或转折点处达到语言表达的最高点或最低点，进而随着语意的终结到达收尾点。这样在叙述事件每个段落或语句时，就会对事件形成宏观层面的语势调控，并且可以从微观上对之进行细致处理。同时应注意随着语势的不断变化，情感色彩也应有多种样式的呈现。情感一般发生在起始点，进而到达展现多彩缤纷情感样式的承接点或转折点，此时随着情感渐趋隐去，进入收尾点，语言表达也逐渐完结。

2. 描写语言勾勒清晰，本色呈现

事件发展中有许多细节之处是通讯播音中应认真对待的，其中描写类的语言，如人物语言描写、动作描写、心理描写和场景描写等，都体现出事件进程的细微变化和传神用意。播读人物语言描写时，应注意人物话语内涵和逻辑规律。备稿中可通篇浏览全文，找出话语的内在含义和其背后所折射的文化气息。注意逻辑规律主要是从话语起始到终结对全过程进行脉络梳理，形成较为完整的语意链条。播读动作描写语言时，应尽可能再现动作画面，通过情景再现的方法动态化还原出当时的举止行为。当播读心理描写时，应侧重对心理活动的细微体察。而播读场景描写时则应对当时场面进行全面或局部把握，播读者在心中应做到“胸有成竹，全景再现”，能够从中“观看”到一幅幅真实跃动的事件画面。

【例稿 1】

原文	分析
2 月 26 号那天下午，4 点 30 分，由牡丹江开往天津的 152 次直快列车，在沈山线上一个不停车的四等小站——高岭车站戛然停住了。 列车上的行李车门打开以后，两个中年男子托着一个满脸是血、瘫软昏迷的小男孩，匆匆来到车门前，乘务员把他们接上了车，列车一声长鸣，飞驰而去。 这个生命垂危的孩子叫王利军，刚刚 7 岁，是辽宁省绥中县小蝌蝗村小学学前班的儿童。这天下午两点多钟，小利军和邻居的两个小伙伴正在一个柴火垛旁边玩耍，被一匹受惊的骡子重重地在脑门上踢了一下。顿时，皮开肉绽，血流不止，昏倒在地上……	交通的不便和抢救的紧急都让孩子的父母万分焦虑。这段话语抒发出他们焦急、迫切和期盼的复杂心情。播读时应结合全文细致推敲人物心理变化，把握抒情话语在表达中的分寸感，不可过于着急，也不能无动于衷。

原文	分析
一个小时后，小利军被送到了附近的高岭镇医院，医生打开包扎的围巾一看，深深的伤口中，破碎的颅骨隐约可见。医生对孩子的父母说："孩子的伤势很重，这种手术我们这儿做不了，你们得赶紧转院。"孩子的父母心想：离高岭很近的大医院要数秦皇岛医院了。但是，高岭到秦皇岛，没有直达慢车，快车在高岭火车站又不停，怎么去呢？	小利军病情严重的描写语言是本部分文字重点之处。播读中可运用情景再现方法加以还原，表现抢救之急迫。
他们抱着因失血过多脸色苍白，双眼紧闭的小利军，心急火燎地赶到高岭火车站调度室里，请求救援。值班员马永付见此情景，立即抓起直通锦州铁路分局调度所的电话，报告了这个紧急情况。锦州铁路分局调度立即作了决定，同时下达命令给 152 次直快客车，在高岭火车站特殊停车一分钟。 152 次列车载着小利军火速前进，下午 5 点 15 分，开进了秦皇岛火车站。 小利军的父母抱着孩子，急促下了车，在纷乱的人流中，朝地下道口走去。这时候已经是傍晚时分，面对这座陌生的城市、陌生的人群，护送小利军的亲人茫然不知所措，医院在哪儿？怎么走？他们焦急万分！	虽然小利军一家人已到达秦皇岛，但陌生的城市，陌生的人群，让小利军一家人万分焦急，他们不知往哪里去求医。播读中应结合当时特殊情况，设身处地地"饰演"他们家庭成员，这样的抒情表达更为真实、自然、贴切。
突然，一位身穿铁路制服的女同志，穿过拥挤的人群。找到他们跟前，问道："同志，你们是从高岭站上车的吧？""是啊！""汽车在检票口外边等着你们哪！快带孩子去医院吧！" 简短、亲切的话语，使小利军的亲人们又惊又喜。 这位女同志是秦皇岛站客运值班员孟芙蓉。15 分钟之前，她接到山海关车站打来的电话，传达了 152 次列车的通知，就叫来了服务员杨晓峰，让他陪小利军去了市医院。 在秦皇岛市第一医院的急诊室里，值班医生检查了小利军的伤情，立即决定："马上组织手术抢救！" 医院立即派车接来了脑外科医生杨宗德。这几天，杨大夫接连做了几个大手术，已经疲惫不堪，这天晚上，本想早点休息，但当他接到医院的通知后，立即穿好衣服，赶到了医院。	播读中可充分联想小利军出院时一家人满心欢喜的情景。孩子的康复，父母的欣慰，医护人员的喜悦，这些都是我们抒发情感的源泉。

原文	分析
晚上九点钟，手术开始了。无影灯下，杨大夫用牵开器拉开伤口仔细观察：伤口长约10厘米，颅骨粉碎性骨折，颅骨凹陷两厘米，碎骨压在矢状疸上。这种手术，对于经验比较丰富的杨大夫来说，难度并不算大。但是，他深知矢状疸是向脑半球供血的主要血管，如果手术稍微不慎，被碎骨压迫，就会引起脑出血，那后果将不堪设想。 经过一个小时十分钟的紧张工作，手术成功了，孩子得救了。 十天以后，一个风和日丽春意融融的下午，小利军拉着爸爸的手，谢过医护人员，蹦蹦跳跳走出了医院。	对于伤口的细致描写把我们带入特定情境中，播读语气略显凝重，语速稍快，真实生动地表现出小利军的伤情。
小利军和他的亲人们，多么想一一去谢那些挽救了他生命的人哪！然而，对于他们中的许多人，他没法子找到，他们挽救了小利军的生命之后，又带着安然的微笑，悄悄地回到了自己的岗位上。在繁忙的调度室里，在奔驰的列车上……然而，小利军的心中将永远记住他们。因为，在他的生命中，曾凝聚着他们的爱！	这段文字逐渐进入情感高潮，抒发着小利军一家人对那些帮助过他们、不留姓名的好心人的深深感激之情。播读中应认真揣摩，进行动人动情的语言表达。

二、民众心声的具体感知——社会新风尚的积极传播

弘扬中华民族传统美德，彰显人民大众优秀品质，是事件通讯播音时代性和社会性得以充分体现的灵魂要素。播读中应注意情感抒发的真挚自然。事件通讯的抒情不是一味地自我抒发，不是故弄玄虚地无病呻吟，而是由稿件主旨和传播意图所决定的，是根据稿件内容自然生发出的有声语言。我们可从稿件的纵深处挖掘其抒情点，做到“感而不入，由表及里，适度为当”。具体可从以下两点来分析。

1. 全面关注事件缘由，找准抒情起始点

从稿件全文出发，找到情感抒发的起始点，是事件通讯播音应细心分析之处。备稿中，可从上情和下情等角度入手对相关联的人物情感作出梳理，仔细分析主要人物和周围人物因何原因而生发出情感，这种情感的投射对象又是谁，按照这样的思路来整合稿件，在播音中充分调动既有的生活体验和知识储备，从宏观和微观层面运用情景再现和对象感等外部技巧，加之科学运用内部技巧，积极探寻事件的起因是什么，由此找到抒情起始点。在这一过程中，创作者始终与事件中的人物有情感交流，直至产生情感共鸣，从而在生活阅历、文化素养、审美理想等方面实现人物情感的还原，找准

情感抒发的起始点。

2. 以情带声渐次推进，把握抒情升华点

通讯播音在创作中始终贯穿着情感的升伏起落，好似一股股清泉浸润我们的心田。在找准抒发起始点后，播读者应随着文稿内容的铺开，逐渐找到抒情升华点。一般而言，情感升华点正是全文最为精彩和传神之处，也是全文进入高潮的部分。前面内容的铺垫已经具备了情感升华的基本条件，播读者在这时可将内心的情感高潮推至最高点，达到一吐为快，酣畅淋漓之感。这需要播读者随着事件进程与人物紧密相依，主人公所想所感正是我们的所想所感，而此时亦可将科学合理的情感元素带入文稿中，进一步推动情感的升华，达到主我与客我情感的交融汇通，这样才能更好地展现出主人公具有的时代品质和精神风貌。

【例稿 2】

原文	分析
古龙镇陈平村地处深山，被大壬水库环抱围绕，那龙自然村与附近的陈平小学和陈平小学陈山分校都隔水相望。汛期水大时，水库水位甚至会高于长陈桥约两米，那龙自然村的村民们就只能全靠撑竹排出行。而即便长陈桥没被淹没，在陈平小学陈山分校上学的孩子们要想走路上学，单程就要走四公里。如此一来，游泳和撑竹排就成了孩子们上学前的必修课。 陈平小学陈山分校与那龙自然村的直线距离只有三四百米，竹筏只用几分钟，而走环水库的乡村路单程就要三四公里，一个多小时，汛期途中还要涉水过桥，在那龙自然村的村民们看来，让这么小的孩子独自撑竹筏上学也实属无奈。	这段文字中折射出那龙自然村的孩子们上学对交通问题的无奈。这种情感没有直接表达出来，而是通过客观环境的叙述来间接呈现的。播读中应设身处地想象孩子们一年四季天天如此上学的情景，自然生发出对孩子们上学环境的忧虑和对改变现状的关切。 用声应注意平实、自然、真切，带有些许忧虑和期盼。
为了尽量保证孩子的安全，从 2008 年开始，家长和学校都会各负担一部分钱，为孩子购置救生衣。每每遇上大风大雨的，学校也会通知孩子不用来上课。多年间，学校和村民们曾提出过不少设想：校车、摆渡船或是铁索桥都能解决问题，但这样的期待始终没有得到回应。	多年的问题始终没有得到解决，孩子们依旧涉水上学，学校、家长都很焦虑。备稿中应结合山区基础教育现状，对现有条件和发展水平有一定认识，作出抒发情感的准备。播读中语言流畅，有多重画面叠加，孩子们年复一年，日复一日涉水上学的艰难情景浮现在眼前，这样在表达中会自然生发出呼吁社会关注这个问题、希望尽快解决的真情实感。用声应注意平和亲切，语势和缓，带有呼吁和感召色彩。

原文	分析
9月7日，一组藤县大壬水库库区孩子撑竹排求学纪实的照片在网络发布，迅速引发舆论关注。两天后，9月9日，当地就为那龙撑竹筏上学的22个孩子在村中租下了一处民房，作为临时教学点授课。而同一天，仍有学生涉水上学的情况又被媒体曝光。随后，9月10日，15名需涉水上学的学生也被安排进临教点上课。短短三天，那龙村延续了30多年的求学路，终于开始有了改变。	30年艰难的求学路在经过媒体的传播后终于有所改变。播读中应饱含欣喜、欢悦和欣慰，在为多年问题得到解决后喜悦的同时，也看到了当地山区教育的希望。这种由感性上升到理性的情感升华在表达中应有所表现，语势渐趋上扬，情感抒发逐渐明显，深层意义得到进一步外化表现。 用声应注意语气带有欢喜愉悦、自然欣慰、积极向上等色彩，语势渐趋上扬。

——节选自《本周特写：渡水上学》，《新闻周刊》2013年9月14日

三、人与自然的矛盾与融合——和谐相处的共同心声

事件通讯中有一类重要题材是关于人类生产生活和大自然冲突与融合的，这也是当前热议话题之一，如何准确、翔实、具体地表达出人类与自然界的这种微妙变化，如何通过有声语言传播人与自然和谐相处的共同心声，需要播读者在多个层面上有一定的理解领悟和分析判断。我们可从以下两点来作具体创作分析：

1.人物语言生动传情，积极展现良好风貌

人物语言在事件通讯中有着表达主题思想，体现情感风貌，体察人物内心世界等作用。在人类与自然界矛盾与融合的过程中，多种风格的人物语言将人类的智慧生动形象地表现出来。创作中应深入人物内心世界中，多想想他说这句话的用意是什么，听者的最大反映是什么，会对听者起到怎样的效果，在与自然界的矛盾与融合中，这些话语又有着怎样的时代意义，这就要求我们在人物语言播音中贵在传神传情，坚持新闻播音基本要求，在符合全文基调的基础上，播读清楚话语内容，表达出一定思想情感，不可变为人物语言的“还原”，刻意追求所谓的形似神似。

2.事件进程脉络清晰，展现矛盾表达恰切

人类社会的发展进程始终伴随着一件件具有时代特征和新闻价值的事件，人类、自然界和事件，这三者构成密不可分的关系网。我们在播音创作中，应把事件进程的来龙去脉梳理清楚，做到“划分段落层次，找出逻辑关系，联系时代背景”，这样才能使播读者对事件整个进程有全局性认识，使得人物与自然界的冲突矛盾明朗化，使得我们能更加清楚地认识到人类与自然界的真正关系。同时，这类稿件中通常是矛盾在先，融合在后，我们更应明确两者之间的关系，使表达矛盾时的语气较为紧张，甚至激

烈，语速较快，使表达融合时的语气较为和缓，甚至喜悦，语速较慢，这样就把性质根本不同的两者生动地区分开来。

【例稿 3】

原文	分析
采访车向毛乌素沙地挺进。 窗外景色由绿到黄，最终只剩下棱角分明的层层沙丘，从眼前直铺天际。包着各色头巾的西北男女在打草方格，弯腰，伫立，推进。 此情此景，恍若岁月倒流。由今天上溯到上世纪七八十年代，我们回到了三北工程的时间起点。 一幅幅久违的画面再次闪回—— “干！”风沙深处，石光银众人酒碗相撞，誓言在耳。 “走！”王有德带领职工，铁锹掘进沙土，挖出第一行树坑。 “叮呤呤”铃声响起，牛玉琴和张加旺抱起树苗，爬上沙丘。 在自家门口种下第一棵榆树，白春兰和丈夫相视而笑。	防沙治沙是功在当代、利在千秋的伟大工程。该部分文字中人物话语虽少，只有两个字：“干”和“走”，却包含着那个年代青年人治理沙漠，播种希望的坚定决心和不屈意志。 播读人物话语时应展开充分的想象和联想，脑海中浮现出当时热火朝天的劳动场景，同时应设计石光银和王有德的人物造型，使播音话语更为真实、鲜活、生动。
星移斗转，30 多年过去了，昔日的少男少女已经两鬓斑白，一些人随风而逝。 沧海桑田，曾经的贫穷和绝望逐渐远去，埋葬了亲人战友的土地已是草木葱茏。 ——绵延万里的北中国辽阔疆土，经历着由黄到绿的神奇转换。 三北治沙人，如一棵棵挺拔的大树，编织起这无尽的绿。我们问：“你像什么树？” 石光银说，我像樟子松，百年死不了，治沙干到老； 牛玉琴说，我像新疆杨，不弯曲，向上长； 白春兰说，我像老榆树，生命强，树冠大，好乘凉； 张生英说，我像小叶杨，能固沙，不张扬； 殷玉珍说，我像香花槐，满树都开花，老远闻到香…… 三北人的生命之树各有不同的形态，又都是一样的绿，一样的坚，一样的韧，一样的向上，汇成心灵的绿洲。	三北防护林工程不仅是人定胜天的壮举，更是几代人追求的不灭梦想。在充满正能量的中国大地，这些三北治沙人正在播撒着中国人的无限希望。石光银等人饱含深情和坚毅的话语中分明折射出治沙人坚不可摧的高贵品质，让我们看到了那片郁郁葱葱、常青不败的心灵绿洲。 播读石光银等五人的话语时应结合三北治沙实际，由稿件内容生发出一幅幅生机盎然、挺拔苍翠的树木生长图景。播读人物话语时情感真挚浓郁，坚韧向上，表现出樟子松的刚毅不屈，新疆杨的笔直向上，老榆树的生命顽强和小叶杨的默默坚守。

原文	分析
三北工程35年，是人类重新认识自然的35年。 在陕西神木，新一代造林人张应龙10年种树30万亩。如今，他有新的担忧。 林场里的海子，过去每年都飞来几百只野鸭，欢叫戏水。自从发展育苗产业、大量使用除草剂，这样的画面再也见不到了。 “站在岸上，耳边一片寂静，树林起来了，鸟却少了。怎样做才更符合自然规律？该如何与自然相处？”他不断自问。 于是，他尽量模拟自然生态系统，对沙漠“九治一放”——九分绿化，一分保持原貌。	随着治沙工作的不断推进，新的问题摆在了治沙人面前。人与自然和谐相处，实现生态环境的最大化保护成为急需解决的关键问题。张应龙的话语中透露出担忧之情：治沙不能破坏了生态平衡，不能让鸟儿更少。在备稿中应深入领会张应龙的思想认识，找准他的心结所在以及他的整理措施。 在表达这段有设问色彩的话语时，可带有疑惑、自责、探寻等复杂心情。

——节选自长篇通讯《“三北”造林记》，新华社2013年9月25日（获第二十四届中国新闻奖特别奖）

四、民生百态的本真折射——多角度报道现实问题

社会发展在带来丰富的生活图景时，也带来很多的矛盾和问题，其中，生活中的现实问题就是媒体关注的焦点之一。事件通讯在报道百姓生活现实问题，揭露社会发展弊端，倡导社会文明新风方面有着重要的传播功效，承担着联系百姓和政府，百姓和媒体的重要使命。具体可从以下三点来进行创作。

1.广义备稿入手——寻求宽角度的播读视野

认真分析关于该事件的上情和下情。上情包括和稿件有关的党和政府的路线、方针、政策等。下情主要指国际、国内各方面的现实情况及其变化。播读者应紧密结合当前社会发展实际，认真学习和领会上情，积极探寻该事件和上情之间的复杂关系，把握该事件和下情的内外在影响因素，积极疏通该事件所牵涉的上情和下情之间的诸多关联之处，寻找到该事件和上情、下情的连接点，使播读视野更为宽阔，使播读高度更为提升。

2.狭义备稿落实——分析此事件的传播意义

在狭义备稿中，播读者应明确该事件的传播主旨，全篇围绕的中心思想是什么；明确该事件的社会背景是什么，它和哪些行业，哪些部门，哪些人群有着千丝万缕的联系；明确播读该事件的宣传目的，应起到怎样的传播作用；找出稿件的主要部分和次要部分，明确哪些内容是直接表现主题、体现目的、抒发感情、感染受众的，哪些内容是起说明、铺垫作用的。同时，应确定好稿件基调，把握好稿件总的思想感情色彩和分量、播音时总的态度倾向。认真做好上述工作，可使该事件的传播意义更为明晰，使播读

语感更为具体生动。

3. 体会百姓所感——明确受众群的心理认知

由于稿件所涉及的是与百姓生活密切相关的新闻事件，播音员在播读中应认真体会受众的所感所思，他们对于该事件有着怎样的思想认识，是积极肯定，坚决反对，还是感觉一般。运用假设联想的方法，将现实生活中的受众感受情景进行有效迁移，从而使播音员更为胸有成竹，使播读效果事半功倍。

【例稿 4】

原文	分析
日前，在新开张不久的杭州“老百姓”大药房内，一位来自哈尔滨某药厂的医药代表面对满屋人，竟痛哭流涕地向药店采购部部长下跪。 是他想求“老百姓”大药房买他的药吗？不是。恰恰相反，他是想求“老百姓”大药房别再卖他的药了！ 作为医药代表，药品销售越多，利润无疑越丰厚。他为何会为了把药拿下柜而“屈膝”。这到底是怎么回事？	这一悬念式的开篇很好地抓住受众的注意力。播音员在备稿时，不仅应考虑到医药市场的现状和百姓需求，同时要对受众的心理认知有一定了解。语气中充满疑惑、询问色彩，语速可偏慢，这样便于使开篇笼罩一种不解的感情色彩。
原来，“老百姓”大药房从哈尔滨某药厂购进了一批“牛黄消炎片”，每盒进价 0.8 元，经核算后销售价定为 1.2 元。应该说，50%的毛利非常可观了，没想到这个价位却引起了该厂驻浙江医药代表的恐慌。且听听这位医药代表的哭诉：“人家都卖 4.8 元，最低也在 3.5 元以上，你们只卖 1.2 元，还让不让人活了？” 原来是嫌卖得太低！	“原来是嫌卖得太低!”答案就在这里，播读中应注意前后对比。相同的药却卖出迥异的价格，直接损害了该厂利益，是因为他们之间没有很好地沟通协调，还是因为市场经济的运行出现偏差？播音员应带着上述问题进行备稿，播读中也应有一定的质疑色彩，语速可适当加快。
事实上，这位医药代表还有一个说不出口的苦衷：“老百姓”大药房从外地购回的“牛黄消炎片”是0.8 元一盒，而杭州许多医药批发公司从他那里拿的却高达2.8 元。“老百姓”大药房大幅降价、不按常理出牌的做法已严重影响了他的收入，威胁到了他的生存。据悉，该代表已多次到“老百姓”大药房哀求，希望能停售这种药，或至少将价格提高到 2.8 元以上，否则，他每天都要到“老百姓”大药房来下跪。	采购渠道的不同使得“老百姓”大药房和其他药房出现上述悬殊较大的现象。播音员应梳理清楚他们之间的内外在关系，看似没有直接利益关联的背后，却潜藏着巨大的经济链条。播读中可突出“0.8 元”“2.8 元”“大幅降价、不按常理出牌”，以体现矛盾点所在。

原文	分析
“老百姓”大药房是去年底在杭州开张的一家平价药店，一开张该店便以“比国家核定价格平均低45%”的举动引起了巨大的轰动。短短两个月来，该店因为“低价”竞争，打破了医药零售业的暴利行为，遭到了数不胜数的“围攻”。这里面除了上面提到的“温柔一跪”外，还有疯狂抢购、闯店威胁等层出不穷的硬招。	“老百姓”大药房的低价之举引来的“围攻”群众为数众多，这里有市场调控和医药经销等多重问题困扰其中。播音时应善于抽丝剥茧，找出问题所在，可将“比国家核定价格平均低45%”“低价”和“围攻”等作为重音，使得逻辑关系更为清晰，使语速较快。

——《医药代表向“老百姓”下跪——老百姓大药房杭城奇遇记》，《浙江日报》2003年2月25日
（获第十四届中国新闻奖一等奖）

五、焦点问题的重点关注——抽丝剥茧式的分析阐发

社会热点焦点问题是通讯报道关注的主要内容。它通过多种形式的叙事手法，从多方面揭示问题，在立体动态式地分析报道中将事件缘由、影响和意义阐述得明晰透彻，使受众对事件原有的困惑不解之感转换为理性冷静的评析判断。播读此类稿件，可从以下几点着手：

1. 增强叙述层次感，体现递进式分析方法

已故播音学教授张颂老师曾多次提到语言表达应有层次感，语言应错落分明，条理应清晰明确。这就告诉我们在稿件播读中应建立层次感，把原本平面的文字播得立体生动。通讯播音要体现出稿件脉络的层次性，要传达出作者分析问题、解决问题的结构框架，尤其在社会焦点问题的播音创作中更应注意这点。具体方法为，认真划分层次，分析整篇稿件分为几个大段，每大段说了什么事情，各大段之间有怎样的内在逻辑关系。在把握好层次之后，就要从发现问题、分析问题和解决问题的角度对稿件分析方法作一个梳理，在播读者心中形成递进式的分析思路，逐层逐项地找到问题的根源和影响。

2. 强化表达主体性，集中传播民众呼声

事件通讯播音中播读者应在播读身份上形成主体性认识，即播读者将其自身融入到稿件事件中，“我”就是事件亲身经历者，“我”了解引发事件的真实原因，看到了事件发展的真实过程。这需要播读者从主观认识和客观解析两个方面来实现这种身份的认同和融合。主观方面，播读者从拿到稿件之时起，就应充分认识到“我”应马上融入稿件中，分析问题和解决问题，直至稿件播读完毕仍处于积极活跃的主体身份感之中；客观方面，应冷静分析和判断事件的诸多缘由，哪些因素是主要的，哪些是次要的，哪

些是起决定性作用的，哪些是起辅助性作用的。从客观角度对事件予以剖析，有助于提高备稿效率。同时，应充分认识到传播主体是民众呼声的代表，是将大家对此事件的意见观点真实呈现于媒体的生动载体，唯有此，才会生发出有情之声，散发出理性的光芒。

【例稿 5】

原文	分析
2005 年、2006 年，在位处西北、经济欠发达的甘肃省，竟有33884 名辛辛苦苦挤上“独木桥”的高考生放弃到高校报到。 知识改变命运。甘肃省是一个经济欠发达地区，全省共有 43 个国家级扶贫开发县，占全省县、市、区总数的一半。在这样的背景下，几万个榜上题名的高考录取生却放弃报到，着实让人费解。8 月下旬，记者赴甘肃对此进行了调查。	开篇中作者集中概括事件的典型特征。表达中应注意“33884”“放弃”“一半”“几万个”等词语的细致处理，“33884”应首先强调 3 万，前后两个“放弃”应注意呼应对照，“一半”应和“全省”成为一体。
放弃报到，不是因为家庭困难 众所周知，甘肃省是一个经济欠发达的地区，众多高考录取生是否因为家庭经济困难、上不起学而放弃报到的？ 记者在甘肃省定西市采访时了解到：近两年，定西市有 2800 多名高考录取生放弃到高校报到。 ……	首先分析第一个原因，应强调“家庭困难”。第二段设问式的写法要求在播报时既要有设问语气，同时又要带有探究、寻找问题真正原因的色彩。记者采访的地点“定西市”应予以重音强调。
访谈实录：“我为什么放弃报到？” 那么究竟是什么原因让这些高考录取生不愿报到呢？ 甘肃省政协委员、省教育厅常务副厅长孙杰接受记者采访时认为原因主要有四种：/调配符合学生志愿，但学校合适/专业不合适，或专业合适/学校层次不合适（比如是三流学校）；调配完全不符合学生填报志愿的，/学生根本不愿去；学生所填报志愿没考上，选择复读；愿意到东南沿海以及经济、教育发达的外省求学/没被录取，被本省录取后不去。	教育厅常务副厅长孙杰的解释让我们知道其中缘由，设问句“那么究竟是什么原因让这些高考录取生不愿报到呢？”语势应结合上山类和下山类，在“什么原因”和“不愿”处形成两个高峰。应把左侧加点词语作为重音加以强调，体现出话语表达的严谨逻辑性。同时注意恰当的停连会有助于听众的理解认知。

原文	分析
记者来到甘肃省某贫困地级市的一所中学的高考复读班，对三位2007年应届毕业生进行了采访，他们都已接到高校录取通知书，但都决定放弃报到，现在在复读，准备参加明年的高考。 考生一：女，17岁，文科，应届。今年高考分数530分。第一志愿为西北师范大学；第二志愿为西安财经学院。后被调剂录取到辽东学院计算机管理系。“我不喜欢这个学校，也不喜欢这个专业。”“你喜欢学什么？”“语言学。” 考生二：男，18岁，文科，应届。今年高考分数480分。父亲是交通民警，母亲是法官。该考生第一志愿因估分低未报，第二志愿报的是西北政法学院。后被录取到郑州铁道警察学院（大专）缉毒专业。但决定放弃，正在复读。“因为干缉毒挺危险的，我原来报的是侦察专业。”问他有什么想法？他回答：“我想到大城市去。” ……	两位同学的话语表达出他们对大学所学专业的向往和执著，所以选择复读就是情理之中的事了。应注意所报学校和专业与内心求知愿望的呼应对照，播读中切身体会到高考生对改变命运的强烈渴盼之情。左侧加点词语为重音所在，表达时应注意其前后转接，自然过渡，平稳顺畅。同时，应深入细致地揣摩受访者心理状态，把握其改变命运和现实境遇的矛盾复杂心态，加以情景再现表现出求学生活的辛苦与向上。
录取率全国最低供求矛盾突出 记者了解到，高校招生扩招以来，甘肃省招生录取率一直不高，录取率一直居于全国各省最末一位。 以近三年为例：2005年甘肃省报考人数为20.7万人，招生计划101458名，录取率为49%。全国平均录取率为57.2%；2006年甘肃省报考人数24.84万人，招生计划为96712名，录取率为38.9%。全国平均录取率为56.8%；2007年甘肃省报考人数为27.2万余人，招生计划为114000名，录取率为41.9%。全国平均录取率为56.7%。 “高校招生似乎对经济欠发达地区有偏见。我们经济欠发达，教育质量并不差。”甘肃省政协委员、西北师大附中校长刘信生这样说。 西北师大附中是甘肃省的重点中学。2007年，该校高考生重点高校上线率为71.6%，本科上线率是93.5%。有19人考上了北大、清华。熟知本省高考情况的刘信生介绍，高考生录取后不报到的原因很多，但全省的情况主要还是供和求的矛盾：参加高考的学生想上好高校的人多，给的招生计划少。像今年，有27.2万参加高考，本科指标才给了5万名，招生率为18.3%。很多学生因为没有考上自己心仪的大学而选择复读。	这部分中数字较多，播读时首先应做到清晰、具体，把每个数字播读清楚，语速较慢，注意每个位数的紧密衔接，如左侧加点词语。带有小数点的词语应做拆分处理，如“24.84万人”应读为二十四万八千四百人，“27.2万余人”应读为二十七万两千余人。应注意甘肃省录取率与全国平均录取率的对比，做到心理对比和语气对比。 考生的求学认知心态决定了他们的报考志向。经济发达与否成为其中的决定性要素之一。左侧加点话语应重点强调予以突出。 教育水平高与招生指标较少构成矛盾，播读中应认真体味现实状况，即只有为数不多的学生能够实现自己的愿望，多数学生选择复读。新闻背景的详细解读是播读成功的关键，应做好文章前后文字的内在关联和呼应对照，积极做好广义备稿，形成良好播读状态。

原文	分析
“虽然甘肃省经济落后，但高考录取分数却不低，位居西部诸省、区之首。”刘信生说。 据刘信生介绍，2004 年，甘肃省理科重点线 568 分，本科 508 分，系全国第八；文科重点线 578 分，本科 528 分，系全国第九。位居西南、西北地区高考录取分数之冠，和江浙等沿海发达地区接近。2007 年，甘肃省理科重点线 562 分，本科 516 分；文科重点线 564 分，本科线 503 分。以理科为例，比黑龙江、吉林低一点，但比邻省青海高 95 分，比贵州高 26 分。	除了招生指标较少之外，录取分数较高也是原因之一。经济较落后地区录取线却和东部沿海地区不差上下，在无形中给甘肃考生带来一定学习压力。播读中带有急需改变现有招考政策的呼声和期盼。注意数字的前后对比，形成较大反差感。
在甘肃省某中学，复读生文驹地告诉记者，一些高等院校对西北地区有偏见、有顾虑，给的招生计划特别少，尤其是语言类、外语类的大学名额太少了。复读生含华说：“好高校给我们的机会太少了，有的根本就不招生。”	考生的话语中既有对现有招生政策的不满，也有无奈和奋发，播读时应对这种复杂心态进行仔细揣摩，使其在表达中较好地流露出来。注意对左侧加点词语的重音处理，语气应平和，怨气和悲观色彩应尽量弱化。

——节选自《三万多名高考录取生为何“考而不上”?》,《人民政协报》2007 年 8 月 31 日
（第十八届中国新闻奖参评作品）

第二节　练习材料及播读提示

【练习 1】

7 月 8 日，对景德镇市邮政局部分副科级以上干部来说，无异于一个节日，有些人甚至显得迫不及待。据了解，继 6 月 14 日该局组织副科级以上干部东渡日本公费旅游之后，上次没有去的副科级以上干部 8 日又将出发。

赴日游：这钱是上级奖励的……

6 月 14 日早上 5 时，景德镇市邮政局一行 22 人从景德镇出发，开始了为期一周的日本之旅。他们从景德镇乘坐豪华大巴先到上海，再从上海乘飞机到日本，6 月 20 日回到景德镇。据知情人说，这 22 人中，在职副科级以上干部 5 人，退休干部 5 人，其余为客户经理，还有部分家属，不过家属的费用需要自理。邮政局一名周姓副局长亲自带队。

据该局一位知情员工透露，由于邮政局保险业务做得好，上级单位发了一笔奖金，局领导决定将这些奖金用于副科级以上干部和部分营销人员赴日本旅游，每个人的团费为 5800 元。知情人说，该局随南昌虹桥旅行社出游，由旅行社代理相关事宜。

引质疑:大家赚的钱不是私款……

对此行为,该局基层员工纷纷质疑。一名基层职工愤愤不平地说:“钱是大家赚的,不是私款,成绩应归功于全体职工,为什么只安排副科级以上干部去旅游?为什么不能用这笔钱去帮助需要帮助的职工?”面对这样的质疑,该局一名副局长私下解释说:“这次旅游是奖励这些干部的,派他们去参观学习,里面也有营销精英,并不全是副科级以上干部。”

一名支部书记在召开支部会时,有党员发言提出,这次副科级以上干部赴日本公费旅游是违反党纪的行为,企业发展还很困难,员工收入低,福利待遇差,应该把这笔奖金用来提高员工的工作热情,改善员工福利。该书记回应道,这笔钱是省里奖励我们的,即使不去国外旅游,我们局里也得不到。

一名员工无奈地说:“领导想出国,员工能怎么样啊,反映了又能怎样?”

老员工:这种行为很不妥……

表面上风风光光的赴日游背后,却是退休员工生活的艰辛和无奈。

记者前往邮政局老家属楼,看到职工家属楼破败不堪,黑乎乎的墙皮,很多地方连玻璃都没有了,只用黑色的破布胡乱堵上。走进老楼,发现楼梯上的水泥都已经脱落了,露出里面的钢架,让人觉得危险。

住在二楼的邮政局老职工陈师傅把记者迎进他40平方米的房子。狭窄的房间显得很拥挤,里面连一件像样的家具都没有。就连这样的房子还是陈师傅的妻子嫁过来时用自己带的钱从单位买的,陈师傅靠自己微薄的收入根本买不起。陈师傅做过电话工、邮递员、营业员,1995年退休,到现在还过着艰苦的生活。记者表明自己的身份后,老人的眼眶立刻红了,说话都哽咽起来。他说自己生活太苦了,对于单位组织副科级以上干部去日本旅游的事根本就不知道。“这种行为不仅对老职工不公平,对领导干部的形象也有影响。他们为什么不用旅游的公款去帮助困难职工?”他说,原局领导在任的时候,逢年过节还会到他家去看望,发放慰问品,“现在新换了领导,但还没有登过我家的门”。

操作者:有这回事但不太知情……

获悉景德镇市邮政局工会副主席赵雍华是负责公费旅游的经办人和具体操作者,记者7月6日16时左右找到他。赵雍华要求记者出示证件,他用了一分多钟的时间翻看记者证,看完后脸上的表情有些复杂,左顾右盼的,从裤兜里把手机掏出来,想要打电话却欲言又止。他起初说对这件事不是很了解,但在记者的追问下,赵雍华承认了邮政局曾经在6月14日组织过一次赴日本旅游,7月8日即将再次赴日本旅游,但他强调旅游的钱都是个人自掏腰包而且是利用假期出游的。记者又问是否有副科级以上干部前往时,他说也有但没有透露具体姓名和人数。赵雍华随后以要出门办事和自己并不完全知情为由拒绝了记者的采访。

记者在求证赵雍华的说法时，一位食堂师傅说："开玩笑，自己花钱谁去呀！"有人还告诉记者，7月8日即将出发的旅游团将由该局另一名副局长带队。

查《解释》：顶风违纪后果严重……

写稿于此，记者检索了一下：6月29日，新华社播发了中共中央纪委印发的《用公款出国（境）旅游及相关违纪行为适用〈中国共产党纪律处分条例〉若干问题的解释》，其中，对于组织者，给予撤销党内职务或者留党察看处分，情节严重的，给予开除党籍处分。这是从制度上狠刹公款出国（境）旅游歪风的有力举措。然而，有的部门有的人，偏偏不听劝、不遵守，甚至顶风违纪。

——《中纪委文件刚下发景德镇市邮政局仍顶风违纪　副科级以上干部公款赴日游　第二批出游者计划明日出发》，《江西日报》2010年7月7日（获第二十一届中国新闻奖一等奖）

播读提示：

坚决制止党员干部公款旅游，刹住这股不正之风是我党一贯坚持的方针，也是取信于民、立党为民的有力举措。但是景德镇市邮政局出现的这一顶风违纪之事在警示党员干部的同时也给我们留下深深的思考。备稿中应抓住问题的核心所在。党纪之下的歪风肆意，民众眼中的违纪干部，这些矛盾是我们在备稿中应重点予以关注的。同时，对稿件中五部分的处理应各有侧重：第一部分中交代事实，语气平和但带有讽刺之意；第二部分引发质疑，突出质问和谴责意味；第三部分中表达官民不和谐、民众不满情绪和期待之情；第四部分中相关领导搪塞遮掩，搞起"雾里看花"，语气嘲讽之意较浓；第五部分中追本溯源，找出相关党纪要求，表现党纪严肃性和对党员干部的警示性。

【练习2】

初春渐暖。

从2月9日那个突发意外的寒夜算起，信义大哥孙水林离去已经20多天了，但一位仁商风雪中赶路的身影依然清晰，人们的思念与感动久久萦绕心头，挥之不去。

在这个风雪交加的春节，信义兄弟接力送薪的悲壮举动，带给了大江南北融融的暖意。

在魂兮归来的日子，我们饱含泪水与敬意，写下这篇文字。为信义兄弟，也为像信义兄弟一样，隐藏于芸芸众生的角落，却在生命中默默坚守的人们。

我们感动于信义的坚守，也感受着信义的伟力。

这是于悲伤中被偶然发现的感动，事实上，它早就深深地植根于兄弟俩的生命中。

回家的决定，是在看完天气预报后，一瞬间作出的。

刚刚从外面回到天津租住处的弟弟孙东林有些担心地说："哥，天这么晚了，你明天一早走不行吗？"

面对弟弟的劝阻，孙水林没有犹豫："不行，如果明后天大雪封路就回不去了，家乡的兄弟们还等着我赶回去发工资呢。”

赶在大年三十前给农民工发工资，是孙水林作出寒夜出发决定的唯一理由，也是兄弟俩20年坚守的一个不成文的约定。孙东林没有再说什么。

而再次见到哥哥，已是三天后的上午。孙水林静静地躺在河南省兰考县人民医院冰冷的太平间里。太平间外，大雪飞扬，积雪厚达10余厘米。一场车祸，让他30多年漂泊打工的步履永远停在了回家的路上，也让兄弟二人生死相隔。

手足情深。孙东林久难自抑，泪洒如雨。悲痛之余，闪现在他脑中的第一个念头就是：取出哥哥遗留在事故车里的26万元现金，赶回家把钱发给农民工，替哥哥完成遗愿。

“哥哥虽然没有来得及跟我说，但看着他静静地躺在那里，这个念头就从我的头脑中蹦了出来，就仿佛我哥当面告诉我一样。”孙东林说。

腊月二十九，接到电话的60多名农民工陆续来到孙家。“孙老板人都不在了，我们哪还能要这工钱?”领钱时，工人们满怀歉疚。

“这本来就是你们的血汗钱，我哥在要给，不在了更要给。”孙东林硬是把钱塞到了农民工手中。

钱账两清，孙东林如释重负。三天三夜的连轴转，他终于不负兄长无言的重托，让大哥清清白白地去了天堂。

“信义兄弟接力送薪”的感人故事，在黄陂区泡桐街孙家所在的小小弄堂里悄然上演，不为更多人知。直到一个多星期后的2月20日，孙东林给本报打来电话，反映哥哥及家人在这起车祸中的不幸遭遇，我们才在采访中，偶然发现了这份久违的感动。

“对我和我哥来说，这是再平常不过的事，年年都是如此，我从来也没觉得这是多么了不得的事。”时至今日，孙东林依然这么认为。

20年来对信义的点滴坚守，时间与岁月的执著，让普通的沙子也拥有了珍珠般的璀璨。

20多年来，兄弟俩也有过多次讨薪难的经历，时至今日，仍有几家单位或个人拖欠着不少的工程款。兄弟俩没有受到失信者的影响，反而对打工者的艰辛有了更深的体会。他们始终坚守“新年不欠旧年薪，今生不欠来生债”的约定。

信义兄弟如久旱的雨露，在这个干涸的季节，随春风滋润大地

这是一个干涸的季节，北方大旱，大地龟裂；南方，长江出现极低水位，汉江几要断航。

这个干涸的季节，对雨水的渴求，如同这个时代，对诚信的需要一样强烈。

2月21日，本报在全国率先报道湖北黄陂“信义兄弟接力送薪”的感人故事后，《人民日报》、新华社、中央电视台等数十家主流媒体迅速跟进采访报道；新浪、搜狐、新华网等各大网站亦迅速转发本报报道，网友热议和赞誉如潮。短短几天内，“信义兄

弟”即成网络热词。

23日，新华社播发长篇通讯《今生不欠来生债》；中央电视台《新闻联播》先后三次聚焦信义兄弟，并配发评论，称信义兄弟“精神大于天，责任比金贵”。《共同关注》、《24小时》、《新闻1+1》、《新闻30分》等多档品牌新闻栏目，高密度聚焦孙氏兄弟传承诚信的故事。

24日，省总工会追授孙水林“湖北五一劳动奖章”，授予孙东林“湖北五一劳动奖章”。

27日，省委书记罗清泉，省委副书记、省长李鸿忠分别作出重要批示，称信义兄弟是时代楷模，美德丰碑。

3月1日，湖北省文明委授予孙氏兄弟“道德模范特别奖”。

……

短短10余天，信义兄弟的事迹和精神，随春风迅速吹遍大地，感动了大江南北。

中科院院士、原华中理工大学校长、教育专家杨叔子说：“胡锦涛总书记提出树立社会主义荣辱观，‘以诚实守信为荣，以见利忘义为耻’，孙氏信义兄弟感人之举正是这一精神的具体体现。”

传承信义，是对生者最大的褒奖，对死者最好的铭记和缅怀。

一捧骨灰，一张遗像，漂泊的游子叶落归根。黄陂万人空巷，迎接英灵的回归。

20年坚守“不欠薪”的承诺，并用生命践行诺言。对这样一位逝者，眼泪不是最好的缅怀。

巨大悲痛中不忘哥哥遗愿，生死接力，义送工钱。对这样一位生者，荣誉不是最大的褒奖。

唯有传颂和传承他们一生为之坚守的、最为珍贵的信念，才能让逝者得以安息，让生者得以慰藉。

在哥哥遇难后，他在第一时间想到的就是替哥哥完成遗愿；在太平间里，一家人祭拜亲人，孙东林当场立誓，要带着农民工兄弟们继续干！在哥哥的告别仪式上，孙东林泪满眼眶：“哥，你放心，你的工人，我会当自己的工人一样对待，永远不会拖欠他们一分钱。”

女儿孙云说，将来要像爸爸那样，做一个诚实守信的人。

湖北省建筑业协会发出学习信义兄弟的倡议；各级党委政府领导批示，要大力弘扬信义兄弟诚信精神；还有千千万万人通过各种方式表达对信义兄弟的尊敬和赞誉——我们从中感受到了诚信的伟力，也看到了实实在在传承诚信的行动。

春天是一个播种希望的季节，信义兄弟在这个春天播下的诚信种子，正在中华大地吐蕊发芽。

——节选自《信义兄弟　接力送薪》，《楚天都市报》2010年2月21日

（获第二十一届中国新闻奖一等奖）

播读提示：

这篇稿件传达出浓烈真挚的诚信之情。备稿中应充分认知孙水林和孙东林兄弟俩感天动地之举的时代意义和影响价值，把握他们伟大精神的可贵、可敬之处，确定稿件基调，即真情感人、大爱至善，同时富有坚定情怀和大爱境界，从而实现对稿件的宏观理解。同时应划分好段落，按照稿件写作思路可分为"孙水林逝世→追忆事件缘起→工人如期拿到工钱→追忆往事→信义精神播撒大江南北→传承可贵信念"这样几部分，做到脉络清晰，结构明确。在具体语言表达中，应积极调动播讲者自身的情感认知，形成外在表达与内在把握的有机结合。

【练习3】

"新年到，大街小巷放鞭炮，舞龙灯踩高跷，迎财神接元宝，家家户户乐逍遥……"1月20日，记者走进江西省贵溪市滨江生态小区，一家超市的音箱传出喜庆的歌声，大老远就能听见。花木掩映中，一栋栋别墅式单元楼房相当抢眼。可让人想不到的是，住在这个小区的几百户居民，均是普普通通的当地农民。

"种了一辈子田，做梦也没想到能住进这么好的房子。"71岁的村民江太有激动地说，"比起以前那个脏乱差的村庄来说，这里强了一百倍，现在我天天都有生活在画里的感觉。谢谢党和政府帮我们老百姓搬新家！"

江太有之前住在贵溪市滨江乡庞源村，与他家一墙之隔，就是江铜集团公司下属的贵溪冶炼厂。30年来，该厂治理"三废"（固体废物、废气、废水）取得一定成效，但随着生产规模不断扩大，还是给周边村民的生产生活造成了影响。与江太有一样困窘担忧的，还有庞源、苏门、其桥三个自然村的500多户农民。2009年2月，江西省委巡视组在巡视中发现这一问题。省委书记苏荣明确指示，要断然进行治理，积极组织，尽快搬迁。鹰潭市委、市政府和贵溪市委、市政府随即于当年上半年启动"三村整体搬迁工程"。

"整体搬迁共涉及558户1651人，三个村都有几百年的历史，实施整体搬迁，群众在情感上很难割舍。另外，三个村情况各异、矛盾突出，例如，有贵冶建厂时遗留的土地产权问题，有拥有房产但长期在外工作的户主，有四代同堂要求增加宅基地的……"贵溪市委书记杨解生介绍说。

江西省委、省政府对"三村整体搬迁工程"十分重视，苏荣多次听取搬迁进展情况汇报，强调要把这一民生工程办成人民满意工程。省委常委、省纪委书记尚勇先后六次深入搬迁安置现场指导协调工作，解决了一系列实际问题。省委常委、常务副省长凌成兴召开搬迁经费专题协调会。鹰潭、贵溪则将其作为最大的环保工程、民生工程、发展工程，一方面动员各方力量加快安置点建设，另一方面派懂政策、晓民意、能吃苦的干部驻村包户。各级党委、政府始终坚持把群众利益摆在首位，做到"不搞强行搬迁，不伤群众感情，把群众满意作为搬迁安置工作的基础"，演绎了一个又一个感人的故事。

周荣辉，从贵溪市司法局抽调到搬迁安置工作组的一名干部，在上岗之前，没想到自己的工作有一天会在监狱进行。在周荣辉包干的村小组里，有一江姓村民在近百公里之外的饶州监狱服刑，这样的工作对象一度使他一筹莫展，几次硬着头皮去监狱找江某商谈搬迁之事，换来的总是一句“不出狱不谈”的冰冷回应。然而，周荣辉并没有因此放弃，而是多方取经，借鉴监狱工作人员的帮教思路，4 个月来先后 28 次到监狱为江某做“帮教”，不仅打动了江某本人，就连江某的家属都被深深感动了。最后，江某不仅同意在搬迁协议上签字，还在狱中给同村的亲朋好友写信，劝导他们配合搬迁。

像周荣辉这样的干部还有很多，他们用诚心感化了群众，用真情赢得了理解和支持。面对工作组，村民的态度由起初的“村口堵、关门拒、见面跑”变成“交口赞、见面笑、开门迎”。“三村整体搬迁工程”实现了零上访、零强拆、零事故，成为和谐搬迁的典型。

行走在小区中，记者注意到，这里家家有庭院，户户有露台，新颖别致。“这叫‘有天有地’，既保留村民的农村生活习惯，又让他们同城市文明对接。”滨江乡乡长付文全告诉记者，现在，滨江生态小区的水、电、通讯、垃圾处理等设施已全部竣工；成立了社区居委会，计生、办证等便民服务进驻社区；投资 700 万元建设学校，并建了三个诊所、一间药房，基本实现小病不出区；配备保洁员、保洁车，建文化广场、农民书屋，努力把小区打造成集生活、学习、休闲为一体的生态化、宜居型、高品质现代化综合社区。

“截至 2011 年 12 月 20 日，558 户搬迁安置协议全部签完，418 栋新房已竣工 408 栋，搬迁入住率为 93.1%。”杨解生表示，搬迁就是为了让群众生活得更好。下一步，市里将着力解决安置村民后续发展问题，确保就业有路、困有所济、老有所养、学有所教。同时，继续选派干部上门入户对搬迁户进行“民情家访”，切实解决群众在生产生活中遇到的问题。

红灯笼、红对联、红窗花、红辣椒……所到之处，家家户户张灯结彩一派红红火火。美滋滋、喜洋洋、乐呵呵、笑哈哈……目力所及，不论老少，均把快乐写在了脸上。在滨江生态小区，活色生香的年味，从吉庆祥和的生活图景中走来，从萦绕耳畔的欢声笑语中走来，让每个人不由自主沉醉其中。

——《“和谐搬迁”背后的故事》，《中国纪检监察报》2012 年 2 月 4 日(获第二十三届中国新闻奖一等奖)

播读提示：

由江西省贵溪市的搬迁故事我们深深地感受到了社会主义核心价值观的有效落实，看到了百姓安居乐业的美好画面。备稿中应将这一红线贯穿始终，融入到每一播讲环节中，做到“情有所感，言有所悟”。应将江太有这一代表人物的语言进行精细加工，做到真情流露，感而不入。播讲中应注意搬迁前后村民态度的反差，将其与政府部门认真安排，工作人员耐心细致有机结合，形成播读语境的生动呈现和感知体验。同时应充分运用外部技巧中的停连和语气等，表现出新建成的滨江生态小区和谐生活的美好图景，运用情景再现传达出以往生活环境与现在安居乐业的鲜明比照。

【练习 4】

村诊所名声大"能看男女"

上周末，一个来自葫芦岛市的电话举报称，虽然国家有明确法规，禁止进行胎儿性别鉴定和孕妇因不满意胎儿性别而随意做引产手术，但是在葫芦岛市南票区缸窑岭镇陈杖子村的卫生所里，这些法规根本就不起作用，每天到那里做引产和B超鉴定的人络绎不绝，甚至连朝阳等地的人也"慕名"而来。

在葫芦岛市南票区缸窑岭镇，记者见到了举报者吴先生。吴先生称，这家诊所特意花了几万元钱购置了B超仪和用于引产的设备及器械，另外还新修了二层小楼，里面装饰一新。在该卫生所，怀孕的妇女只要交纳100元就可以进行性别鉴定，熟客的价格甚至可以便宜到20元一次。而一旦孕妇对胎儿性别不满，再交350～400元就可以直接做引产手术，整个过程非常简单，不需要任何手续证明。

吴先生说，这家卫生所属于村级卫生所，有一男一女两人行医。虽然主要业务是治疗常见病和负责预防保健工作，但是更多的工作却是为孕妇做胎儿性别鉴定和引产手术。

排队的女患者竟是来引产

为了掌握该诊所非法进行B超测试性别和做引产手术的第一手证据，记者特意找到了一位已经怀孕6个月的孕妇王艳(化名)，在得知采访意图后，王艳爽快地答应配合采访。

陈杖子村诊所位于村外，紧邻乡道，随着几年来生意的红火，昔日的旧房早已不见，代之而起的是一栋崭新的二层小楼。立在诊所前乡道旁的一个白底黑字的大牌子十分醒目，上面写着诊所、B超简单的字样，却在提醒途经此处的生人，这里能做B超。虽是中午，诊所门前仍是车水马龙，登门者络绎不绝，几辆摩托车和三轮车穿梭不停地运送着患者。

走进诊所一楼，隔着透明玻璃，可以看到左右两侧的房间里都是焦急等待的患者，一些人正在打着点滴。一个身穿皮夹克的男子正忙着在过道尽头的一张木桌上抽取药水，见有生人进来，男子大声询问，王艳小声称，要做B超，男子一努嘴，去最里面的房间。

当记者准备推开这间房门时，却发现房门被紧紧锁死了，隔着模糊的玻璃可以看见里面有不少人影晃动。就在这时，一个年轻女子急匆匆地推门而出，记者趁机向里面望去，里面有不少妇女正在排队。站在身旁的王艳连忙表示要做B超，年轻女子没有多说话，只是一点头，跟我来吧。转身带着王艳走进对面的一个房间。

该女子的手上戴着塑胶手套，刚刚做完手术的她快速将摘下来的手套塞进了一个抽屉中，然后连手也没有消毒，便走到办公桌前。她用力掀开一块罩在什么东西上的布单，此时记者才发现，原来这就是B超仪。“躺上去。”女子打开B超仪操作起来，原来这个着便装的女子就是诊所的女医生。

在女子为王艳检测的过程中，记者趁机来到刚才的那个房间，三名正在排队的妇女称，因为怀的是女孩，所以她们都是在家人的要求下来这里做引产手术的，有的还是第一次来。

手术工具裸放在满是灰尘的桌面上

女医生在检测完胎儿性别后，随手拉开抽屉，从里面拿出一个笔记本，“就你们这胎是个丫头，前两天有几个从虹螺岘来的都是男孩，”女子边说边打开笔记本，用手指着那几个检测为男孩的孕妇的姓名，并为王艳做了登记。

记者凑近后发现，这个厚达20多页的笔记本里，每页的正反两面都密密麻麻地记满了孕妇的信息，其中还对胎儿的性别做了记载。而在为王艳开的B超诊断书上，女医生写上了一个名字“王爱民”。

在自称“王爱民”的医生办公室里，放着一台引产用的仪器，随意横放在房间一角。而在屋内的办公桌上，10余把刀、剪、镊子等医用工具散放在两个有些发黑的布袋中，其中一个钩子的一头还缠着纱布，而在布袋下面就是布满灰尘的桌面。所有这些手术用工具就这样裸放着，几名等待做引产手术的女子熟视无睹的样子。

在诊所内，记者发现了该诊所的执业许可证，诊所的法人代表是“刘士福”，业务范围为“治疗常见病和预防保健”。

在距离诊所不远处的村子里，随意向村民打听“王爱民诊所”时，村民们都说，这家诊所可以做B超鉴定和引产手术。而几名三轮车司机更是直言不讳地说，凡是到这个诊所来的外地妇女，几乎都是来做胎儿性别鉴定和引产手术的，一名司机还得意地说，他最远拉过朝阳来的孕妇，这个诊所“远近闻名”。

一位不愿透露姓名的村民不无羡慕地说，“‘王爱民诊所’老挣钱了，每天最少也能几千块钱，大部分都是来这做B超和引产的”。而一名来自朝阳的孕妇称，在这一带除了这家诊所外，绥中还有一家，但是那家测得不太准，她的一个亲属在那用B超测试，结果将一对双胞胎男孩测成了女孩，等引产后才知道，悔之晚矣。她是听别人说的这里很准，所以才不辞辛苦特意赶来的，“医生说了，我们这是个女孩，我准备在这里做引产。”

诊所正对面是个垃圾场，诊所里每天的生活垃圾和医用垃圾都被一股脑儿倾倒在这里，十分污秽肮脏。一些引产术后的污物，就被随意地埋在这里。

记者离开陈杖子村时，距离王爱民诊所不到200米远的一个路口的墙壁上面用红色的大字写着“禁止胎儿性别鉴定”的字样，后面是一个大大的感叹号。

《中华人民共和国人口与计划生育法》规定

严禁利用超声技术和其他技术手段进行非医学需要的胎儿性别鉴定；严禁非医学需要的选择性别的人工终止妊娠。违反上述规定的，将责令改正，给予警告和没收违法所得；情节严重的，吊销执业证书；构成犯罪的，依法追究刑事责任。

——节选自《惊见村诊所B超手术“一条龙”》，《辽沈晚报》2005年1月11日（获第十届长江韬奋奖）

播读提示：

对于这类题材事件通讯，首先在备稿环节应做到广义备稿和狭义备稿的有机结合。封建思想的毒瘤依然侵蚀着少数民众思想，重男轻女认识存在于部分百姓之中，这是广义备稿需要思考之处，葫芦岛市出现的这一非法行医诊所的真实面目是狭义备稿需要认真分析之点。同时应结合稿件特点，对多处细节描写点予以认真分析，如诊所医疗条件很差，处理污物无章可循，医生医德荡然无存，孕妇迷信思想严重等，通过对这些细节点的认真分析，可使播读效果更加符合作者写作主旨，体现对待此事的沉重思考和对此事急需解决的紧迫认识。在语言表达中也应做到有感而发，想象情境，触及心灵，警策世人，从而达到一定的传播效果。

【练习5】

当《无极》剧组宣布到香格里拉拍外景时，当地政府视之为“提升香格里拉品牌，做大做强旅游业的一次千载难逢的大好机遇”，但是，没想到这个“机遇”反让美丽的香格里拉生态遭到破坏——《无极》剧组留下垃圾满地，至今未能得以清理。

《无极》开拍香格里拉视为商机

昨天，本报记者联系到云南当地的权先生，他因工作关系见证了2003年底《无极》剧组宣布选景香格里拉、2004年6月剧组进驻及提前一个月撤离的全过程。

据权先生介绍，2003年底，当《无极》剧组宣布在云南省迪庆州香格里拉县拍摄外景时，受到当地政府大力欢迎。2003年11月28日，云南迪庆州委在一份会议纪要中指出，这件事“是迪庆州进一步提升香格里拉品牌，做大做强旅游业的一次千载难逢的大好机遇”，要求相关政府部门“在依法办理有关手续的前提下，做到减少中间环节，快速高效地做好各项工作”，并特为《无极》剧组成立了由一位州委宣传部副部长挂帅的“《无极》迪庆协拍领导小组”。

“《无极》剧组之所以选择香格里拉碧沽天池，是因为那里遍布陈凯歌苦寻已久的杜鹃花海。”据介绍，碧沽天池位居深山，海拔4000米，原始自然景观尚未开发，堪称一个鲜为人知的世外桃源。

据云南当地一媒体记者郭先生对本报透露，《无极》剧组在香格里拉的外景拍摄进展顺利。为了方便剧组的大型车辆通行，由香格里拉县交通局负责，政府投资15万元加宽、加固了通往碧沽天池的22公里林区山路;为了搭建外景建筑"海棠精舍"和横跨天池的木桥,县政府还协调了木材提供给剧组。

因道具安全隐患剧组提前撤离

当地政府正翘首企盼"《无极》热映将把香格里拉的美丽展现给全世界"时,2004年6月14日,《无极》剧组全体成员比原计划提前一个月撤离香格里拉,原因是《无极》耗巨资在香格里拉搭建的景"海棠精舍"存在重大安全隐患。原计划6月20日与云南迪庆州政府共同举办的4万人的"开机庆典"也付诸东流。

据权先生介绍,"海棠精舍"耗资近200万元人民币,高13米,横跨梁46米,全钢架结构。本来,"海棠精舍"可能因它在《无极》中的奇丽壮美以及张东健、张柏芝、真田广之诸多明星在里面演绎真情故事而闻名遐迩,但它却"最可能"成为"中国影视业中第一个因安全问题而被放弃的豪华工程"。有说法称,《无极》剧组其后另起炉灶,在内蒙古某石林中建起了新版"海棠精舍",并专门请了专家在四面墙上描绘出漫山遍野的海棠盛景。

碧沽美景不再留下满地垃圾

记者从云南当地媒体于今年3月27日赴香格里拉拍摄的照片中看到,那里大雪封山,盖住了曾被媒体报道过的"饭盒、酒瓶和塑料包装袋等生活垃圾"以及"大量的雨衣和丛林迷彩服,更有许多用来搭建帐篷的塑料薄膜",但盖不住碧沽天池边上一个钢筋混凝土与木料搭建而成的"大怪物"——这就是曾被媒体炒得沸沸扬扬的《无极》故事发生地——"海棠精舍"。除此之外,还有一座破烂不堪的木桥,一些木板已经脱落,一直通到池的对岸,将静谧的天池生生地劈成两半。据照片的拍摄者郭先生介绍,"天池的场景看上去分外凄凉";他还听说,当地村民不止一家的牛因吃剧组留下的塑料薄膜导致消化不良而死掉,"没有任何人替村民承担责任"。

郭先生说,《无极》剧组这一走就没有再回来,只在昔日静美的碧沽天池边留下了破败的"海棠精舍"和满地垃圾。

据郭先生介绍,《无极》剧组留下的生活垃圾逐渐被周围居民清理,但高大的"海棠精舍"却没有办法清理。去年7月,有媒体报道此事。随后,迪庆州委宣传部多次与《无极》剧组联系,2005年8月,剧组发出关于委托处理电影《无极》剩余物品的拍卖函,将影片置景遗留事宜全权委托给迪庆州委宣传部处理,还将场地清理、拆除恢复工作也一并委托。3月底,郭先生联系迪庆州委宣传部副部长,被告知由于一直积雪压山,恢复工作无法进行,有望5月展开。

——《〈无极〉走了　香格里拉痛了》,《北京青年报》2006年4月6日(获第十七届中国新闻奖二等奖)

播读提示:

维护生态平衡,保护生态环境是当前社会发展面临的重大问题。这则通讯由《无极》拍摄遗留下生态破坏的香格里拉一事再次警示我们生态环境对人类的重要性。播读前应认真备稿，了解《无极》拍摄地实景状况，对拍摄前后景区实况有所认知。对无果而终的“海棠精舍”应予以重点分析，它既是所谓的巨大亮点，也是破坏环境的最大元凶。播读中应对全篇稿件的三个部分作出细致梳理，做到心中有数，把握好稿件播读的重点和难点，重点是《无极》拍摄带来的香格里拉生态环境的极度破坏，难点是整个事件的前因后果，将重难点有机融合于表达中并使之得到生动外化。

第八章　风貌通讯播音

第一节　风貌通讯播音指导

风貌通讯又称“旅行通讯”“概貌通讯”，通过典型事例，向受众展现出社会生活中的新变化和新面貌，呈现其最为新鲜的发展迹象，勾勒出事物发展过程中引人注目的新气象和新风尚，从而将受众带入到眼界更为开阔、知识更为多元、内涵更为丰富的认知领域之中。风貌通讯写作内容既有自然风貌和人文景观，也有社会动态变迁、社会发展进程，当然多数风貌通讯是将其融合于一体来创作的。

播读风貌通讯应从稿件内容和稿件主旨着眼，对稿件进行自外而内的加工处理：首先应吃透文字表层含义，做出有效情景再现和假想迁移，谙熟稿件相关风貌情状特色；其次应把握写作脉络和样式风格，梳理写作流程和播读层次；最后注意多种表达技巧的综合运用和有效贴合。具体可从以下几点着手：

一、人文风貌的本真呈现——融合作者情感的自然表达

风貌通讯融注着作者对自然景色和人文风貌的多重感知理解，是将感性的行者见闻与理性的分析思考进行有效综合的新闻作品。随着作者所观所感的逐步推进，语言表达者应随之共同进入特定的风貌图景中。

1.移步换景的动态表达

着重表达人文风情的风貌通讯通常带领读者进入那一幅幅赏心悦目、流连忘返的画面之中，与之共同感受着所见所闻。因此，我们在播音创作中，应在心中形成一条动态式的“行走路线”。它具有现场感强烈、趋向性鲜明和吸引力实足的特点。播读时主要涉及节奏的把握与调试。应结合稿件具体内容确定采用何种语言节奏，同时注意每

一部分节奏的细微变化。一般而言，在稿件“行进”之初，播读节奏较为舒缓，清新流畅，无大起大伏，这意在将受众带入特定情境中。随着“行进”兴致逐渐增强，播读节奏可适当加快，以体现其动态感和真实感，到了“行进”结束之时，播读节奏应放下来，渐次平稳着陆，以传达出本次“行进”的感触良多和见闻充实。

2. 情景交融的语言渲染

情与景的交融升华是风貌通讯的亮点之一。我们在备稿中应如身临其境一般感受稿件中描绘的多种自然景色和人文景观，这不仅需要表达者具有一定的生活阅历和游行体验，同时还需要表达者有充分跃动的想象和联想，能够将文字语言转化为有声语言。播读者可采用点面结合式的备稿方法，即选取稿件中有代表性的景观进行具体想象，由此将其进一步辐射于周边景物，形成面状的情感渲染，这样可使播读者和受众共同感受风貌的神韵所在。同时，对象感的运用在此点中尤为重要，荧屏前的受众会随着播读者的话语进行情感迁移，达到身心愉悦和陶冶情操的目的。播读者应充分把握受众感知情态，将稿件内容融入受众的感知体会，这样播读效果才会更灵活、更生动。

【例稿 1】

原文	分析
威尼斯是世界著名的水城，它的美是水和桥构成的。今天，它是世界上唯一没有汽车的城市。我们从米兰到威尼斯的夜晚，一下火车，天正落着小雨，走出站台便听到水声拍岸，浪花就在我们的脚下飞溅。安莎社的朋友们开来一艘小汽艇，正在码头上等候我们。他们风趣地说：“这就是我们威尼斯的汽车。” 船在弯弯曲曲的水道上行进，两岸闪烁着路灯，大片大片的雨丝在灯影里飘落着。从一些黑洞洞的建筑物里，偶尔也透出星星点点的灯光，在水面上摇曳着长长的光影。一路上我们只觉得头顶上闪过一座座小桥，但记不清数目，也看不清都是些什么形状。	随着作者视野的移动，播读者应快速进入威尼斯水城特有的画面中。播读时语调较高，带有几分新奇和喜悦之情，应充分运用情景再现的处理方法，注意对加点词语的重音处理，表达出水城雨夜独有的情致。

原文	分析
我们住的欧洲旅馆，好像就在水里盖起来的，它在自己的大门口建造了一座活动的码头，当我们提着行李踏上这摇摇晃晃的码头时，我突然感到这不是在上岸，而是登上一艘更大的航船。 第二天一早起来，我推开窗子，只见窗下就是一条开阔的水道，大小船只不断地来来往往。这就是威尼斯著名的大运河。对岸是一个古老的教堂，建筑得很漂亮，阳光在它的塔尖上闪耀。几只白色的海鸥上下飞翔，三四个披着黑纱的修女，正在教堂的门口悠闲地散步……好一幅幽美的画图啊！ 我兴致勃勃地跑下楼去，想站在旅店的码头上看看两边的风景，谁知清晨潮水上涨，码头已浸在海水里。旅店主人不得不在码头上又架起木板当作浮桥，让客人们上下船时通行。旅馆东西两侧的餐厅，因为突出水面，潮水涨上来，大部分桌椅都泡在水里，成了名副其实的水上餐厅。	播读中应带有动态的移景生情之感。想象水上旅店的特有风格，大运河宽广的胸怀和教堂下静谧的景致。这一切都在播读者的脑海中萦绕，同时应注意停少连多，表现出景致的浑然一体，自然天成之感。应强调加点词语，表现景色的相映成趣。
按照当天的日程，上午我们要到圣马可广场参观，向导领着我们从旅店连接陆地的后门走出去。街上这里那里还积存有未退尽的潮水，人们都穿着长筒皮靴走来走去。狭窄的街道上还到处搭着木板，看来这种便桥家家都有准备，一旦水漫过来，家家搭起木板，纵横相连，整个街道和城市又可通行无阻了。 当威尼斯最著名的圣马可广场第一次出现在我的眼前时，我完全被它出乎意料的美丽怔住了。这个古老的广场是由教堂、钟楼和其他相称的建筑物所组成，它们造型的优美、和谐，石雕的生动、逼真，可以说是古罗马建筑中少有的杰作。当时，蓝天白云，阳光灿烂，广场一半以上的地方还浸在潮水里。建筑物的清晰的倒影，加上周围咖啡馆的露天陈设，游人们鲜艳的衣着，五光十色，上下辉映，形成了一幅极其迷人的图画。广场上，母亲们带着孩子在水中嬉戏，年轻人脱去鞋袜来回奔跑；大群大群的鸽子，时而簇拥在地上觅食，时而又带着扑扑拉拉的振翅声，飞满整个广场的上空。 据当地向导告诉我，圣马可广场平时就很漂亮，很多人称它是威尼斯的明珠。但他认为最美丽的还是上潮的时候，一片潮水如同在广场铺上	这部分文字主要围绕圣马可广场展开多角度叙述和描写，其中既有独特景色的迷人绚丽，也有对过去历史的追溯感怀。应充分运用对象感、内在语等内部技巧，在播读者语言表达中构建一幅幅异国风情的画面，语气轻柔舒缓，起伏错落有致，节奏较为平和，稳健中透露出行进步伐的时停时续。注意对加点词语的重读，传达出水城广场中人与水的自然和谐之音。

原文	分析
一面巨大的镜子，使所有建筑像镶嵌在水晶或玻璃中间，显得更加玲珑剔透，光彩照人。只是这种情景很难遇到，威尼斯虽然每天都有落潮涨潮，但出现水漫广场的景致，一年最多也不过几次。大家都认为我们运气实在太好，恰恰就在我们到达的第二天一早，威尼斯就以它最友好、最美丽的面貌接待了我们。 圣马可广场面临大海，是游人聚集的中心。1797 年拿破仑进占威尼斯后，垂涎这里的景色，赞叹圣马可广场是“世界上最美的广场”，因此曾下令把广场旁边的总督府改为行宫，至今人们还把它叫做拿破仑宫。广场上的圣马可教堂，也是意大利著名的建筑。它是为《马可福音》的作者，圣徒马可兴建的。据说威尼斯人把圣马可当作保护神，教堂内有圣马可的陵墓。圣马可教堂最引人注目的：一是内部墙壁上用石子和碎瓷镶嵌的壁画；一是大门顶上正中部分，雕有四匹金色的奔驰着的骏马。可惜我们去的时候，教堂正在修缮，四匹马只剩下一匹，其他三匹不知搬到哪里去了。 广场周围，开设有许多饭馆和咖啡店，桌椅就露天摆放在广场上。白天，游人们在这里用餐，夜晚更是喝咖啡、听音乐最好的场所。据说，每当夏季游人最盛的时候，广场上夜夜灯光灿烂，乐声四起，歌声笑语彻夜不息，使这个美丽的广场，更增加一层迷人的色彩。	备稿中应注意圣马可广场方位的空间移动转换，在作者行进视线的推进中感受圣马可教堂的独特魅力和夏夜之下广场的迷人色彩。
我们在威尼斯访问了两天，曾多次乘船经过市区，饱览了这座水城大街小巷的特殊风光。有些水道比北京的小胡同还要狭窄，两条船不能并开，只能单行。街道两旁都是古老的房屋，底层大多为居民的船库。连接街道两岸的是各种各样的石桥或木桥。它们高高地横跨街心，一点也不妨碍行船。据说威尼斯一共有四百座桥梁，和一百七十多条水街。纵横交错，四面贯通，人们以舟代车，以桥代路，陆地、水面，游人熙攘，鸽子与海鸥齐飞，形成了这个世界著名水城的一种特有的生活情趣。	桥成为连接威尼斯人们生活往来的重要纽带。备稿中应带有长时间的驻足观赏和短暂的休憩闲谈之意，这样会更好地表现出稿件中描绘的水城生活情趣。

原文	分析
威尼斯还有一种古老的游览船，名叫“贡多拉”，船身狭长，首尾翘起，最适宜在狭窄的水巷中行驶。这种船，大多漆成黑色。艄公身着黑白相间的传统服装，头戴有红色帽箍的草帽，他们用单桨划船，操作非常熟练。到这里来旅游的人，如果时间充裕，往往喜欢雇只这样的小船，穿街过巷，缓缓而行，听听艄公的歌唱，饱览水乡的景物，真是别有一番风韵。	特有的船只是威尼斯的景致之一，播读者应将作者对船只的细致描写进行认真探究，读出水城的生活品位。
有一次，我们乘船路过马可·孛罗的故居，这是一所古老的黄色的小楼，门前一座很大的石桥，名字就叫马可·孛罗桥，桥头上钉有牌子。向导告诉我，这里现在住着居民，没有对外开放，只能在外面看看。遗憾的是这里十分狭窄，我们在船上没有合适的角度，结果连张照片也没有拍上。	播读中可带有几分遗憾之情，带有些许平实和缓的语言节奏。
威尼斯前不久才和我国苏州结为姊妹城，因此他们对中国客人特别热情。在我们所接触的意大利朋友中，包括威尼斯市长和夫人，都一再向我们询问苏州的情况，想了解苏州和威尼斯有哪些相似，有哪些不同，他们都知道“上有天堂，下有苏杭”那句话，都希望有机会能到苏州去看看。市长说，他正在准备组织到苏州访问的代表团，为难的是，向他报名的人实在太多了。 在谈到对中国的友好感情时，许多威尼斯朋友都感到自豪。他们说威尼斯是马可·孛罗的故乡，他就是从这里走向中国的，在意中两国之间铺设了一条悠久的友谊之路。中国朋友应该了解威尼斯人对中国这种特殊的感情。 这话讲得多么朴实亲切呵，至今它还在我心头萦绕。 一九七九年底	这部分是全篇情感升华之处，亦是点睛之笔，播读中应将威尼斯和苏州在历史、地域、文化等方面紧密相连，传播中意交往的和谐之声，语调积极上扬，语气热情真挚。

——《水城威尼斯》 穆青

二、社会生活的动态传播——贯彻党政方针的语言载体

风貌通讯综合报道某个地区、某条战线的社会生活情况，这其中包括多个领域、多个层面的动态传播。对于这类稿件播读，我们可从以下两点予以入手：

1. 紧扣时代脉搏，发出时代强音

从宏观层面而言，有声语言创作者应时刻紧扣当前社会发展脉搏，掌握最新鲜的发展建设资讯，形成广义备稿的生动格局。在狭义备稿环节，播读者应深入细致地分析稿件内容，找出其多维度的背景材料，如新闻人物背景材料、相关事件背景材料、社会影响背景材料等，应做到查找资料细致，观察事件积极，思考方向明确，从而做到播读前“胸有成竹，心中有数”。在播读中，播读者应赋予新闻人物和事件一定的生命活力，同时应化为事件进展中的一员，“我”就是这一事件不断发展的亲身见证者，“我”特别希望将事件成绩予以广泛传播，这样可有效生成播读境界，发出新时期最为铿锵有力的声音。

2. 明确播音主旨，强调创新亮点

播读者应在充分细致备稿之后进一步明确这篇稿件的创作主旨，稿件有怎样的宣传目的，要达到怎样的传播效果，主要针对哪些受众群体，会取得怎样的社会反响，这些都是我们在播读中应始终牢记的创作要点。同时应将稿件中事件进展的创新之处和亮点所在予以强调突出，通过重音、语气、节奏等外部技巧的运用将其呈现于受众，使受众对其认识更为明确，思路更为清晰。重音多运用逻辑重音，体现稿件内在逻辑严密性，语气以积极热忱为主，表达出时代新风尚，节奏应偏快，传达出新闻事件的新鲜性和传播影响的广泛性。

【例稿 2】

原文	分析
河南省兰考县在第二批党的群众路线教育实践活动中，对整改任务拉单子、建台账，明确整改时限，并通过公示让社会监督、群众评判，确保整改实效。	播读导语时，应注意分析清楚该通讯的以下要素：时间是 2014 年 6 月；地点是河南省兰考县；人物是县委县政府领导干部及工作人员；事件为兰考县采取系列措施确保整改实效。同时，应强调“拉单子、建台账”等具体整改措施。
这两天，兰考县张庄村村民文江英从当地农村信用合作联社拿到了 4 万元农户小额自助贷款。这在一个月前，还是他想不到的事。因为缺少资金，文江英办养鸡场的计划曾一拖再拖。 在第二批群众路线教育实践活动中，兰考县把民生问题列为整改重点，每项任务都具体到相关部门和领导干部，并制定时间表。兰考县信用联社在认领村民贷款难问题后，创新推广农户小额自助贷款业务，由村民代表、党员代表、村委会等人员组成村级评定组织，面向全村公开投票评选出授信户。文江英这次被评上了授信户，4 万元贷款没有任何抵押担保。目前，兰考部分乡镇授信农户的覆盖率已经达到了 20%。	备稿中应认识到解决民生问题是整改工作的重点，而文江英贷款一事正是该项工作具体落实的生动缩影，所以播读者应做到对稿件所举事例心中有数，明确其重要意义。同时，注意梳理内在逻辑关系：认领问题→创新业务→评选授信户→无抵押担保贷款，明确了这一工作流程，有助于我们在播读中思路清晰，播讲目的具体翔实。

原文	分析
仪封路是兰考县的一条出城道路，因为年久失修，路面损毁严重。在5月初兰考县县委常委班子专题民主生活会上，县委领导对此进行了自我检讨。 前两天当记者再次来到仪封路时，由县里拨款700多万进行的拓宽改造工程已经进度过半，6月下旬就能全部完工。 结合对照检查出的问题以及专题民主生活会上大家提的意见建议，兰考县已初步确定了6大方面、111个小项的具体整改任务，并由县委常委逐条逐项进行了认领。	由仪封路改扩建工程可看出县委领导认识问题的深刻性和工作整改的及时性。播读中可结合相关材料进行情景再现，还原道路损毁时的状况以及修缮中的情景，使画面感更为真实具化。同时应注意"6大方面、111个小项"，突出整改工作范围领域，表现出具体落实的真抓实干精神。

——【到群众中去】《兰考：拉单子建台账　确保整改实效》，《新闻联播》2014年6月3日

三、地方建设的点滴记录——弘扬社会大爱的和谐之声

贯彻党的方针政策，展现地方经济建设成绩，媒体应充分发挥好其职能作用，通过风貌通讯将其生动多样地呈现于受众面前。播读中应注意以下两点：

1. 合理运用内在语，感受稿件内外关联

内在语是播音创作中的重要方法，通过播音员内在感受将稿件中的文字语言加以完善和具化，形之于声，传达出稿件内外在的多种关系属性。风貌通讯中关于地方建设的报道是记者通过大量走访观察，采集多种信息而写成的，其中既有一见明了之词句，也有反复体味才看出本质的话语，因此，播读者应在备稿中反复酝酿，不断完善词句话语中的内在语，这样便于理解稿件传播主旨，也可具体感受到稿件叙述和描写对象内外在的关联属性，在错综复杂的关系链条中梳理出播读所需的稿件实质。

2. 有效把握播读节奏，形成前后对比映照

这类稿件中常见这样的叙事结构：某地之前有很多的发展难题，之后有了极大改观。对于这种稿件，我们应科学运用语言节奏的生成和调控，使其成为播读前后某地变化的生动载体。播读之前事件时，节奏较缓，语气暗沉，语调稍抑，尤其在播读重大事件的矛盾冲突细节时，更应注意节奏的把握，平缓而稍有停顿之感能更好地传达出此事的严重性；播读之后变化时，节奏较快，语气明朗，语调扬起，在表现巨大变化的细节点时，节奏快而不乱，语气连贯自如，表现出变化后的喜悦之情和自豪之感。

【例稿 3】

原文	分析
金秋十月。 黔南古城瓮安从又一个黎明中再次醒来。 为人民服务——镌刻在县委办公楼门前影壁上的五个大字，在旭日辉映下金光闪闪，分外醒目。 这是中国共产党人的高尚情怀、执著追求和坚定信念。 对瓮安人来说，经历了3年前那场严峻风波，这五个字更加具有字字千钧的分量。	播读时应注意对感情基调的把握，该篇稿件总体是积极和谐的，但在最后一句话中隐约有几分阵痛之感，这为后文做好了铺垫。
化民怨为民愿——毋忘情为民所系 2008年，对瓮安而言是个特殊的年份。 两件大事让瓮安人刻骨铭心—— 年初，一场百年不遇的雨雪冰冻灾害突然袭来。交通中断、供水中断、电力中断，瓮安成为一个孤岛。 然而，谁都未曾想到，仅仅时隔半年，一场比冰雪灾害更为严重的灾难骤然发生。 而掀起这场风暴的“蝴蝶翅膀”，仅仅是一起意外偶发事件。 2008年6月28日，因7天前一名中学女生在县城西门河大堰桥处溺水身亡，有关方面处置不当，加之各种谣言四起，引起死者亲属和群众强烈不满，进而引发大规模群体事件，直至一场大火烧向县公安局、县委、县政府的办公大楼…… 面对映红夜空的熊熊烈火，在场许多干部群众都痛心疾首地流下了泪水。 “这起事件看似偶然，实属必然。对此，瓮安县委县政府、县公安局等有关领导干部负有不可推卸的责任。”当时的省委负责人一针见血地指出。 “6·28”事件中，死者叔叔被与他发生口角的民警指使黑帮成员殴打一事，就是整个事态演变因果链条中最为关键的“多米诺骨牌”。 “执政党最大的危险就是脱离群众。”“6·28”事件后临危受命的县委书记龙长春尖锐地指出。上任之初，他就将写有“为人民服务”的屏风立在县委办公楼门前，让党的宗旨重新确立起来。 人民，是我们党的根基所在、血脉所在、力量所在。 如果根基动摇了，血脉割断了，大地之子“安泰”还会有无穷的力量吗？	播读中应注意对节奏的有效把握。突发事件有着难以预测和后果严重的特点，雨雪冰冻和女学生身亡这两个事件正是引发瓮安官民矛盾的导火索。播读前应做好多方面备稿工作，熟知事件发展动态，前后原委，播读态度自然平和，不偏不倚，节奏可适当放慢，语调稍抑，表现出事态情况的严重性。

原文	分析
从2008年7月4日走马上任，龙长春至少在半年时间里，用他的话说，基本上成了“信访局长”。“那时，无论是在办公室办公还是在会议室开会，总是被排成长队的上访群众堵在门口。” 多年来，瓮安因矿群纠纷、水库移民搬迁、房屋强制拆迁、企业改制等社会矛盾导致的信访量逐年上升，而办结率仅为18%。 积案过多，积怨过深，积重难返。	把握瓮安地区干群矛盾加剧的历史性与复杂性，形成清晰的播读脉络。
要想化解民怨，就要敢于直面矛盾。3年时间，龙长春接访并签批督办的各类信访案件有1000多件，办结回复率为99.6%。全县信访量从2008年的2000多起下降到2009年的600余起，2010年降至60多起。 与此同时，一场声势浩大的打黑除恶专项行动也迅速展开。长期称霸一方的“玉山帮”等20多个黑恶势力团伙被一网打尽，300多个犯罪分子受到法律严惩，9名充当黑恶势力“保护伞”的国家机关工作人员被依法审判。 民怨解则民气顺，民气顺则天下安。 和谐稳定为瓮安的发展创造了条件。在县城北部记者看到，机声隆隆中，35平方公里的工业园区已经破土动工，生物发电、磷化工等十余个重点项目也已启动，预示着瓮安更加美好的未来。 瓮安的“瓮”字，由上面一个“公”，下面一个“瓦”字组成。现任县委书记陈昌旭对此的解读寓意深刻： “公”就是要坚持立党为公；“瓦”代表民居、代表老百姓。只有“公”字当头，我们党才能赢得人民拥护，才能永远立于不败之地。 是的，共产党人的道理千条万绪，归根结底就是一句话：永远同人民在一起！	发展变化带来的是和谐稳定的瓮安，这不仅是扫除黑恶势力的结果，更是执政一方造福民众的成效。播读中应深刻领会民怨和民顺之间的内在关联，找出前后变化的关键点，即共产党人“永远同人民在一起”。
“这些年在民生建设上欠账太多，我们欠老百姓的，就是砸锅卖铁卖裤子也要兑现！” 县委常委会上，龙长春力排众议，说服大家拿出3600万元用于解决1400多名下岗职工安置问题，并投入1.4亿元缓解教育资源紧缺状况。3年来，县财政民生投入从2008年的4.8亿元增加到2010年的8.9亿元。 民生投入增加了，会影响发展吗？ “不会！”龙长春肯定地回答。	加大民生投入，不断让利于民。播读者应紧密围绕这一核心内容进行创作，尤其在播读关键数字时，重音处理应得当，字尾落音坚定有力，表现出发展建设不断惠及于民。同时应注意对前后变化的语气处理，播读之前内容时，语气暗沉，表现形势的严峻性，播读之后内容时，语气明朗，表达形势的极大改观。

原文	分析
道理并不复杂。只要坚持发展为了人民、发展依靠人民、发展成果由人民共享的科学发展观，发展不但能更快，而且会更好。 征地拆迁难是城市改造中最棘手的问题，搞不好就会引发社会矛盾冲突。瓮安事件的发生，就与此关系密切。 然而，自2009年瓮安县委县政府提出"新旧并举，东改西扩，北推南移"的县城发展战略3年来，涉及4000多拆迁户却无一上访。 原因何在？ 四个字：让利于民。 具体政策措施是：实行"拆一还一，结构陈新不补差"的补偿原则。将土地征收补偿标准从25元/平方米，提高到43.09元/平方米。	
执政理念决定发展思路。思路一变矛盾迎刃而解。 "坚持科学发展观不能仅停留在纸面上、口头上，"龙长春说，"而必须落实在行动上，体现在群众最关心最直接最现实的利益问题上。" 中国共产党之所以具有先进性，最重要的就是她毫无一党之私，全心全意为最广大人民谋利益。 ——这是我们党始终不渝的宗旨，也应成为每个共产党员永远坚守的信念。	这部分文字为全文主旨所在，亦是思想情感升华之处。播读中语气更为坚定有力，语调上扬跃动，节奏较快，体现出全文点睛之笔。

——节选自《在痛定思痛中浴火重生——从瓮安之乱到瓮安之变警示录》(简版)，新华社2011年10月23日(获第二十二届中国新闻奖一等奖)

四、增进共识的国际交流——强有力体现大国气质

世界各国之间通过政治、经济、文化等多种方式实现国际交流与合作。"不拒众流，方为江海"。① 随着当前社会的快速发展，国家之间的交流与合作显得尤为重要。国家之间的交流与合作可以使我国同世界各国相互借鉴，相互融通，从而把对外开放提高到新的高度。播读这类稿件时，总体要求是：语气坚实肯定，亲切自然；语速适中，平稳推进；重音精准到位，语句停少连多。具体可从以下两点进行创作：

① 源自2014年5月23日《新闻联播》的报道《习近平在同外国专家座谈时强调 中国要永远做一个学习大国》。

1. 创作主体身份随稿件内容而调整

风貌通讯的创作主体即播音员，他的身份会随时发生变化，呈现多样态格局。随着稿件内容的更迭，其身份相应随时调整。在本部分所分析的风貌通讯中，此点表现得尤为突出。播读和平友好交流往来内容的稿件时，播音员是传播两国友谊的使者；播读义正词严、维护国家尊严内容的稿件时，播音员是捍卫国家形象的勇士；播读他国灾害战火、人民流离失所内容的稿件时，播音员是爱好世界和平的大使。身份确定的方法主要从稿件内容、他国背景和我国立场等角度着手。认真分析稿件内容可以区分出稿件的不同性质，稿件是正面、负面或是中性的，从而可确定出相对应的不同播读身份；涉及他国背景的稿件需要播音员从广义备稿着眼，将此新闻置于国家背景之中，以小见大，由大见小；在我国立场方面，播音员需要认真揣摩我国对此事件的基本态度，是肯定、否定或中间态度，这对确定播读身份至关重要。

2. 对象感的把握因传播主旨而变化

如前文所述，播音工作实践中，创作主体身份在不断进行调整，相应地，对象感也在随着传播主旨更迭而变化，有什么样的立场就有什么样的对象感。这种把握的主要方法是分析我国立场观点，比照他国的基本认识。分析我国立场观点即是探究传播主旨的过程，这需要播音员具有较高的政治素养和洞察、分析、判断的能力，能够从多重复杂的国际关系中理出清晰线索。比照他国的基本认识，即是从他国角度着眼，分析他国对该事件是怎么样的基本态度，他国希望国际社会做出怎样举动来实现其既定目的。

【例稿 4】

原文	分析
中国—东盟博览会是广西开展多区域合作的基石。将于今年 9 月举办的第九届中国—东盟博览会，比往年提前了一个月，筹备时间缩短了，但承办方广西充满自信，沉着应对。商务部、科技部相关司局，全国各省、自治区、直辖市及计划单列市商务主管部门和中国—东盟博览会秘书处等优势资源再次汇集，第九届中国—东盟博览会的各项筹备工作正以快于往年的进度，有条不紊地进行。	播读中语气自信喜悦，语速沉着稳健，语调上扬坚定，表现出中国—东盟博览会召开的重大意义。

原文	分析
"优势富集"可说是一种全新的发展现象，指系统在起点上的微小优势经过关键过程的级数放大，会产生更大级别的优势积累，从而导致发展的雪崩效应。当年中国—东盟博览会落户南宁，即意味着广西的区位优势已经确立，富集效应由此产生。 近日记者在清华大学听取王健教授关于"优势富集"理论的演绎，对广西近年来的发展轨迹有了全新认识：博览会引发广西优势富集效应，而"优势富集"又开启了广西的区域合作之门。	重点突出"优势富集"，它是全文的核心点，由此进行铺展叙述，加强话语表达的内在关联和外在呈现。
博览会引发广西优势富集效应 当"中国—东盟自由贸易区"这个概念对全区干部群众还很陌生的时候，自治区党委和政府就开始酝酿如何抓住这个机遇发展自己。 按照常规，筹备一个大型展会，至少需要三年时间，而中国—东盟博览会用了不到一年的筹备时间。优势富集的效应，让博览会一炮走红，并成为国内著名展会。 重要的展会，引发优势资源的富集，可谓众人拾柴火焰高。 中国—东盟博览会举办之初就承载着推动中国—东盟自贸区建设的使命。也正因为此，党中央国务院高度重视博览会的举办，要求国家各部委和有关单位本着"多关心、多支持"的原则，尽可能帮助广西解决有关问题，一起借中国—东盟博览会的东风，同心协力，将广西的经济全面搞上去，并带动广西周边地区的发展，让中国再形成一个新的经济发展带。全国各兄弟省市对博览会的成功举办也给予了有力支持。全国有50个省、区、市(含部分副省级市和地级市)组织代表团参加博览会，并积极配合博览会招商组展工作。 高规格的博览会吸引了国内一流的专家为之出谋划策。为提高广西的办展水平，俞晓松、王文东、陆江、方嘉德、周可仁、张蕴岭、胡楚、林天福八位国际国内经济界、会展界、学术界专家，应邀担任中国—东盟博览会高级顾问。 境内外优秀会展机构纷纷与广西合作办展，一流合作伙伴的参与，不但弥补了广西国际事务博览局自身的不足，也大大提升了博览会的管理和服务水平。	梳理清楚博览会和优势富集效应之间的内在逻辑关系，使表达思路明确连贯。播读中应注意语言节奏稍快，表现出快速发展的区域经济；形成与受众零距离对话的生动格局，娓娓道来稿件中的建设画面。不可一味求快，眉毛胡子一把抓，忽视了稿件内在逻辑关联。

原文	分析
优势的富集最具影响的便是品牌。一旦一个品牌打响并深入人心之后,它所带来的效应将是不可估量的。中国—东盟博览会是目前中国境内唯一由多国政府共办且长期在一地举办的展会,先后获得中国十大知名品牌展会、"中国十大最具影响力的政府主导型展会""中国十大最具影响力的国家级品牌展会"等称号。 随着中国—东盟博览会国际影响力的不断提升,博览会已由第一届担心展位剩余,发展到后来增加展位却仍然供不应求。博览会得到了东盟十国的积极响应,常常是东盟国家初步预订展位数,超出上年实际安排的展位数;中国国内企业参展报名也十分踊跃,每年要求参展的企业增长迅猛,一位难求。	品牌效应正是优势富集催生的产物。播读中应带有更为积极跃动的语言节奏,欣喜自豪之情溢于言表。
富集效应使广西成为区域合作新高地 广西以中国—东盟博览会为契机拉开了广西参与多区域合作的序幕。博览会奠定了"泛北合作"共识,"泛北合作"又推动了广西北部湾建设,《广西北部湾经济区发展规划》国家战略的实施则反过来为中国—东盟博览会长远发展提供了重要基础。 中国—东盟博览会是中国与东盟全方位合作的"推手",推动了中国与东盟全方位合作。近年来广西逐步形成了由"泛北部湾经济合作区"、"大湄公河次区域合作"两个板块和"南宁—新加坡经济走廊合作"构成的"一轴两翼"区域合作新格局。同时,兼顾参与泛珠三角区域合作、桂台合作以及国内其他省区市的"1+1"或"1+X"等合作。	广西区域合作前景广阔,源自于富集效应的有效推动。播读中应注意对重点词语的重读,如"泛北合作""一轴两翼",表现出广西区位优势的快速提升和对合作共赢理念的具体实施。
广西提出的"泛北部湾经济合作"构想,使博览会的影响进一步落到了实处,对广西经济发展起到了强有力的推动作用。泛北部湾经济合作战略构想的提出,得到了中国国家领导人的积极支持和泛北部湾有关国家领导人的广泛认同。 思路决定出路,泛北合作的提出,最直接的指向是把广西北部湾经济区上升为国家战略。 当一个省区的发展和国家的发展紧密地联系到了一起,其优势富集便指日可待。泛北部湾背靠中国大西南地区,面向东南亚国家,是中国西	"泛北部湾经济合作"为广西经济腾飞插上了翱翔之翼。备稿中应对文中提及的四点有利之处细致分析,充分认识到由此形成以广西为支点辐射周边的强势经济推力。语气自然平和,语速可随文稿内容稍快,在文中提及的四点之间可做扬停处理。

原文	分析
南地区连接东盟国家的重要海上交通枢纽。推动泛北部湾经济合作符合我国国家利益与国家战略。首先,推动泛北部湾经济合作对加快中国—东盟自由贸易区的建设具有现实意义。其次,推进泛北部湾经济合作符合中国周边外交战略。第三,推进泛北部湾经济合作有利于进一步促进西部大开发。第四,推进泛北部湾经济合作有利于实施我国资源能源战略。而加快广西北部湾经济区的全面开放开发,可以极大地推动泛北部湾经济合作,这是广西发展的需要,也是推进中国—东盟自由贸易区建设的需要。	
广西北部湾经济区从一个地方发展题材,变成国家发展战略,并在国家战略的推动下,从过去的经济发展配角,跃升为广西发展的龙头;从以前的投资盲点,跃升为投资热点;从落后的边陲地区,跃升为中国与东盟合作的大通道、大桥梁、大平台。一个个合作建设的大项目,使广西北部湾经济的优势富集效应进一步体现。 至 2011 年,广西北部湾经济区已拥有中国石油、中国石化、中国铝业、中国电子、中国冶金、中广核电、中粮集团、中海集运、中远集团、台湾光宝集团、富士康集团、冠捷科技、金川集团等一批世界五百强及国内外知名企业,初步形成了以石化、冶金、林浆纸、电子、能源、生物制药、轻工食品为主的产业布局。 2011 年广西北部湾经济区各项主要经济指标继续领先全区,经济发展的龙头地位日益明显,实现地区生产总值 3862.33 亿元,同比增长 15.9%,高于全区 3.6 个百分点,创历史新高;生产总值占全区的比重由 2010 年的 31.8%提高到历史性的 33%;钦州、北海、防城港 3 市分列全区增长幅度前 3 名。经济发展速度远远高于广西其他经济区域。钦州保税物流全面建成,运营良好。 钦州保税港区全面开港运营,成为我国沿海第 5 个汽车整车进口口岸;凭祥综合保税区一期顺利封关运营,已有 37 家企业签订协议入园发展。	今夕巨大对比让世人对广西北部湾经济区发展更加充满信心。备稿中应对该地区经济发展变化有具体了解认知,对具体细节点谙熟于心。同时增强稿件内容的层次处理,哪些企业集团入驻,哪些数字具有代表性,通过重音等方法加以外化表达。

原文	分析
“优势富集”使广西从边陲走向前沿，从偏居一隅的欠发达省区走向备受世人瞩目的“我国沿海经济发展新的增长极”。目前，广西已与世界五大洲 26 个国家建立 58 对国际友好城市，居西部地区首位。广西已然成为新闻媒体关注的焦点，国内外记者纷至沓来，全方位、多角度报道广西在区域合作中的独特优势和作用。	播读中加强语气的自豪感和使命感，展现更为美好的建设图景。

——节选自《“优势富集”开启广西区域合作之门》，《广西日报》2012 年 5 月 11 日
（获第二十三届中国新闻奖二等奖）

第二节　练习材料及播读提示

【练习 1】

北出阿勒泰，记者乘坐的越野车在万山丛中颠簸蠕动，下午 2 时抵达红山嘴边防连。

登上哨楼远眺，对面红山梁上已覆盖着厚厚的积雪。冬天来了，大雪就要封山！

这天是 9 月 22 日，正是北京秋高气爽的时候。

大雪封山，对新疆阿勒泰军分区红山嘴边防连官兵来说，是“天大的事”。每年 10 月到来年 5 月，在长达 8 个月的封山期，这里银装素裹，积雪一人多深，陆路交通完全中断。

大雪封山，给守防官兵留下太多的痛。

会晤站副站长王兴民断断续续给我们讲了他的一段经历。

2008 年 4 月的一天深夜，王兴民接到妻子高玮的电话：“我病了，医生说很重……快点下山，看看我吧。”

结婚 8 年了，通情达理的妻子从未提过类似要求。

王兴民有一种不祥的感觉，他渴望马上回到妻子身边。可由于大雪封山，道路不通，即使插上翅膀，也无法越过这重重雪山，王兴民急得用拳头直擂自己的胸口。

实在等不及了，高玮把女儿托付给邻居，只身一人从边城回到老家，住进了河南医科大学附属医院。

5 月 12 日，高玮被确诊为胃癌晚期。

消息传来，如晴天霹雳。

5 月 25 日，红山嘴开山了，王兴民日夜兼程，26 日晚赶到妻子病床前。他不敢相信，去年深秋分别时，那个容光焕发的年轻妻子，居然会变成这般模样。

第二天，王兴民独自一人，背起行囊，抱着虚弱的妻子，紧赶慢赶挤上西去的列车，奔赴兰州军区总医院。

夜行火车沉闷的节奏，让疲惫不堪的丈夫沉沉睡去，高玮从丈夫的手提包里翻出病历，确认了自己的预感。她哭了。

抽泣声惊醒了王兴民，妻子拭去眼角的泪水，平静地说："兴民，我剩下的日子不多了，有三件事你要答应我：第一，家里买房借亲友的钱，你要一分不少地还上。第二，我走后，你要常去看望我的父母。第三，照顾好女儿也照顾好自己，再找一个，成家……"

7 月 26 日，王兴民年仅 29 岁的妻子，怀着对美好生活的无限眷恋，永远离开了人世，身后留下一个不满 6 岁的女儿。

短短两年中，王兴民先后失去了三位亲人，除了妻子，还有母亲和祖父。

红山嘴军人对家人怀有深深的愧疚，却无愧于军人的使命，无愧于祖国的重托。

在荣誉室，记者数了数，自组建以来，红山嘴边防连年年出色完成守防任务，11 次被两级军区表彰为"基层建设标兵连队"，3 次荣立二等功。会晤站翻译额尔德木图，前不久被新疆维吾尔自治区评为"敬业奉献道德模范"。

木图在红山嘴守了整整 19 年，组织上曾几次想给他换个离家近、条件好的单位，都被他谢绝了。他对记者说："我离不开红山嘴，每次休假，住三五天就想回来。"

木图今年 42 岁，还是初级职称，技术 9 级。前几年，因为没有学过英语，蒙语不在考试之列，多年无缘晋职。现在政策向边海防倾斜了，但年龄又过杠了，还是不能晋升中级职称。记者为他遗憾，他反而劝记者说："没有关系，生活很好，我很满足。组织上让干就干，让走就走。"

让木图感到着急的是，会晤站编制两个蒙语翻译，他一个人顶了多年。累点倒不怕，怕的是他离开的那天，一时找不到合适的接班人。

大雪即将封山，严冬就要来临。

15 名下山士兵的名单基本确定。在即将告别连队的时候，他们默默为军马准备了足够的草料，把狗圈羊舍清理得干干净净，把烤火煤堆得方方正正。还有那一排排晾在院子里的咸肉、干鱼、干鸭、粉条，无不体现着老兵对连队的留恋！

记者和即将下山的士兵座谈时，多数人心情沉重，因为他们还想留在山上守防。当然，也有部分士兵想早点回家。文书、大学生士兵刘昌运快言快语："父母都 60 多岁了，需要照顾，我已经为国家尽了两年忠，现在该回家尽孝了。"

大雪即将封山，严冬就要来临。

新疆军区给红山嘴边防连配备的全地形车和新型雪橇车，静静地停在营院里。连队干部介绍说，全地形车性能优良，可以满足冬季巡逻所需；军分区派人维修了光伏发电设备，水电暖设施保养一新；连队的网络视频业已启用，战士们又多了一条和亲友沟通的渠道。

指导员刘占锋的感言颇有诗意：身在边关有人疼！

清晨，我们漫步山上。两个停机坪分别坐落在山顶和半山腰，快两年没用过了，落满了厚厚的秋霜，在阳光下晶莹闪烁。尽管连队物资储备十分充足，什么也不缺，官兵们还是盼望过年时有慰问的直升机在这里降落。

我们也感慨：什么时候，这里能固定停放两架或数架直升机，用于边防巡逻和保障，到那时候红山嘴边防连就不再是“雪海孤岛”了。

——节选自《红山嘴，大雪即将封山》，《解放军报》2011年9月28日

（获第二十二届中国新闻奖一等奖）

播读提示：

这是一篇感人至深的通讯作品。它通过大雪即将封山这个极具代表性的时段，向我们展现了一个个红山嘴边防连官兵无私奉献的感人故事，集中体现出当代边防部队深入落实科学发展观的精神风貌。在备稿中应认真梳理稿件写作脉络。会晤站副站长王兴民和翻译额尔德木图的感人故事构成该篇通讯的主体，而这正是播读中真情实感的重要来源。我们应通过情景再现的方法假想出王兴民与妻子在家中、火车上、病床前那一幕幕情真意切的画面，驱动强烈的播读愿望；我们应通过内在语的方法深入挖掘木图所说的话：“我离不开红山嘴，每次休假，住三五天就想回来。”“没有关系，生活很好，我很满足。组织上让干就干，让走就走。”从中可知木图言外之意：他愿意把自己的青春奉献给这里，他把这当成最为光荣的事业。同时，应考虑到记者采访行踪的动态性，将其与播读思路紧密相连，形成记者引导之下的播音创作，而播音创作又会有效地形象化、生动化记者的采访过程。

【练习2】

站在栾城农民的草地上，就像站在绿茵场上，就像置身绿色的海洋。如果此时再吹来一阵清风，或者再冉冉升起一轮朝阳，最好是昨夜曾飘洒过一场毛毛细雨，你能闻到草香，你能看到草尖上的露珠，你能捕捉到忙碌着的农民那心底的微笑和从黑红的脸膛上迸发的光芒。

自1999年河北栾城农民调整产业结构，试种绿化草以来，已经走过了十年里程。十年磨一剑，当初别别扭扭、忐忑不安种下的小草产业如今茁壮长成大块文章，成为河北省会石家庄一道独特风景，成为新中国农民脱胎换骨的标本。端午时节，记者来到这里，听他们有关种草的心得体会。

“刚种草时，一离了救生圈就呛水”

“刚种草时，一离开救生圈就呛水。”见到西董铺村村民李书贤的时候，他正在地头修路，他放学回家的儿子前来帮工，在绿油油的草地里开着修草机纵横驰骋。他说的那个“救生圈”，既是指政府的优惠政策也是指县里的草业公司。种草的第一年，李书

贤地里家里寸步不离技术员，喷灌、灭虫等一招一式都虚心请教。由于悟性好，技术学得快，第二年就把门市部和房产全部抵押上，承包下乡亲们118亩地。“那时候，谁相信种草能旱涝保收呀？如今西董铺村成为种草专业村，村里327户有200多户种草，种粮的收入显然干不过种草的。”

“我们是全国的产粮大县，祖祖辈辈都是斩草除根的好把式。种草是个新鲜玩意儿，头一年很多人看西洋景，也有人等着瞧笑话。好在县里率先成立了草业公司，先培训技术员，再培训村干部，教给农民看，带着农民干。”说这番话的是南柴村党支部副书记张连续。这个村今年种了1500亩草，他本人种着86亩草。去年每股分红利25万元，他比喻种草就是掘金，就是开矿办企业。

南李村农民吴玉芳也说自己当初是被赶下水的旱鸭子，第一茬草籽是政府帮着撒下的，前几年的50%、30%都是县乡干部帮助吆喝推销的。和吴玉芳说话间，有一辆挂着山西牌照的36吨半挂车隆隆开来，十几个妇女忙不迭地往车上搬草卷。大腹便便的吴玉芳拿起电子计算器给商户结算。他说今天共卖出6000平方米，每平方米4元，四六两万四。“去年草贵，每平方米下不来6元，高时卖到七八元，一亩地666平方米，亩出产三茬儿，我租着180亩土地，这个账是不难算的。”

吴玉芳与藏富怕富的祖辈截然相反，他主动告诉我们，眼前这片地没有多少，村北还有60亩，村南还有70亩，他给土地转租者的交换条件是“双700”，即夏季700斤小麦，秋季700斤玉米。也有超过这个数的，因人而宜，因地而宜。把土地转租给他的人也有在他这里打工的，挣日工一天30元，帮他拔杂草或开修草机；也有挣计件工资的，每往车上搬一平方米草卷挣2角5分钱。记者看到，一位叫李美英的妇女，除了挣计件工资，就是在吴玉芳的草地里收拾剪下来的嫩草尖——她喂着25只羊，她的羊是嘴上抹石灰——白吃。

和吴玉芳相比，吴书训种着10亩地，用他自己的话说是草行情把不准，有时高有时低，不敢大干，他是蛤蟆吃蚊子——小打小闹型，尽管小打小闹，每年也能收入六七万元。

“风里浪里长见识”

“凡是种草的都有过曲折，都走过麦城。那一年草在地里疯长，都急着销售，孟建国接到客户一个电话就上了青岛，到那里管了人家几顿饭就回来了，连一棵小草也没有卖出去。”

“德州一个客户拿着1万元的汇票给了李书贤，李书贤的家人把汇票当人民币锁进匣子里，等用钱时再取出来，汇票上的钱早不翼而飞了。”

“一个翻译的几句洋话就骗走草业公司33万元”。如今听着这些流着喜泪带着苦涩的诉说，不难想象当初草农闯市场的尴尬。

“经过市场上十年摔打，我们该承受的也承受了，现在都成了种草能手，成了市场主体。不经风雨,难见彩虹。”地头上挂着“国庆草坪苗木”大幅招牌的刘固庄的马国庆,正兜着一布袋皮尺给山东的客户丈量草平方,他只能见缝插针地应答记者的采访。地里的人忙乱得成了一团麻,有开起草机的,有举着铲刀一段一段分割草卷的,有装车的男人一不小心踩了妇女的脚而招致惊叫或嬉骂的。

“我的体会是三年一个周期,去年草价高,今年价格低迷。凡是能坚持下来的都挣钱了,盖了洋楼,买了轿车。种得多挣得多,因为这是个朝阳产业。种赔的也有,但总是少数,我也有赔的年份,在我们这里挣少了就算赔。既要学会种草,更要学会卖草。在十年卖草过程中我也被皮包商骗过几次,把草倒腾走以后就找不见人影了。有些单位和部门用了草以后迟迟不付款,逼着我学会了依法讨债,学会了诉讼打官司。”说完这些话后,老马就坐上小车陪客户吃饭去了,他给我们留下一个活脱脱的草皮大亨的背影。

西董铺村李计身种70亩草,记者见到他的时候,他刚喝酒回来,问他种的什么草。他说美国草,早熟禾系列橄榄球午夜2号;问他从哪里弄来的草籽,他说是从加拿大用编织袋背来的,一句话把在场的人逗笑了。“从加拿大到栾城走几天?”有人开始绊他的马腿出他的洋相。“这个你去交通局问张瑞海去,我不给你犯嚼舌。”李计身说的张瑞海是现任县交通局长,当年的草业公司总经理。栾城的第一袋草种就是他从加拿大背着飞到美国,又从美国飞日本,再从日本飞北京,同机请来的还有外国的师傅、翻译。

“风里浪里长见识。”栾城镇农技站站长于学森一句话道出当地农民十年种草的肺腑之言。于学森1999年来到春源草业公司当技术员,2006年调回农技站。之所以离开春源,“当年的徒弟都出息成种草把式了。所以我也光荣下岗了。”

“俺现在光想往深水里游”

“我在正定国家乒乓球训练基地铺草时见过邓亚萍。”“我在北京四环铺草时,正赶上北京市长去视察。”“我去上海虹桥机场铺草的那一年,你的老婆因为你犁了小麦改种草生气回娘家了。”我们来到五里铺的时候,一堆人正在那里吹牛侃大山呢。

“我现在光想往深水里游。”发这番感慨的是张还计,他是南柴村人,在五里铺投资租下110亩地。他的经验是,打猎就要打狮子,游泳就要下长江。草越往高级场所铺越金贵。你想想,上海虹桥机场和北京的鸟巢什么地价?但没有勾勾嘴吃不了瓢瓢食,同样种草不同样收入,有同行没同利,这就跟平常侍弄庄稼一样。现年55岁的张还计,现在正学着儿子退下来的课本。

武素英也是南柴村人,因本村没地可租了,也跑到北五里铺租种了100亩地。武素英见到记者的时候,误以为来了买草的,又递名片又问联系方式,捕捉商机的举止落落大方分寸得体。在武素英的地头,围坐了一堆妇女,她们没活儿的时候或做做针线或甩甩扑克,一旦来了拉草的,大家就扑上去争活儿干。前表中村妇女袁英早7点就骑着自行车来这里打工,如果来晚了,只能开剪草车,挣30元。如果抢到抡铲草的大铁铲，就能挣到40元。

杜吉元是栾城春源草业有限公司的第四任经理，刚从张家口卖草回来。说到种草，他就像打开了话匣子："现在这个产业能够活下来，兴起来，真该给几任县领导敲锣打鼓送金匾。不管是毛书记还是王县长，都是护草使者，都是栾城草皮、栾城草莓的宣传员、推销员。"

"全县目前以种草为生和参与种草的农户达到2238户，其中经营20亩草业以上的农户达到180户；全年围绕草业投入劳力45000人，农民草业年收益接近亿元。同时带动了苗木业、运输业和其他相关产业的崛起，这几年又兴起专门做工程的绿化设计公司，有12支绿化专业队，施工技术也不断改进，有人研制起草机，有人试种彩色草、腐殖草，体现出农民的创造力，栾城草业发育成了真正的市场草、富民草。"

"农民闯市场的风姿俨然与十年前不能同日而语了。当初去上海卖草时回程舍不得坐飞机，施工的农民搭货车周转了一星期才回来。现在出门做工程，该住宾馆住宾馆，该坐飞机坐飞机。栾城草农敢闹海，十年前见水就发怵，现在就嫌市场的海不宽、浪不高。"

——《栾城草农敢闹海——听栾城农民种草者说》，《石家庄日报》2009年6月9日

（获第二十届中国新闻奖一等奖）

播读提示：

改革开放首先从我国农村吹响号角，经过近40年的摸索前行，其成果已惠及亿万农民，成为时代发展的亮丽风景线。我们在播读这篇通讯时，应细致梳理三部分文字之间的内在关联：由农民兄弟"刚种草时，一离了救生圈就呛水"，对种草一片茫然，经过政府部门、科研机构帮扶政策具体落实，娴熟地掌握种草技术和营销策略，到"风里浪里长见识"经过多番历练，在起起伏伏的商业运作中，逐渐摸准了市场发展脉络，找到了营销突破口，再到"俺现在光想往深水里游"逐步拓展市场，开辟了更为广阔的市场空间。播读由此而形成清晰的线索延展，相对应的语气、语调和语速亦随着稿件内容的推进而有相应微调变化，播读者应做到设身处地，成为"种草农民"一份子，这样的播读感情才更为真实，播读样式与稿件主旨才更为贴切。

【练习3】

公元2009年，10月1日。中国，北京，长安街。

清晨，东方，从古观象台一路向西，8000多名官兵和500多辆战车绵延2公里多，像一条凝固的铁流，等待着国庆60周年阅兵的庄严时刻。

上午10时，天安门广场，56门礼炮齐鸣60响。人民英雄纪念碑下，200名国旗护卫队员拱卫着五星红旗，迈着169个正步走向国旗杆基座。

169步，寓意从1840年鸦片战争至今169年的不平凡历程。

169 年，为了祖国的独立、民族的解放，多少英雄儿女血沃中华！

“敬礼！”五星红旗冉冉升起。“起来，不愿做奴隶的人们……”长安街上，受阅官兵引吭高歌，声震长空。

10 时 9 分，中共中央总书记、中华人民共和国主席、中央军委主席胡锦涛，乘红旗牌检阅车驶出天安门，沿长安街缓缓东行。

这是胡锦涛主席第一次在天安门广场检阅三军部队。

这是中国在 21 世纪首次举行国庆大阅兵。

铁阵，如山如岳。口号，如海如潮。受阅三军身上，流淌着红军、八路军和新四军的血脉。他们来自沃野平畴、深山密林、滔滔海洋、万里蓝天，汇集中国陆海空三军和人民武装警察部队、民兵预备役部队等全部武装力量的精华。

这是人民军队走过从机械化向信息化建设转型的 10 年风雨征程，第一次向祖国、向世界全面展示新面貌、新阵容。

10 时 37 分，胡锦涛主席在天安门城楼发表讲话后，千人联合军乐团奏响《检阅进行曲》，万众瞩目的阅兵分列式开始了。

三军仪仗队第一军旗手朱振华，高擎八一军旗，走在最前列。随后，14 个徒步方队排山倒海，陆续走来。

他们中，有风华正茂的三军院校学员方队，有从井冈山走出的“红一师”方队，有镇守岛礁扬威碧海的海军陆战队方队，有远翔千里突袭作战的空降兵方队，有荟萃“国字号”反恐部队精兵的武警方队，有来自汉族、满族、藏族、回族、蒙古族、苗族、壮族、黎族、瑶族和羌族 10 个民族的三军女兵方队。

沙漠型、山地型、丛林型、两栖型、海洋型、空降型……受阅官兵色彩斑斓的新型数码迷彩戎装，仿佛祖国广袤多姿的壮丽国土。与 10 年前相比，这支队伍中增添了国防生、直招士官等“国防新军”的身影，具有侦察监视、引导打击、潜水登陆和空中渗透能力的特种兵方队，更是首次成建制亮相。

长安街上，足音铿锵，犹如山呼海啸。

“我流血的地方，或者我瘗骨的地方，或许会长出一朵可爱的花来……”此时此刻，方志敏烈士《可爱的中国》中的深情告白，仿佛回荡在广场上空。

今天，天安门广场鲜花如海，红黄两色的花束簇成中国军人的钢铁誓言：“听党指挥、服务人民、英勇善战。”八一军旗，引领中国人民解放军，沿着先烈足迹，脚踏祖国大地，背负民族希望，履行新世纪新阶段历史使命！

徒步方队背影远去，长安街上，传来 30 个装备方队隆隆开进的巨大声浪。

金戈铁马，气吞万里如虎。锡伯族战士丁辉，驾驶 99 式新型主战坦克，引领首次排成箭头状的铁甲方阵隆隆驶来。随后，96A 型坦克、两栖突击车、履带式大口径自行加榴炮、自行榴弹炮、远程火箭炮等新型数字化装备，像钢铁长城，绵延横亘，展示中国陆战力量一往无前、所向披靡的雄姿。

临沧海，引长弓。新型舰空导弹、反舰导弹、岸舰导弹战车隆隆驶来。此时，在祖国万里海疆，人民海军舰队巍然列阵，悬挂满旗，向天安门致敬。在遥远的亚丁湾，海军护航编队新型战舰眺望东方，鸣响舰笛，向祖国致敬！

西北望，射天狼。两支新型地空导弹方队和空军新型机动雷达方队驶过天安门。他们是新一代国家防空"天网"的中坚力量，是我军未来国土防空作战的剑锋刀刃。

车辚辚，阵容新。通信兵方队、无人机方队、后勤装备方队首次出现在国庆大典。他们是我军信息化建设的排头兵、电子信息作战新锐、全面建设现代后勤的先锋，像电子丛林，像轻盈银燕，像移动城堡，亮相长街。

"爸爸要是活到今天，该有多高兴啊！"观礼台上，著名爱国将领吉鸿昌烈士的女儿吉瑞芝对记者说："当年中国积贫积弱，父亲为抵抗日寇侵略，只能变卖家产购买枪械，组织武装。看到今天盛世中国的现代化国防装备，真让人忍不住像爸爸当年那样大喊一声：我是中国人！"

听到这里，胸前挂满奖章、两次负伤、两次截肢的新四军老战士吴成，想起解放战争中一次战斗，记忆犹新："我们 20 人的突击队，用步枪、手榴弹攻堡垒，打了两天三夜。仗打赢了，突击队只剩下两个人，那时，我们多盼望有一门炮啊……"说到这里，老人眼里涌起泪花。

大国长剑，威风凛凛，中国战略导弹战车驶来了！

顿时，广场沸腾了。巍巍铁阵中，首次出现了第二炮兵"世纪新军"——长剑 10 型巡航导弹和新型中远程导弹的身影。最后通过天安门的东 31 甲核导弹方队，蕴含着雷霆万钧的力量，为滔滔铁流掀起一个震撼人心的巨浪。

壮哉！国庆大阅兵。滔滔铁流，如春天大河开融，如熔炉钢水倾泻，如黄河壶口瀑布夺路而下，如钱塘大潮滚滚而来……

观礼台上，来自各部门的负责同志，忘情地伸出手来，向身边的军人们祝贺致意。眼前这支全部是"中国制造"、近 90% 装备为第一次公开亮相的钢铁方阵，让他们激动不已……

世事沧桑。整整一百年前，1909 年，两位法国摄影家拍下了天安门广场的第一张彩色照片：残破的城楼下，一辆人力车冒着寒风，匆匆而过。

那一年，正是清宣统元年。古都北京，笼罩在丧权辱国的《辛丑条约》阴影下。正阳门上，外国士兵架起大炮，炮口指向紫禁城。直到 40 年后的开国大典，天安门的木梁上，还嵌着八国联军炮击城楼没有爆炸的 3 发炮弹……

天翻地覆慨而慷。今天，天安门广场铁流浩荡，宣告当代中国军人捍卫祖国主权、维护祖国统一的坚强意志，展示震撼世界、蓬勃向上的"中国力量"！

"1954 年，我作为南京工程兵学校的学员，参加了国庆 5 周年阅兵。1999 年，我作为阅兵总指挥，组织了国庆50周年阅兵……”北京军区原司令员李新良对记者说：“从阅兵场上，我亲眼看到我军的‘小米加步枪’变成了‘飞机加大炮’，变成了‘导弹加卫星’‘钢铁加芯片’，受阅的先进装备由单台单车抽组，到成建制、成系统亮相，这是多么大的变化！”

旌旗奋，风雷动。人潮惊叹未息，151架飞机组成的12个空中梯队展翅飞来。恢宏壮丽的阅兵乐章，进入了高潮。

“空警－2000”预警机，像背负青天的鲲鹏，率领8架歼击机，准时飞过人民英雄纪念碑上空，喷射五颜六色的彩烟，在蓝天铺展一条绚烂航路。

鹰击长空，威猛犀利。随后，国产新型轰炸机、加受油机、“飞豹”歼击轰炸机和歼－8F、歼－10、歼－11歼击机编队飞来，宣告中国空军进入以国产第三代战机为主力的新时代。

铁翼飞旋，惊雷滚滚。一支世界阅兵史上最大规模的直升机编队低空飞来。它们从北国边陲、南海天涯、茫茫戈壁、巍巍高原，从大江南北、长城内外、四面八方，云聚国庆大典。

巾帼英豪，叱咤风云。15名中国首批女歼击机飞行员驾驭新型教练机飞来。中国的空中花木兰、云天娘子军，第一次飞过天安门广场，以浪漫激情写意蓝天。

空中受阅梯队，横跨长空75公里，雄风万丈，气势磅礴。

60年风雨，一甲子辉煌。56个方阵，象征56个民族。人民军队与共和国一起进步，一起成长，一起走向中华民族的伟大复兴。

此时此刻，追思与缅怀，光荣与梦想，决心与信念，在同一时空汇聚，都凝结在这情感的峰巅，抒写在这壮美的画卷！

——《今天，我们豪迈受阅》，《解放军报》2009年10月2日（获第二十届中国新闻奖一等奖）

播读提示：

共和国在经历了60年的风雨洗礼后，更加彰显出其特有的时代风华。国庆节阅兵观礼最能体现出我军新时期建设的新面貌、新作风与新理念。这篇通讯将受阅三军作为切入点，集中细致、传神入微地刻画出我军昂扬的斗志、奋发的精神。备稿中应对我军发展历程有一定了解，从备受列强凌辱，清政府卖国求荣，到武昌起义打响我党武装反抗国民党反动统治的第一枪，从装备落后到积极研发，从落后他国到领先国际水平，一幅幅壮丽的发展画面呈现于播读者面前，催生出更为坚定、铿锵、豪迈而有力的时代之声。同时应充分运用情景再现和对象感等外部技巧，通过影像素材和文献资料再现出国庆阅兵的宏伟场面，设想出一张张斗志昂扬的军人面庞，一排排装备先进的军人方阵，这对语言表达有一定的推动作用，形成由内而外、彼此呼应的语言表达样态。

下编
评论播音

第九章　时政类评论播音

第一节　时政类评论播音指导与范例

评论是广播电视新闻节目中主要运用的文体，它就新近发生、正在发生的具有一定代表意义的新闻事件和党的方针、政策贯彻执行等问题现象作出深入透彻、视角新颖的评述和解读，具有传播范围广、剖析角度新、影响力度大等特点。

评论具有新闻性和政论性特征。它的新闻性表现为它涉及国际、国内的政治、经济、文化、军事和民生等多个方面的重大事件和普遍问题，政论性主要指它从所在政党和集团利益出发，阐述社会发展进程中出现的各类现象和问题。时政评论即带有上述两点特征，将新近发生的时政事件作为评论的材料和对象，加以话语整合，从不同角度对其展开评论分析，引导受众坚持弘扬中华民族传统美德，坚持正确的人生观、世界观和价值观，坚持社会主义核心价值观。在播音实践中，时政评论在评论播音占据较大比例，练习好掌握好此类播音，对于提高评论播音水平有着积极和重要的实践意义。具体可从以下几点进行创作：

一、紧密结合时政形势，深入剖析思想根源

评论播音有效提取客观素材并对之进行有声语言外化表达，进行真实性与艺术性相结合的多重加工整合。围绕着评论中心点指出客观存在的诸多问题及现象，进一步深入细致地分析其根源，这是新闻评论中较常见的报道及播读样式。

1.结合时政叙述清楚，情感色彩不可偏激

新闻事件多种现象的清晰呈现是做好新闻评论播音的首要元素，只有将受众看得到、听得到的视听元素通过有声语言表达清晰到位，才能为之后的议论话语表达作心理准备，才能建立较好的表达基础。因此，清晰、准确、不偏不倚是叙述语言表达的基

本要求。评论播音不仅要做到吐字归音圆润集中，饱满有力，更为重要的是在多种现象的呈现中应层次分明，条理清晰，使受众对表层现象有一定感性认知，不可眉毛胡子一把抓，语气混乱，重音不准。同时应注意此时播读中应有一定感情色彩，冷静、沉稳地分析问题及解决问题才是播读的尚佳表现，情感不可过于偏激，“火药味”不可充斥于播读始终。

2. 积极查找思想根源，观点明确逻辑严密

在叙述清楚基础上生发出的议论话语，带有事理阐析的确定性和问题解决的指向性，播读始终将核心问题作为主干加以拓展延伸，因此，摆事实、讲道理的评论原则应贯穿于播读过程中，只有基于客观事实之上的评论播音，其语气分量才会加大许多，才会有掷地有声之感，受众对评论播音的话语阐述才会更为信服，才会从中领悟精神实质。不可对事实现象毫无了解就凭空架起，高声大喊，盲目依从于自我主观臆断来播音，那样的传播效果必定是一团糟，毫无章法可言。观点的集中鲜明，逻辑阐析的条理严密，是进一步升华评论话语表达效果的有效方法。播音员的认知思维不仅要严密，更应保持动态的跟进状态，随着问题评析的深入而随之加强逻辑认知的深化程度，有效查找思想根源，不断进行事件问题剖析，使之富有无尽的生命活力，不可孤立地、静止地、片面地评论事件，否则语言表达会成为一盘散沙，没有评论思路的有效调控，没有语言表达的可感可信。

【例稿 1】

原文	分析
坦率地说，在一些地方，照镜子不大受欢迎。	党中央提出“照镜子、正衣冠、洗洗澡、治治病”的十二字总要求，这是教育实践活动的根本遵循。备稿中，我们应深入领会活动精神，把握活动实质。开篇第一句话是总领全文的中心话语，表达应自然平和，在态度上把握好分寸，突出“不大”。
有的同志自我感觉良好，懒得照镜子，动辄曰“寡人无疾”，两眼蒙蒙，双耳聩聩；	第一种同志自以为是，思想懒惰，播读中可将其设计为形象慵懒、面容呆滞的人物形象，强调“懒得”“寡人无疾”等词语。
有的明知自己有问题，害怕照镜子，担心光可鉴真，讳疾忌医；	第二种同志逃避现实，蝇营狗苟，播读中可将其设计为身形瘦弱、苟延残喘的人物形象，突出“害怕”“讳疾忌医”等相关词语。

原文	分析
有的只愿看自己光鲜的一面，习惯盛妆出镜，言必谈功劳成绩，自我膨胀、自欺欺人；	第三种同志好大喜功，不可一世，播读中可将其设计为体态肥硕、骄纵蛮横的人物形象，对“盛妆”“自欺欺人”等词语加以重音处理。
还有的喜欢拿着镜子照别人，认为自己美得不得了，看到的都是别人的缺点问题。	第四种同志自作聪明，摆弄伎俩，播读中可将其设计为奸猾世故、思想狭隘的人物形象，对“照别人”“缺点”等词语加以强调。
这样的认识，不符合“照镜子”的本意，只能是“闭塞眼睛捉麻雀”，把不住问题的脉、点不到矛盾的穴，让活动成了花架子、批评成了走过场。	播读中应将这次教育实践活动的总要求作为准绳加以认真体会，注意对不同人物形象的感性和理性把握，将“总—分—总”的层次划分熟记于心，这样便于在对比中刻画人物形象，展开深入评论。

——节选自《人民日报评论员文章：“照镜子”重在找到差距——如何落实十二字总要求之一》，《人民日报》2013 年 9 月 2 日

二、以点带面构建话语场，由事论理语气平和

时政新闻评论往往对一件或几件具有代表性的时政事件进行深入具体的分析阐述，找出事件缘由，解读其中社会影响，为明确论点服务。

1.语流畅达错落有致

播音以点带面构建话语场，且语流顺畅通达是评论播音深入人心的关键要素。在积极构建话语场的过程中，应始终保持语流平稳推进，具体应做到语言流动方向明确。这里可借鉴语势的基本样态，形成上山类、下山类和半起类综合运用的语言走势。在正面评述时，以上山类为主，气息保持兴奋拮抗状态，以托住声音向上运动；在驳斥评述时，以下山类为好，声音走向由最高点渐次向下，最后站定收稳；在表述事件情节时，可综合运用上山类和下山类，使受众对事件进展有一定的深入认识和积极思考，同时增强评述的吸引性和艺术性。

2.语气平和态度鲜明

评论播音中语气的把握与处理是使评论观点深入人心的重要路径。这里可从语气色彩和语气分量两个层面加以分析。评论播音中的每句话、每个段落中都蕴含一定的感情色彩，都是媒体观点立场的生动呈现。这里的语气色彩不是播音员随心所欲的简单勾勒涂抹，不是虚情假意的刻意卖弄，而是语句具体思想情感积极运动的有效外

化，这种明显的外化体现在声音气息的变化上。评论播音中应保持声音气息自然、平和，保持积极稳定的兴奋状态，不可气息时大时小，时疏时密，气息足时声音过度高昂，而反之时声音却极度低沉。同时，在态度把握上，应不失冷静思考、沉着冥思之状，做到态度鲜明、集中、具体，并有较大可信度和说服力，在传播正确观点时语气肯定，积极上扬，在分析错误认识和行为时语气应不偏不倚，以中性色彩为好，这样留给受众更大的思考空间。

【例稿 2】

原文	分析
偷着吃，说明已经有所忌惮，但也说明心存侥幸。	本句承前启后，起到衔接过渡作用，意在引导受众思考新闻背后更为深刻的社会现实问题，表达时语气应自然缓和，逐渐将话题展开，略微强调“心存侥幸”，旨在说明急需加大改革力度，彻底根除这一顽疾。
转作风不是一阵风，反对公款吃喝成为整风肃纪的抓手，就是要淘汰不上饭局事难办，推杯换盏搞交易的潜规则，铲除惊人浪费和饭局腐败。	这一话语直接阐明转作风的具体措施，话语言辞严肃但又不乏恳切，将“淘汰”“铲除”这两个语句明了地告诉受众，语调稳健顺畅，可采用波峰类语势处理，对“不上饭局事难办，推杯换盏搞交易”加以重音强调。
一张餐桌，事关民心向背，中央既有踏石留印、抓铁有痕的意志，也有常态化、制度化的设计，更有全方位监督和深化改革的手段。	中央坚定不移地将整改措施落实到位，这是推进改革的有力保障。由“意志”“设计”到“手段”，播报时应注意逐层深化，语气渐趋加强，重在说明宣传推广之意，同时可有“做出违背民心之事必有严惩”的内在语传达。
和中央禁令玩躲猫猫，和社情民意对着干，这样的行为，已经损害了党和政府公信力，必然为党纪政纪所不容！	这部分话语表达是对前面所述问题的再次警示和劝诫，可两句一停，停少连多，话语干净利落，主要突出“躲猫猫”“对着干”“所不容”这类因果关系重音，同时应将威慑性、严峻性的语气内涵加以强调。

——【本台短评】《损害公信力　党纪政纪不容》，《新闻联播》2013 年 4 月 13 日

三、准确把脉宣传导向，积极营造舆论氛围

时政新闻有着鲜明的宣传导向，明确的传播目的。随着改革开放事业的推进，加大新闻舆论监督力度也成为时政新闻评论重要理念。播音创作中可着眼于以下两点：

1.坚持正确宣传导向

播读时政新闻评论应从思想认识的高度来看待宣传导向问题。这不仅需要我们提升自身科学文化和政治素养，也需要在具体备稿中做到传播目的明确，政治立场坚定，具有社会责任感和使命感。从语言表达层面而言，应保持语气坚定有力，怀着积极向上的情感态度，并在其驱动之下，分析稿件思想内涵并有效将其与自身认识有机结合。这里应明确正向认识，力求形成正能量的有声语言表达，避免认识浅薄、观点模糊、思路混乱，应将文稿中的思想情感寓于语气、语调和语速的表达中，提炼出新闻人物的可贵精神品质，找出他与时代精神的契合点，并通过播读使这种情操得以凝练升华。

2.逻辑清晰重音准确

重音表达始终与逻辑把握紧密相连，它们之间有着多重内在关系。只有将稿件逻辑结构梳理清楚，把握到位，重音才能找准，表达才会恰当。播读者应在浏览稿件基础上，确定这篇评论采用了怎样的逻辑结构，“总—分—总”，“总—分—分”还是“分—分—总”，这些逻辑结构将稿件中心思想结构化，具体化，使受众对传播内容一目了然，对传播目的有所感知。评论重音的表达，一般是加强语势，把音高和音强调整到最佳状态，通过声音物理属性的变化将稿件的抽象思想形象具体地传播于受众。这不是形象化的渲染，不是声音僵直架起，而是综合分析稿件内容之后的表达手法。同时，时政新闻评论重音表达不像通讯、文学作品那样富于多样变化，有一定“演”的成分，它一般读来朗朗上口，自然真切，具有无形的感召力。

【例稿 3】

原文	分析
学习杨善洲，不光是学会卷起裤管干农活，学会不打官腔，更要学他一辈子不搞特权、一辈子不疏离群众、一辈子不计较个人得失。	备稿中应深入领会自 2013 年 6 月 18 日启动的党的群众路线教育实践活动的总要求，即“照镜子、正衣冠、洗洗澡、治治病”。这则编后话就是紧密围绕“照镜子”这一要求来展开评论的。应深入学习杨善洲的相关材料，悉心领会其中的可贵品质。表达中体现评论的情感分寸把握，不可过于严肃，否则会显得呆板，也不可过于稀疏，否则会有懈怠之感。
照照杨善洲这面镜子，看看还有什么地方有差距，还有哪些功夫没下足，这是端正思想作风的需要，也是领导干部赢得民心的需要。	严肃之中更多的是平和的交谈，情感应是平和自然。

——【编后话】《新闻联播》2013 年 9 月 17 日

四、注重贴近社会生活，自然生成交流对话

时政新闻评论一般由事实信息和意见评论两部分组成，前者侧重叙述新闻事件本貌和细节，后者侧重观点阐释和评析，两者相互依存，融合互通。我们在播读此类评论时，应在贴近社会生活本真面貌基础上，让事实说话，进而与受众进行有效的交流对话。

1. 语气平和情感真切

语气直接或间接体现出播读者的思想情感，将错综复杂的心理感受通过多种样式的语言表达加以外化，将稿件蕴含的观点认识转化为生动形象的有声语言加以传达。播读时政新闻评论时应力求语气平和自然，生动恰切，情感流动畅达自如，形之于声。驾驭有声语言源于对文本内容的深入理解，源于对稿件主旨的细致剖析，同时在播读状态上松弛有度，积极调控，充满语言活力与自信。利用音量、音高和音长的变化，将吐字归音的位置把握、力度调节和速度感知融会贯通于表达中，形成评论色彩的微妙变化，可使枯燥的政论说教变为生动的对话交流。

2. 气息跃动生发感知

气息变化是评论播音中需重点掌握的内容，在时政新闻评论中这点尤为突出。随着见解的推进，评论深度也随着加强，其中既有理论深度也有表达深度，而此时理论深度是有待表达深度来挖掘外化的。表达深度的直观体现就是气息运动持久、跃动、自然、连贯，是情感状态的表现形式，是播读中认识深化的传达手段。小腹拮抗在此点上是非常重要的。唯有小腹弹发自如，气息才能形成源源不断之态，这需要播读者在练习初期有意识调控小腹运动。很多时候，我们在播读评论稿件时忘掉了气息运用，只是用嗓子说话，造成声音干哑，毫无生气，应使气息融会贯通于稿件播读全过程，成行云流水之势。

【例稿 4】

原文	分析
中秋节是我们的传统节日，赏月赏花、美酒美食、共享天伦之乐，是传承千年的文化内涵。	中华民族的传统节日有着深厚的文化内涵，绝不是充斥着浪费和奢靡的醉生梦死，我们每位领导干部和共产党员都应树立节俭过节、倡导新风的正确思想，真正彰显出美好佳节的博大文化精髓。
不奢靡、不浪费，怎么花样百出都不为过。要让节日民风醇和，党风政风首先要端正，中秋节该这样，一年365天，天天都该这样。	党风政风端正会有效倡导积极健康的民风，传统佳节也不会变质走味。只有长期坚持节俭之风，才能有效形成社会新风尚，才能使我们的发展建设沿着更为科学健康的道路前进。严肃看待奢靡之风体现出党对解决问题的信心，这种坚定的决心是情感表达的关键所在。

——【本台短评】《党风政风引领节日民风》，《新闻联播》2013 年 9 月 19 日

五、多种表达方法并用，广闻博言富于批判

评论播音以议论话语为主，同时将叙述、描写和抒情等语体融合于其中，形成缤纷多样的表达形式，这既是有声语言创作的优势所在，也是时政新闻评论播音的客观要求。

1. 叙描抒议综合运用

如前文所述，评论播音由叙述事件和评论分析两部分构成，它们之间有着密不可分的语言表达关系。因此，叙述自然成为评论播音中的重要组成部分。播音中，应将叙述话语交代清楚，明朗鲜活，完整连贯，事件来龙去脉梳理分明，开端、发展、高潮和结局等要素谙熟于心；语气平和自然，情感状态相对稳定，无大起大落；语速保持中速偏快，在平稳推进中将事件过程清晰外化，无慢速或较多变化，否则会破坏原文主旨，也会使语境和语意表达受到一定影响。描写起着烘托渲染、增色添彩的作用，语流跃动分明，注重细节之处的情感处理，在理性与感性之间找寻到平衡点。情感随意见观点的阐释而自然抒发，要注意从理性角度予以情感抒发，要根据稿件内容和传播主旨加以抒情，不可盲目地随意抒发情感，那样会破坏表达格局和整体框架，会直接影响到时政新闻评论的严肃性和规范性。

2. 认知升华富于批判

时政新闻评论重在对立场、观点和见解的清晰阐述，重在对思想情感的生动外化。作为传播链条中最后一个环节的播音员主持人，更应将这点加以深入细致分析。播读者不仅要完整清楚地将稿件中的观点、意见表达出来，更要有意识地提升自我认识，做到播读得体，观点清晰，层次分明。播读者表达稿件作者观点的同时，不断汲取他人认识之长处，集多方见解于一身，有效深化思想认识。播读者的情感升华至一定高度，播读效果会更加引人关注，发人深思。同时在此基础上，播读者应有一定批判精神，对稿件内容及相关时政事件和现象作出多层次、多角度的分析解读。对社会影响较大、民众呼声强烈的时政事件，更应从时代背景、新闻背景、人物背景和社会影响等多层面予以立体动态辨析，真正将事件内化于心，外化于言，不可人云亦云，断章取义，否则会削弱时政新闻评论的传播力度，缩小其影响广度。

【例稿5】

原文	分析
8月22日至26日，薄熙来涉嫌受贿、贪污、滥用职权犯罪一案，在济南市中级人民法院公开审理。整个庭审过程公开、透明、依法，程序和实体都经得起事实、证据和法律的检验。这再次表明我们党和国家“用法治思维和法治方式反对腐败”的鲜明态度和坚定决心。	备稿中应通过观看相关视频新闻对此案审理有一定客观认识。同时应注意事例论证的特点，站在高处俯视这个案件，由此折射出我国一以贯之的依法治国理念。在播读中，语气在平和中透露着法律的庄重性和严肃性。语势以波峰类为主，表现出句腰词语的突出性和鲜明性。停少连多，表现出语意之间的连贯性。
对薄熙来的查处，从开除党籍、开除公职处分，到移送司法机关依法处理；从依法指定管辖，到公开透明审理，纵观整个案件查办过程，从一开始就沿着法治轨道逐步推进，法治精神、法律原则、法律规范得到充分体现，这是我们党反腐败的基本思路，也是我国司法文明进步的有力体现。	对薄熙来案件的查处过程，充分体现出我国法制进程的完善，表明我党对严惩腐败的坚定决心。备稿中应注意案件查处过程的逻辑性和严密性。播读中应注意语气的连贯性和语意的整体性，“法治轨道”“法治精神”“法律原则”“法律规范”“基本思路”等词语应着重强调突出，表明法治理念融汇在相关领域中，表明法律威严的正义感。
在这一案件公开审理过程中，济南市中级人民法院依法准许媒体和各界人士旁听，新闻媒体做了及时充分的报道，同时法院积极探索司法公开方式，设立新闻发言人、开设官方微博、向媒体及时披露信息，确保案件审理公开透明。司法机关依法告知并保障被告人享有的诉讼权利，在近五天的庭审过程中，被告人和辩护律师充分行使举证、质证和辩护权利。特别是，法院依法举行的庭前会议，针对案件管辖、回避、公开审理、出庭证人名单、非法证据排除等听取了控辩双方的意见，明确了庭审质证、辩论焦点；在案件重要犯罪事实、重要情节质证环节，除了当庭依法举证、示证，法院还要求证人出庭作证，这些都体现了新《刑事诉讼法》关于完善司法程序、保障被告人诉讼权利的要求。对检察机关起诉的三项罪名，法庭严格遵照法定程序，深入调查了大量证据，并经过当庭出示、辨认、质证等法庭调查程序查证，彰显了忠于事实、忠于法律的司法理念，体现了对程序正义、实体正义的追求。	在这段案件庭审过程的详细叙述中，我们看到的是相关办案人员和审理人员在纷繁复杂的办案情况下抽丝剥茧、逐层梳理的法制精神，这些在备稿和播读中都应有所体现。应注重层次的相对独立性和连贯性，从庭前会议到质证环节，内在的逻辑线索应谙熟于心，话语之间的起承转合应层次分明，重点突出。

原文	分析
坚定不移惩治腐败,是我们党从严治党的一贯要求。对薄熙来一案的审理充分表明,惩治贪污腐败,我们有党纪之严,更有国法之束。腐败的实质是权力的滥用,反腐败的核心是制约和监督权力。用制度约束权力,使权力正确规范地行使;在法治框架下查处腐败,使反腐败走向规范化、制度化,这是我们党反对腐败、建设廉洁政治的根本方向。近期查处的一系列大案要案都表明,对于贪污腐败,不管涉及谁,不管涉及哪一级,我们都会坚持一切皆断于法。这种对法治的共识,贯穿于治国理政的每一步,体现在反腐倡廉的每一个环节。	备稿中应清楚地认识到在党纪国法面前,反腐行动最终是会走向成功的。这需要在广义备稿中有较为全面的法律知识和社会常识。播读中,"从严治党""国法之束""制约和监督""法治""根本"可通过重读加以强调,体现党纪国法的严肃性和公正性。语气以肯定和严肃为主,语势可采用波峰类和上山类,如"我们有党纪之严,更有国法之束"可采用上山类,突出国法约束的重要地位和重大作用。
党的十八大报告强调,"更加注重发挥法治在国家治理和社会管理中的重要作用,维护国家法制的统一、尊严、权威"。坚持用法治思维和法治方式反腐败,我们就能让人民群众在每一个司法案件中都感受到公平正义;就能从源头上、根本上遏制特权思想、预防权力腐败、维护法律尊严。	积极有效贯彻党的十八大精神是依法治国、依法严惩腐败的核心所在。在备稿中应明确此点,将认识上升到一定高度,采用俯视的方法来纵观全局,站在一定高度看待健全法制之下的腐败问题。播读中,可将"法治""公平正义""根本上"进行重读以突出法治在党的建设和国家发展中的重要地位和巨大作用,再次将评论主旨引向深入。

——《人民日报评论员文章:用法治思维和法治方式反腐败》,《人民日报》2013 年 8 月 26 日

第二节 练习材料及播读提示

【练习 1】

谈心交心,是党内过民主生活的一种重要方法,是开好民主生活会的一个关键步骤。开一个高质量的专题民主生活会,这个步骤不但不能少,更要做深做实。中央要求普遍开展谈心活动,就是要发扬这个优良传统,为开好民主生活会奠定坚实基础。

邓小平同志说过:"在党委会里面,应该有那么一段时间交交心,真正造成一个好的批评和自我批评的空气。"会上的批评,不是马虎敷衍、文过饰非,也不是发泄私愤,搞突然袭击,而是要实现"团结—批评—团结"的良性循环。因此,会前深入谈心交心,充分交流沟通、交换意见,才能促进会上直面问题、增进共识;会前讲真话实话,不避重就轻、不回避矛盾,才能在会上触及思想深处、触及问题实质;会前把问题谈开,把不足讲透,才能防止会上制造矛盾,搞无原则的纷争。这样做实了谈心交心,民主生活会才不会走偏,才能开出高质量、开得有水平。

应当看到,一些领导干部担心"人心隔肚皮",信奉"未可全抛一片心",因而不愿真

谈心，更不愿深交心。主要领导与班子成员谈心，怕谈深了伤对方自尊，更怕对方日后拆台不补台。下级与上级谈心，怕谈透了会被穿小鞋，搞秋后算账。同级之间谈心，怕谈真了伤和气，恼羞成怒。共产党人不搞庸俗的“好人主义”，不搞“当面一套背后一套”的把戏，最讲光明磊落、坦诚相待，只要是出于公心、与人为善，就不用怕这怕那；捧出真心，推心置腹，就不会心有芥蒂。实践表明，“当面锣”“对面鼓”，真诚地提出问题，真心地帮助改正，班子会更团结，队伍会更和谐。

真心换真心，坦诚赢坦诚。要求别人做到的，自己先要做到，一把手首先敞开心扉，深刻反省自己，触及思想灵魂，自我揭短亮丑，就能赢得班子成员赤诚相见，以心交心；真诚欢迎同志式的批评，展示闻过则喜、从善如流的胸襟，下属才敢“是什么问题就谈什么问题，有什么问题就说什么问题”。同级之间谈心，以党性共勉，以本色相见，以坦荡为怀，就没有什么问题不能当面说，没有什么不足让人难为情；感谢对方帮助自己指缺点，感激对方找出自己的“盲点”，真诚地感到这是一个使自己改正提高的机会，自己就会获得更大的进步，整个队伍就会形成更强的凝聚力。

坚持真理、修正错误，是我们党的优良传统。保持和弘扬这个传统，开好专题民主生活会，教育实践活动就能够取得实实在在的成效。

——《人民日报评论员文章：做实“谈心”这个环节——开好民主生活会之二》，《人民日报》2013 年 9 月 11 日

播读提示：

这篇评论的总论点是：谈心交心，开好专题民主生活会，教育实践活动才会取得实际成效，才会促进党的发展。分论点是：①会前把谈心交心工作做好，深入开展批评和自我批评，民主生活会才会发挥应有作用；②真正提出问题，真正交心谈心，班子才会更团结，战斗力才会更饱满；③用自我真心换得同志真心，用坦诚赢得他人坦诚，才会找到自我问题，才会推动整个队伍建设。句群之间的逻辑关系：第二自然段通过因果关系的语言组织，说明会前做好谈心交心对于民主生活会有着积极的促进作用；第三自然段运用对比关系延伸出“共产党人不搞庸俗的‘好人主义’，不搞‘当面一套背后一套’的把戏”，只有真诚相对，勇于接受同志批评，班子建设才会沿着科学民主道路前进；第四自然段通过并列关系表明真诚相待才会使自己获得更大进步，整个队伍才会形成凝聚力和战斗力。

【练习 2】

历经 35 年波澜壮阔的改革开放历程，跻身世界第二大经济体的当代中国，迎来新一轮改革的壮丽征程。党的十八届三中全会着眼“两个一百年”目标的战略全局，审议通过了《中共中央关于全面深化改革若干重大问题的决定》，为全面深化改革指明了前进方向，吹响了新的历史起点上改革“集结号”。

历史是最好的教科书，深刻揭示出一个国家、一个民族的进步发展之道。35 年来，从国民经济的快速增长，到人民生活水平的显著改善，从经济体制的深刻变革，到国家和人民面貌的深刻变化，莫不靠的是改革开放。今天，破解发展中面临的难题、化解来自各方面的风险挑战、推动经济社会持续健康发展，除了深化改革开放，别无他途。全面深化改革，关系党和人民事业前途命运，关系党的执政基础和执政地位，在整个社会主义现代化进程中，改革开放的旗帜，绝不能有丝毫动摇。

这次三中全会制定全面深化改革的总体方案，提出了全面深化改革的指导思想、总体思路、目标任务，为的就是高举改革开放旗帜、不断推进中国特色社会主义制度自我完善和发展，为实现亿万人民的中国梦释放强大动力。这是指导新形势下全面深化改革的纲领性文件。当前和今后一个时期，全党全国的一项重要政治任务，就是要以强烈的进取意识、机遇意识、责任意识，深刻领会全会精神并转化成改造现实世界的强大力量。

在 35 年的改革历程中，我们谱写的中华民族自强不息、顽强奋进的壮丽史诗，靠的是一往无前的进取精神。今天，改革面临的矛盾越多、难度越大，越要坚定与时俱进、攻坚克难信心，越要有进取意识、进取精神、进取毅力，越要有“明知山有虎，偏向虎山行”的勇气。纵观世界，变革是大势所趋、人心所向。领导改革开放这一前无古人、世所罕见的伟大事业，最要不得的是思想僵化、故步自封。“逆水行舟用力撑，一篙松劲退千寻”。以习近平同志为总书记的党中央，作出了全面深化改革的战略部署，牢固树立进取意识，全面审视当今世界和当代中国发展大势，全面把握我国发展新要求和人民群众新期待，更加奋发有为地开拓进取，我们就一定能够坚定不移把改革开放引向深入。

机遇最可宝贵，历史上的中国曾多次与机遇失之交臂。18 世纪中叶以来，我们失去了工业革命、世界现代化浪潮、科技革命和产业变革浪潮所带来的发展机遇。直到 1978 年以来，我们抓住了机遇，中华民族才大踏步赶了上来。今天，从我国国际环境总体稳定，到经济发展能力和潜力巨大，主客观条件都对我们全面深化改革有利，我们从未这样接近实现中华民族伟大复兴的目标。这个历史性机遇千载难逢，我们不能丧失，抓住就能赢得战略主动，否则就有可能陷于被动。“来而不可失者，时也。蹈而不可失者，机也。”牢固树立机遇意识，科学判断有利条件和不利因素，充分发挥我们的独特优势，就一定能够抢占未来发展制高点，不断提高我国综合国力和国际竞争力，不断激发党和国家生机活力。

一代人有一代人的责任。正是一代又一代人的不懈奋斗，才有了今天的成就。历史的接力棒传到了我们手中，今天推进改革的复杂程度、敏感程度、艰巨程度，一点都不亚于 30 多年前，我们必须承担起自己的历史责任。三中全会发出了攻坚克难的动员令，我们所需要的，就是以强烈的使命感，敢于啃硬骨头，敢于涉险滩，以更大决心冲破思想观念的障碍、突破利益固化的藩篱，不断解决前进道路上的问题挑战。牢固树立责任意识，牢记对民族的责任、对人民的责任、对党的责任，勇于负责，敢于担当，我们就一定能继续坚持和发展中国特色社会主义。

历史已经并将继续证明，改革开放是党和人民事业大踏步赶上时代的重要法宝，是党和国家保持生机活力的关键，是当代中国最鲜明的特色，也是当代中国共产党人最鲜明的品格。把思想和行动统一到全会精神上来，坚定信心和勇气，凝聚共识和力量，迎接我们的将是可以载入史册的新胜利。

——《人民日报评论员文章：以"三种意识"推进全面深化改革——一论认真贯彻落实十八届三中全会精神》，《人民日报》2013 年 11 月 14 日

播读提示：

语气热情高涨；语速平稳推进，体现评论的时效性；气息保持一定张力，形成持久、均衡的状态；音量明朗跃动，体现该篇评论论证思路开阔。

【练习 3】

着眼全局大局，科学分析形势，明确指导思想，全面部署工作，习近平总书记在第二次中央新疆工作会议上的重要讲话，高屋建瓴、旗帜鲜明、内涵丰富，具有很强的政治性、全局性、战略性。做好当前和今后一个时期新疆工作，就要认真学习贯彻总书记重要讲话精神，使新疆工作站在高处，想在远处，干在实处。

"做好新疆工作是全党全国的大事，必须从战略全局高度，谋长远之策，行固本之举，建久安之势，成长治之业。"习近平总书记的重要讲话，指出了做好新疆工作的首要遵循。不谋全局者不足以谋一域，不谋万世者不足以谋一时。从战略全局高度谋划新疆工作，首先要看清新疆发展大势，看清做好新疆工作对全党全国大局的影响，看清新疆工作在统筹国内国际两个大局中的地位，在实现新疆更好更快发展中，牢牢把握社会稳定和长治久安这个总目标。

从战略全局高度谋划新疆工作，需要保持战略定力。新疆工作重要而紧迫，等不得；新疆问题长期而复杂，急不得。目前，新疆发展势头良好，社会大局稳定。实践证明，我们党的治疆方略是正确的，必须长期坚持、保持战略定力。同时也要看到，实现新疆长治久安是一个长期过程，不可能毕其功于一役。面对新形势新任务新挑战，我们要结合新疆形势充实和完善党的治疆方略，多管齐下，久久为功，扎实做好打基础利长远的工作，为社会稳定和长治久安打下坚实基础。

从战略全局高度谋划新疆工作，就要明确战略重点。新疆的一切工作，发展经济、改善民生、改革开放、民族宗教、党的建设等，都要紧紧围绕社会稳定和长治久安这个总目标来展开，把严厉打击暴力恐怖活动作为当前斗争的重点。以推进新疆治理体系和治理能力现代化为引领，以经济发展和民生改善为基础，以促进民族团结、遏制宗教

极端思想蔓延等为重点，坚持依法治疆、团结稳疆、长期建疆，我们就能牢牢把握主动权，加快建设团结和谐、繁荣富裕、文明进步、安居乐业的社会主义新疆。

古人云："善弈者，谋势，不善弈者，谋子。"有学者指出，战略，一直是中国现代发展奇迹中的精髓，是中国共产党人的一大优势。以战略思维谋全局、以战略定力迎挑战，把解决具体问题与解决深层次问题结合起来，把局部利益放在全局利益中去把握，把眼前需要与长远谋划统一起来，把国内形势与国际环境结合起来，我们就能把新疆稳定好、建设好、发展好。

——《人民日报评论员文章：从战略全局高度谋划新疆工作——一论学习贯彻习近平总书记新疆工作座谈会重要讲话精神》，《人民日报》2014 年 6 月 2 日

播读提示：

备稿中通篇浏览全文，对评论观点形成全面认识，解读新时期新疆工作的重点和难点之处——更好地保持新疆地区科学、健康、快速发展；吐字清晰、圆润、饱满，归音集中、有力、平稳；注意把握发声着力点位置，使情感驱动之下的声音传达更为自然、生动、恰切。

【练习 4】

国有国法，党有党规。对于党员干部来说，党纪国法是从政做人的底线，是不可逾越的红线，也是触碰不得的高压线。周永康被立案审查，充分体现了党纪国法面前人人平等的原则，也再次警示党员干部：党纪国法不容违逆。

古人说："凡善怕者，必身有所正、言有所规、行有所止。"一个人只有敬畏法纪，才能慎初、慎微、慎行。反之，如果目无法纪，必然迷心智、乱言行、丢操守。纵观一些落马的贪官，无不是让贪欲蒙蔽了理智，让权势淹没了敬畏，一步步失守法纪的防线，最终走向蜕变腐化、违法犯罪的深渊。这警示每一个党员干部，在党纪国法面前，要心存敬畏，不要心存侥幸。心怀敬畏，才能慎始敬终；警钟长鸣，才能警笛不响。

严密的组织性和铁的纪律，是我们党的一个重要优势。党要管党、从严治党，靠什么管，凭什么治？就要靠严明纪律。任何党员，不论党龄长短、职务高低，都必须严守党的纪律，既不能因为是普通党员而放松对自己的要求，更不能因为位高权重而无视纪律约束。党纪不能违，法律更不能犯。对党员干部而言，遵守党的纪律是本分，遵守国家法律是义务，党纪国法面前不能搞特殊、有例外。党内决不允许有不受法纪约束、甚至凌驾于党纪国法之上的特殊党员；相反，党员干部职位越高，越要模范遵守党纪国法、带头维护法纪尊严——这才是党的规矩、党的传统。

党员干部不仅要以身作则、带头遵纪守法，而且要严格约束亲属和身边工作人员，坚决反对和克服特权思想、特权现象。党内决不能搞封妻荫子、封建依附那一套，搞那种东西总有一天要出事。

"加强纪律性,革命无不胜"。反腐败斗争的实践警示我们,必须严明党的纪律,各项纪律都要严。遵纪守法是无条件的,要说到做到、有纪必执、有法必依、有违必查。要深入贯彻八项规定精神,坚决反对和纠正"四风",坚持以零容忍态度惩治腐败,坚决遏制腐败蔓延的势头。广大党员干部守法纪、守规矩、守本分,真正做到清清白白为官、堂堂正正做人、干干净净干事,这是对党和国家的事业负责,也是对自己和家人负责。

——《人民日报评论员文章:党纪国法　不容违逆》,《人民日报》2014 年 8 月 1 日

播读提示:

应明确理解播读目的,即加强党员干部的组织性和纪律性教育,坚决反对"四风",形成遵章守纪、风清气正的良好氛围。播读状态庄重中不乏亲切,严肃中不乏自然;扬停为主,承接后文;顿挫得当,表现层次;连接自然,形成一体;收音到位,着力坚实。

【练习 5】

如果说西藏军区总医院能省钱、会花钱,那是因为他们知道钱该从哪儿省,该花在谁身上。为老百姓花钱,就叫会花钱。家具新旧是面子问题,设备先进与否,却是军民生死问题,该怎么取舍,压根儿不用多想。对自己小气,对百姓大方,收紧手中权力,用好公共资源,这种反差强烈的"抠门儿"精神,对于当今发展,对于端正党风、政风,都有现实意义,值得大声叫好,更值得认真学习。

——【本台评论】《为老百姓花钱就叫会花钱》,《新闻联播》2013 年 9 月 2 日

播读提示:

紧密围绕"为谁花钱"展开动态分析,根据内容生成语感,有效分析稿件主旨;准确把握态度分寸,做到恰当自然;语句逻辑梳理清晰,找准内在关系;语气自然平和,无夸张渲染之意;具有一定交流感,向受众表达见解观点。

【练习 6】

柳华斌被称为"铁汉子",这是因为他吃苦耐劳,危险时刻敢于冲锋在前;还因为他善于钻研,专业技术过硬。坚守岗位 30 多年,走遍随州的山山水水,柳华斌用脚印诠释着责任。为了一方碧水蓝天,把环境监测当成民生大事,这位"环保铁汉"用行动赢得了人们的尊重!

——【本台短评】《坚守来自责任》,《新闻联播》2014 年 4 月 14 日

播读提示:

语言表达具有一定画面感,生动呈现柳华斌奋战在工作第一线的难忘画面,由此催生播读情感;发声集中有力,体现先进事迹的感人性和教育性;气息控制精细,吐字清晰明朗,体现新闻人物的精神感召力。

【练习 7】

“四风”改头换面转入地下，既证明了反“四风”的威慑力，也说明还有人心存侥幸。这样的小聪明，糊弄不了群众，逃不过越来越严密的全方位监督。整顿作风是艰巨的长期工程，之所以盯住小小一块月饼，就是要从小处抓起，从细节抓起，从习以为常、见惯不怪的人情往来抓起，建立起一种清新健康的新时代君子之交，培育出符合社会主义核心价值观的党风政风和社风民风。坚持一个节点一个节点地抓，扭住不放松，体现的是一种不妥协、不懈怠、不刮一阵风的坚定态度。中秋节皓月当空，一肩明月两袖清风，应当成为我们永恒的节操。

——【本台评论】《整顿作风　从小处抓起》，《新闻联播》2014 年 7 月 24 日

播读提示：

播读中体现出我党反“四风”的坚定决心，维护人民利益的有力举措。感情色彩内敛，蕴含于表达之中，形成强大推动力，将真切、有力的语言生发出来；以中声区用声为主；气息运用自然、灵活、稳定。

【练习 8】

日前，一份关于中国公众城市宜居指数的调查报告显示，上海在文化兼容性方面在被调查的 20 个城市中不在前列。这种状况与上海加快实现“四个率先”、加快建设“四个中心”，与培育、树立城市精神的要求有较大差距，与争取承办一届“成功、精彩、难忘”的世博会亦不相适应，应当引起我们的重视和深思。

市委主要领导同志为此指出：海不辞水，故能成其大；山不辞土石，故能成其高。海纳百川，才成其为上海。上海是全国的上海，上海今天取得的成就离不开全国各地的关心和帮助，上海今后的发展同样离不开全国各地的支持与合作，上海要以更宽广的胸襟，兼容并蓄、博采众长，大力塑造“海纳百川、追求卓越、开明睿智、大气谦和”的新形象。这席话，对于拓宽上海的胸襟，塑造上海人的新形象，有着准确的针对性和深刻的现实意义。

上海是全国的上海，这是上海发展的规律。且不说当年的小渔村，靠着五方杂处、近悦远来，才成为全国最大的城市；就是新中国成立 50 多年以来，上海以一个百业凋敝、藏污纳垢的“十里洋场”，变为社会主义的特大型城市，哪一点离得开全国人民的关心和帮助？尤其是改革开放以来，上海从后卫转到前锋，成为改革发展的领头羊、排头兵，更离不开党中央、国务院的正确领导，离不开中央各部委和各兄弟省市的大力支持，也离不开数百万外来的兄弟姐妹的拼搏奉献。事实上，世界上任何一个大都市，都不是一个孤立、封闭的独体，也绝不可能单单依托自身力量来造就，只有在不断吸纳周边、全国乃至全世界的人才、资本、信息、技术、物流和成功的经验中，才能最终建成。同样的，任何一个大都市的跨越式发展，都需要捕捉和抓住机遇，而这种机遇，往往是

区域性甚至是全国性的，只有坚持联动发展，不断推动区域合作交流的全方位、深层次发展，才能在都市群的共同崛起中实现大都市的大发展。上海发展的历程和规律都告诉我们，上海的昨天、今天和明天都离不开全国的关心和帮助，尤其是上海要建成“四个中心”，作为一项国家战略，更离不开全国人民的支持。上海要以宽广的胸襟，虚心谦逊地学各地之长，脚踏实地地补上海之短，锐意进取地创上海之新！

上海是全国的上海，这也是上海肩负的庄严历史使命。新世纪新阶段的上海，处在我国改革开放的先行地区，这就要求上海必须积极实施国家战略，主动承担起率先探索的责任，努力为全国改革开放多作贡献。这既是全面建设小康社会的全局要求，又是上海真正建成“四个中心”和现代化国际大都市的内在要求。国际大都市的首先功能是服务，世界上任何一个大都市都是以它的吸引力、凝聚力和辐射力，在为周边、为全国乃至世界的服务中才能形成、凸现和提升它的都市功能；而任何一个经济、金融、贸易和航运中心，也只有在为全国乃至世界的资本、人才、物流、信息搭建让它们“长袖善舞”的舞台中，才能最终形成以服务为核心的综合竞争力。因此，上海要以更宽广的胸襟和更广阔的视野，把上海未来发展放在中央对上海发展的战略定位上，放在经济全球化的大趋势下，放在全国发展的大格局中，放在国家对长江三角洲区域发展的总体部署中来思考和谋划，牢固树立全国一盘棋思想，始终坚持在服务全国大局中发展上海自身。

我们正在与时俱进地培育上海城市精神。城市精神的培育要有文化的根基。上海文化是什么，从根上说来应当是移民文化、包容文化。但是在少数上海人眼里，移民文化被扭曲地演绎成“本土文化”。他们的思想方式是封闭式的，甚至有妄自尊大、瞧不起别人的盲目优越感。这种“文化”，很不利于上海的新发展、大发展。我们的目标和定位是现代化国际大都市，这就必须讲包容性、兼容性。上海还是要“开门”，必须要“开门”，只有海纳百川、和谐相融，才能真正建成“四个中心”。有了这样的文化观念、文化根基，城市精神的培育才有了保证。我们的观念一定要开放，决不能排斥外来者，而是要去融合。比如，上海要实施科教兴市战略，就要占领人才高地，不但有国内精英荟萃，还要有国际人才聚集。又比如，上海城市的运转，离不开几百万农民工，在他们付出辛劳的同时，理所应当得到整个社会和城市的认同和尊重。

总之，上海人一定要海纳百川，虚怀若谷，从谏如流，闻过则喜，这才是我们的博大之处；上海人一定要既有精明、睿智的清醒头脑，更有大气、谦和的宽广胸襟，只有这样，上海的城市精神才能高扬，上海人才能以崭新的形象播扬于世！

——《上海要有更宽广的胸襟》，《解放日报》2007年7月9日（获第十八届中国新闻奖一等奖）

播读提示：

科学划分该篇稿件的段落层次，对全文评论思路有一定把握和理解，明确认知文章中心思想；播读长句时注意语句之间连接自然，平稳过渡；用声状态稳健，以胸腹联合式呼吸为主，使播读气息从容有致；气流稳劲状态自如。

【练习 9】

有利益的表达才有相对的利益均衡，有相对的利益均衡才有长久的社会稳定，尽可能多地倾听社会各方面的声音，对于维稳大有好处。以政府之力，维护弱势人群的表达权，使他们的利益能够通过制度化规范化渠道正常表达，这是共建共享的应有之义，是构建和谐社会的关键所在。

在今天的中国，能听到各种声音。两会会场中代表、委员纵论国是，报纸杂志上不同思想交流探讨，新闻评论跟帖动辄上千条，近 2 亿网民随时写下 140 字微博……条条声轨，汇成合奏，呈现这个时代多元多样的复杂图景和蓬勃活力。

我们迎来了表达的“黄金时代”，但仍有许多声音未被倾听。一方面，有些声音被淹没在强大的声场之中，难以浮出水面；另一方面，也有些声音只是“说也白说”，意愿虽表达，问题未解决。这些，都可谓无效表达，有人称之为“沉没的声音”。

无效的表达，不是没有表达，更不是不愿表达。广州市领导公开接访，市民带上铺盖卷、排队三天，就是为了能跟领导“说上话”；首位农民工全国人大代表胡小燕公开自己手机号，却因每天上千个电话、上千条短信被迫关机。那些为网络关注、被媒体聚焦的热点事件，只是“冰山的一角”，海面之下这些体量更大的冰块，才是让冰尖浮出水面的庞大基石，也才是决定社会心态的“潜意识”“核心层”。

在一定程度上，表达上的弱势群体，也是现实中的弱势群体。在社会层面，他们既缺乏影响公共舆论的资源，又鲜有参与政府决策的渠道，甚至无法得到与自身密切相关的信息，表达和追求自己利益的能力同样薄弱。因此，尽管可能人数不少，他们的声音却很难在社会中听到。

听见与被人听见，本是“社会人”的基本诉求；说话与听人说话，更是现代文明的基本共识。当表达权已成为一项基本的政治权利，重视这些声音，是协调利益关系、理顺社会心态的起点。在一个有着 13 亿人口、正经历着急剧社会转型的国家，广大群众的声音被聆听、被重视，尤为重要。

大部分沉没的声音背后，都有未被满足的诉求，都有被压抑、待纾解的情绪。儿子车祸致残，云南父亲欲法院“自爆”走上极端维权之路；幼女身患绝症，湖北母亲参与“跪行救女”网络炒作……让舆论哗然的事件，都肇始于被忽视的声音。不可倾诉、不被倾听、不能解决，如果不主动“打捞”，太多声音沉没，难免会淤塞社会心态，导致矛盾激化。

发出声音，是主张利益的基础。有利益的表达才有相对的利益均衡，有相对的利益均衡才有长久的社会稳定。事实表明，诸多矛盾冲突事件背后，往往是利益表达机制的缺失。从这个角度看，维权就是维稳，维权才能维稳。尽可能多地倾听社会各方面的声音，兑现社会公众的表达权，对于维稳大有好处。

在众声喧哗中，尽可能打捞那些沉没的声音，是社会管理者应尽之责。以政府之力，维护弱势人群的表达权，使他们的利益能够通过制度化规范化渠道正常表达，这是共建共享的应有之义，是构建和谐社会的关键所在。只有这样，才能让“说话”“发声”不仅是表达诉求的基本手段，更成为培育健康社会心态的重要环节，成为社会长治久安的坚实基础。

——《倾听那些“沉没的声音”》，《人民日报》2011 年 5 月 26 日（获第二十二届中国新闻奖一等奖）

播读提示：

播读时应注意稿件的宣传导向，有效提取稿件的核心信息和中心思想，鲜明地亮出媒体的观点，引导社会舆论。紧密围绕“倾听人民声音”这一中心议题，将实现利益均衡发展、维护社会稳定的观点清晰呈现于受众，使播读目的更为明确。

【练习 10】

（一）路线问题，是决定命运的关键抉择。

2013 年的这个 10 月，APEC 峰会时隔 19 年重回印尼，“活力亚洲”如何当得起“全球引擎”的期待，21 个成员的选择，决定成败。美国民主、共和两党对医改的分歧仍然难以弥合，联邦政府非核心部门被迫关门，债务上限危机阴云压顶。禁止化学武器组织的专家小组到达叙利亚，反对派与政府军的僵持还在延续……世界的前途，笼罩在“不确定性”的云层下。正在太阳系边缘飞行的“旅行者 2 号”的留言意味深长：“再见，人类。你们自己看着办吧。”

在中国，国庆长假刚刚结束，遏止公款消费是它引人注目的亮点。国庆前夜，中央党的群众路线教育实践活动领导小组会议紧张进行，而中央政治局常委全程参加活动联系点专题民主生活会，会上领导干部间的批评与自我批评，令人耳目一新。

瞻望前景，即将召开的十八届三中全会备受瞩目。在劈波斩浪 35 年之后，改革开放的中国巨轮，发展如何升级，改革如何深化，开放怎样扩大？13 亿人翘首以待。仿佛是一个隐喻，10 月 1 日上午的天安门广场，五星红旗在风雨中升起，机遇和挑战一起在前方等着这个国家。

举什么旗，走什么路，党的十八大再次给出了坚定的回答。然而把“五位一体”的布局分解成具体的任务，将“两个百年”的蓝图变为美好的现实，迈向巅峰的每一步背后，都潜伏着风险乃至危机。面对这么大的一盘棋、这么大的一份责任、这么大的一个中国，我们需要找到得力的抓手，才能完成这艰险的攀爬。

“党坚强有力，党同人民保持血肉联系，国家就繁荣稳定，人民就幸福安康。”十八大报告道出了走向复兴的关键。打铁还需自身硬，全党必须警醒起来，切实解决自身存在的突出问题，向历史、向人民交出一份合格的答卷。习近平总书记的就职宣示，将党的建设、党与人民群众的关系问题，置于复兴大业悠悠万事的中心。

党的群众路线教育实践活动就这样在全党范围开展起来。

（二）改革开放，将中国推送到一个前所未有的高度。百尺竿头的更上层楼，举步艰难。

如果说35年前的破冰，是向人性、向常识、向利益的回归，思想解放的刀锋所向，处处都能打开一片新天地，那么今天的纵深推进，则要冲破思想观念的障碍、突破利益固化的藩篱。发展起来以后的中国面临的矛盾和问题，似乎比之前更尖锐也更复杂。

宏观层面，体制转轨遭遇既有格局的强大惯性，发展转型面临创新能力和人才培育的刚性瓶颈，政府职能转变不仅需要壮士断腕的勇气，也不能没有临渊履冰的精细和严谨。民主的发育，要有法治护航；法治的尊严，离开民主又极易专断。忽视公平共享的"GDP主义"，显然已难以为继；过高的期待过急的操作，又可能制造出牵绊发展的"福利主义"温床……太多的两难，让人顾虑重重、举棋不定。

微观层面，地方债居高不下，房价起伏不定，"看得见的手"进退两难，"看不见的手"难以施展。老龄化浪潮迅速吞噬人口红利，催生"未富先老"的困境。一边是就业难，一边是用工荒；一边是城镇建设热火朝天，一边是城门高耸楼宇空置；一边是素质教育高歌猛进，一边是校外开小灶填鸭式补课；一边是医生加班加点叹收入太低，一边是患者抱怨看病难看病贵还要送红包……太多的纠结，累积不高兴不和谐不稳定的情绪。

继价格并轨、国企改革、政企分开之后，中国的改革发展，再次进入阵痛期。毫无疑问，近几十年来，伴随中国成为世界第二大经济体，亿万人民生活和命运发生了巨大改变，有国外媒体由此判断，"中国共产党是迄今最成功的人民政党"。但也毋庸讳言，多元格局的形成，令"万众一心"的改革已成奢求，而腐败之风所及，公众对政府部门和公职人员的信任大为损耗，过去质朴无邪的老百姓有些成了杯弓蛇影的"老不信"。

作为一个新兴大国的执政者，面对风云变幻的国际形势和人民群众日益多元多样的利益需求，面对全面深化改革开放的时代重任，要在这场"具有许多新的历史特点的伟大斗争"中继续取得胜利，在实现中国梦的征程上奋力前行，只有以对自身的高要求不断刷新形象，通过真挚诚恳平等的互动，抚慰群众的情绪，满足群众的诉求，巩固群众的信任，争取群众的支持，凝聚群众的智慧，来闯过眼前的深水险滩。除此之外，别无选择。

这便是当前群众路线教育实践活动的现实背景。

（三）遍观当今世界数以千计的政党，若论凝聚力和战斗力，无出中国共产党其右者。

长征路上，衣衫褴褛，缺枪少弹，九死一生，一声"救亡图存"，应者绵延两万五千里，最终涓滴汇海而成大潮流，众志成城而为新中国。为缓解粮食压力、减少工资支出，上世纪60年代初全国精简职工近2000万，压缩城镇人口2600万、吃商品粮人数2800万，没有补偿，甚至不用动员，当事者竟几无怨言。毛泽东由衷赞叹：我们的中国人民、我们的广大干部，好呀！两千万人呼之则来，挥之则去，不是共产党当权，哪个党能办到？

为什么能办到？

斯诺去陕北寻找答案。“我看到毛泽东住在简陋的窑洞里，穿的是打了补丁的衣服，吃的是小米饭和辣椒土豆丝；周恩来睡在土炕上；彭德怀穿的背心是用缴获敌人的降落伞做的；林伯渠的耳朵上用线绳系着断了一只腿的眼镜；林彪请我吃的是‘面条宴’；红军大学学员把敌人的传单翻过来当作课堂笔记本使用……他们坚忍卓绝，任劳任怨，是无法打败的。”

就是在那里，朱德写下真挚的悼文：“母亲是一个平凡的人，她只是中国千百万劳动人民中的一员，但是，正是这千百万人创造了和创造着中国的历史。我用什么方法来报答母亲的深恩呢？我将继续尽忠于我们的民族和人民，尽忠于我们的民族和人民的希望——中国共产党，使和母亲同样生活着的人能够过快乐的生活。这是我能做到的，一定能做到的。”

1973年，得知甘肃定西连续22个月没下过透雨，数十万人缺水，数百万人缺粮，病中的周恩来在报告上连续写下九个“不够”和三个感叹号：“口粮不够，救济款不够，种子留得不够，饲料饲草不够……必须立即解决。否则外流更多，死人死畜，大大影响劳动力！”

1958年，在重庆綦江，轻车简从的邓小平临行前从车窗伸出头来，叮嘱年轻的区长：“小王，不要忘记农民，人民要吃饭，人民要吃饭，人民要吃饭。”

“一切为了群众，一切依靠群众”，群众路线是我们党的价值取向和政治路线。面对群众，党没有自己的特殊利益更不应有任何特权，为人民谋幸福从来都是党的立身之本和力量源泉。正如学者所分析，其他政党之所以没有完成“近代中国国家建构的历史任务”，原因正在于“都与民众不生关系，都成了水上无根的浮萍”，而共产党从一开始就是“联系人民群众的党”，因而才能穿越革命、建设和改革的艰难行程，走向复兴、走向辉煌。

“从群众中来，到群众中去”，坚守为人民服务的宗旨，循着群众路线的脉络，我们党所展现出的“那种精神，那种力量，那种欲望，那种热情……是人类历史本身的丰富而灿烂的精华”，是西方人眼中磁石般的“东方魔力”，是暗夜中照亮征程的“兴国之光”，也是我们今天攻坚克难、接续梦想的动力之源。

（四）从革命党到执政党，条件变了，环境变了，党的群众路线必将面临严峻考验。对一个长期执政的大党而言，尤其如此。

战争环境下，党的生存直接取决于群众对党的态度。执政之后，政治地位的改变，对整个国家机器的掌握和支配，使党有了前所未有的丰厚资源。在某种程度上，群众生活能否改善、生产能否顺利发展，都反过来依赖于党的路线政策，依赖于党的各级机关的工作态度，依赖于党员干部的工作作风。这种依存关系的转变，往往成为官僚主义滋生的土壤。

当党政干部执掌了大量公共权力而又缺少相应的制约时，“官僚主义”的坏风气便可能冒头甚至蔓延。党注意作风建设时，领导干部会自觉联系群众，帮助群众解决困难；而当党风不正时，“突出官权、泯灭民权，以官为主、以民为仆，以官为本，唯官是从，官民严重对立”的官本位思想就会像病菌一样四处流布，党的生活变得随意化、庸俗化，党内自由主义与好人主义盛行，一些党员甚至挡不住诱惑、守不住底线，掌握大权的领导干部与群众的距离越来越远。

形式主义是官僚主义的孪生兄弟。它们共同的特点，是颠倒了对上负责与对下负责的关系，对上唯唯诺诺，时时盯着领导高兴不高兴、满意不满意，甚至不惜通过弄虚作假、竭泽而渔、寅吃卯粮来换取所谓“政绩”；对基层群众的感受却不敏感、不关注乃至不在乎。对上“看天气”，对下“耍霸气”，办公室里“找灵气”，却唯独不到群众中“接地气”。要让他们为了群众利益去坚持原则得罪人、动自己的奶酪，更是连门都没有。

权力对于执政者的侵蚀是致命的。在长期执政条件下，“公权”与“私利”的界限很容易变得模糊，“打江山”是人民的江山，“坐江山”却可能有“家天下”的错觉。面对从手中汩汩流过的财富和资源，主观的自觉与客观的监督只要有丝毫松动，要抵御享乐主义和奢靡之风的诱惑，就变得难上加难。

不是没有前车之鉴。最令人震撼的蜕变，发生在曾令帝国主义闻风丧胆的社会主义苏联。十月革命后的粮食危机时期，有权调拨千百万吨粮食的人民委员瞿鲁巴却因吃不饱饭，昏倒在会场。列宁不得不倡议设立“疗养食堂”，强迫党的高级干部在那里“为人民吃饭”。到赫鲁晓夫时期，这些疗养食堂已变身为遍布各加盟共和国的“小白桦”商店，为近百万特权阶层专供各种稀缺和进口产品。“专门的医院、专门的疗养院、漂亮的餐厅和赛似皇宫盛宴的特制佳肴，还有舒服的交通工具”，叶利钦回忆，作为政治局候补委员，他配有三个厨师、三个服务员、一名清洁女工，还有一名花匠，“如果你爬到了党的权力金字塔的顶尖，则可以享受一切——你进入了共产主义！那时就会觉得什么世界革命、什么最高劳动生产率，还有全国人民的和睦，就都不需要啦。”

到今天，有着 74 年历史的苏联，已经解体 22 年。20 多年来，对于苏共亡党亡国的反思，在社会主义中国从未停止。精神懈怠、能力不足、脱离群众、消极腐败的危险，执政考验、改革开放考验、市场经济考验、外部环境考验，防住了经得起，我们就能涉险过关，实现长治久安。防不住经不起，形式主义、官僚主义、享乐主义、奢靡之风盛行，所带来的不仅是“载舟覆舟”的千古警思，更有亡党亡国的灭顶之灾。

正是站在这样的高度，习近平总书记郑重强调：工作作风上的问题绝对不是小事，如果不坚决纠正不良风气，任其发展下去，就会像一座无形的墙把我们党和人民群众隔开，我们党就会失去根基、失去血脉、失去力量，就有可能发生毛泽东同志所形象比喻的“霸王别姬”。

——节选自《守护人民政党的生命线——论深入开展党的群众路线教育实践活动》，《人民日报》2013年10月14日(获第二十四届中国新闻奖特别奖)

播读提示：

将该篇评论文章置于我党发展的历史长河中加以分析，有效梳理稿件议论评析的脉络层次，将鲜明、具体的传播主旨清晰、明了地表达出来，情感态度坚定有力，将历史回溯感和未来展望感融于一体，使话语表达更加引发深思。

第十章　民生类评论播音

第一节　民生类评论播音指导

民生新闻是广播电视事业快速发展的产物。新闻媒体将百姓所关心、所熟知的人、事、物作为报道的主要内容，以平民视角来审视新闻事件的原委，以百姓立场对社会现象进行多方位解读。而与之相关的民生新闻评论，综合了民生新闻中多样的表现元素，通过广播电视的立体生动传播，将媒体观点和百姓见解传播于社会各处。它通过引导性的观点辨析、多元动态的评论形式和全方位的人文关怀将百姓利益置于首位，将话语评论分析的张力尽情彰显于节目中，实现了新闻传播观点和信息的双向互通，开拓了媒体评论的广阔视域。

民生新闻评论在新闻播音创作体系中有着重要位置。它通过有声语言和副语言向受众传递具有民生价值的信息评述，在坚持党的宣传路线、方针和政策的基础上，对社会生活中具有代表性和普遍意义的人、事、物等问题从百姓角度进行有针对性的分析解读，力求实现百姓利益最大化，彰显社会新风尚，深入贯彻落实社会主义核心价值观。它在集中反映社会生活诸多现象和问题的同时，也在积极引导受众形成正确的人生观、价值观，在寻常话题的交谈评析中增强着受众的认知能力和辨析能力，始终将社会正能量的传播贯穿于节目之中，将社会正义良知的呼唤化为评论动力，将社会道德提升的意识融于评论话语中，形成积极有效的传播格局。

此类新闻评论播音总体要求为：情感质朴，话语平实；生动切入，表达细致；注重内容，切忌空谈。民生新闻评论在情感态度上要求质朴无华，真挚感人，将播读者最为真实的思想见解和观点认识通过平实、严谨的话语传播于受众。播读者应在播读心理上形成近距离交流意识，拉近与受众之间的心理距离，进而产生双向互动，由情感流动自然带出有生命活力的话语。评论话题如何切入是取得良好传播效果的关键因素，由民生新闻传播特点可知，单一的、平直的切入，势必破坏评析论述的语境氛围，不利于受众快速准确地接收评论观点。应在充分把握稿件内容的同时，运用生动、形象的话语样态，如话题事例，典型话语，谚语俚语等引入话语表达，对可亲可感的体态语加以辅助，适当穿插带有幽默、诙谐意味的话语或例子，有效提升评论语境氛围。播读者应把评论内容的传播放在心中，在连贯自如的话语表达中对其内容加以阐释，将评论观点融入字里行间之中，使受众闻之有所感悟，进而实现节目播出目的。同时与受众积极互动，在假想或真实环境中形成浓郁、朴实、自然、平和的交流语态，切忌空谈，拿腔拿调，虚假造作。

一、紧密贴合百姓生活，平民视角生动可感

民生新闻反映百姓心声，将社会生活中的事件加以整合，形成平民化的传播视角。它的报道素材来源于日常生活，街头巷里，评论形式灵活多样，指向多元。受众不仅可以从中获得最快捷的民生新闻报道，而且在轻松亲切的环境中接受着评论观点和见解。

1. 从生活中汲取创作动力

民生新闻取材源于现实生活，从丰富多样的百姓生活提取报道内容，以本土化、地域化的语言加工和情感定位实现着报道活力的持久延续。播读此类评论，应沉下心来，走进百姓生活之中，注意倾听百姓心声，能够据此有效加工整合，形成媒体意见。这需要每一位播音员主持人都能够从媒体立场出发，做生活的有心人，遇到生活难题不解或迎刃而解之时，都会生成相应的语言表达。这不仅可以锻造播音员主持人观察生活、热爱生活的工作能力，同时可从细节之处感受百姓情感，触及心灵深处，使评论话语更具感召力和凝聚力。

2. 以平民视角生发亲切感

改革开放之前的新闻评论播音多高高在上，俯视民众生活，它将观点意见“强行”加予受众，生搬硬套老模式老办法。改革开放之后的新闻评论，尤其是民生新闻评论，力求以平民视角来解读人物和事件，创新报道理念，扩展报道视角，在表达中，以声音集中、圆润、饱满为主，以亲切自然的表达样态呈现在受众面前。它不仅可以为对象感生成做好铺垫准备，更是将现实生活艺术化、浓缩化的重要前提。播读者不仅要注意平实自然、亲和真切的语气生成，更要有相应的播读状态生成，这样可更好地产生评论话语的亲切感。

【例稿 1】

原文	分析
大旱牵动人心！各地各部门紧急动员、迅速部署，调动人力、物力、财力支援灾区。所有的努力，就是千方百计保障受灾群众的正常生产生活，最大程度减少旱灾损失。	播读中语态鲜明跃动，体现对大旱灾区人民生活的极度关切，语速较快，体现新闻评论时效性和快捷性。
旱情还在肆虐，丝毫不容松懈。科学抗旱，干部带头很重要。干部与群众拧成一股绳，劲往一处使，共同应对干旱的考验，争取早日打赢这场硬仗。	情感分寸把握得当，语气自然平和，具有一定对象感，表达中体现出交流意识。

——【本台短评】《抗旱就是旱区最大的民生》，《新闻联播》2013 年 8 月 4 日

二、客观公正言之有理，把握分寸态度适中

新时期新闻传播活动要求客观公正的报道消息，阐发意见，传播正能量。民生新闻评论更要注重新闻真实性，以此为基础进行评论言说，坚持以正面宣传为主和团结、稳定、鼓励的原则，将真实之声、正义之声、和谐之声带到每一位受众心中。

1. 语气随境而生，坚持正向宣传

播读者在此类新闻评论话语中，应力求语气鲜活跃动，生机勃发，跃动可感。播读者在充分理解稿件内容，把握稿件主旨的基础上，随着播读感受的逐渐加强，语气也应相应生成，建构出“内容——情感——语气”三位一体的传播模式。首先由稿件内容决定播读情感样态，将欢欣雀跃、沉郁顿挫、感怀慨叹、意气风发、引人深思、耐人回味等不同样式相对应地融合于稿件表达中。由此生发出附着情感色彩的语气，使浅显易懂、诙谐风趣、谈天品评式的评论话语在节目中闪耀出生活本色的光芒。坚持正向宣传，摆正传播目的，形成规范与活泼相结合的语境。坚持从维护社会稳定，促进社会经济发展出发，在传播报道形式上紧贴百姓生活，在播音语言、播音情感、播音思路等方面形成为百姓所欢迎的传播语境。

2. 表达态度适中，把握分寸得当

在有声语言创作中，表达态度是声音和气息运用的前提，它与思想意识相伴相随，由表达态度生发出相应的气息和声音。民生新闻评论应保持态度适中，在不偏不倚、不过度激越或悲愤中形成态度分寸得当的表达形式。这里的表达态度既指情意、感情，也指情境、意境。如果说情意、感情可以较好地揣摩体会，那么情境、意境的把握拿捏就上升到更高的表达境界。民生新闻有着特定的情境，这就是浓郁的生活气息，本

真的情感诉求，这使得评论话语也充满着生活化的情境，播读者应将此传播理念贯穿于创作始终，随着表达内容的推进，这种情境更趋浓郁，评论的逻辑链条、思路走向、主要观点、代表事例和百姓反响等共同营造出这种为民生新闻评论所特有的情境，进而感染受众，优化评论语言。

【例稿 2】

原文	分析
播音员： 随着人口老龄化趋势的不断加剧，空巢、高龄以及行动不便老年人的"吃饭难"问题日益凸显。为此，天津市连续两年将老年配餐服务纳入民心工程。据天津市民政局介绍，今年天津市中心城区老年配餐服务覆盖率将达到 90%。然而记者调查却发现，事实并非如此，绝大部分老人的"吃饭难"问题依然突出。数字与实际的背离，暴露出的是一些干部的官僚作风和错误政绩观。请听记者宋震、刘扬采写的录音述评：《办实事还是办政绩？》	播读中语气自然跃动，情感态度把握得当，停少连多，连贯畅达，将事件原委清晰地呈现于受众。
据统计显示，老年配餐与社区医疗、专业照护并列为居家养老三大需求。为了解决老年人"吃饭难"，天津市已经连续两年将"老年配餐服务"纳入 20 项民心工程。市民政局社会福利处副处长曹阳用一组数据说明，目前，这项工作已经取得显著成果：（录音：略）	平实的话语表达中流露出几分讽刺之意，旨在为下文表达做铺垫。
但在实地调查中，记者却发现，实际情况与这些数据相差甚远。家住河东区常州里第二社区的王东润大爷是位独居老人，83 岁高龄的他每天都在为一日三餐的事儿犯愁。虽然他已经找社区反映了多次，但至今也没有解决。 （录音：略）	语调适当扬起，叙述感油然而生，意在揭示问题所在。
记者到天津市河东、河西、红桥等区的近十个社区随机采访，发现这些社区基本上都没有建起配餐设施，也不能提供老年配餐服务。天津市河东区常州里第二社区居委会主任石崇敏告诉记者，他们周围几个社区加起来有几千名需要配餐服务的老人，社区也想解决大家的吃饭难题，但实在是没有条件。 （录音：略）	语气略带几分无奈，但更多的是体现出探究事件真实情况的表达趋向。

原文	分析
90%的覆盖率背后,我们并没有看到90%的老人吃饭难题得到解决的效果。那么天津市民政局提供的这个百分比意味着什么呢?记者就此向市民政局社会福利处副处长曹阳询问: (录音:略)	强调所谓的"90%的覆盖率",充满疑惑不解色彩。
原来,这个所谓的"覆盖率"只是民政局主观测算出的数据,并不是根据实际效果统计出来的。只要数字,不问实效。这就难怪记者在采访中遇到了那么多像王大爷一样的老人,依然面临着"吃饭难"问题。	表达至此时,豁然开朗,问题症结点找到了,语气肯定有力。
据了解,天津市民政局在实施"老年配餐服务"这项民心工程时,出台了《关于开展老年人助餐服务的意见》。文件明确给予配餐机构一次性3万到20万不等的建设补贴,但是对于这项带有公益性的事业的后续经营却没了下文。记者采访了和平、河西、河东、南开等区的十几家老年配餐中心了解到,他们几乎都遇到了成本以及配送的瓶颈问题,有的甚至暂停了配餐服务。和平区第二劲松护养院主任戴开保说,现在有1000多位老人想订餐,可是他们最多就送70份,因为目前老人认可的配餐价格平均在每份10元左右,他们从采买到配送,成本都下不来,所以送得越多就亏得越多。 (录音:略)	充满对象感的话语表达中具有谈天交流意味,既强调新闻事实的客观性,也传达出当前工作面临的诸多困境。
有了配餐中心也无法提供正常的配餐服务,配餐覆盖率就没有实际意义,数字和实际就发生了背离。记者由此想到,那么210个已设立的老年配餐服务设施,其中真正能有效运行的有几个?天津市24万80岁以上高龄老人、12万失能老人,他们中又有多少人的吃饭难题还没解决?在记者的一再追问下,天津市民政局社会福利处副处长曹阳这样回答: (录音:略)	话语表达趋向逐渐靠近事件真实面目,语速逐渐加快,连贯得体。
按照天津市民政局的介绍,老年配餐服务是市政府交给他们的一项重点工作,这项民心工程今年将圆满完成。但事实上,配餐点的运营成本没有补贴,商家很难可持续运转,老人们难享实惠,配餐覆盖率90%也就成了空中楼阁,成为部门对上负责的表面文章,对下不负责任的假话、谎话。	播读思路清晰,整个事件的因果关系清晰完整地传达于受众。

原文	分析
值得警惕的是我们一些干部的工作作风。他们的办事逻辑是：举措即事实。他们认为：为民办实事，落脚点就要放在政府有没有这个举措上面，而对举措能否真正落实不去关心，对百姓有没有得到真正实惠不去过问。面对老人们依然突出的吃饭难题，我们不禁要问，这样的干部、这样的部门到底是在办实事还是办政绩？天津市委党校教授徐中一针见血地指出，这是典型的形式主义和官僚主义，是损害党群干群关系的大问题： （录音：略）	强调突出设问句，表现出一定责问质疑力度。对“他们”的种种表述应含有较强的嘲讽意味。
习近平总书记指出：办实事，就是要求从点滴入手、从具体事做起，力戒形式主义、官僚主义，力戒空谈。办实事注重的是实效，是让百姓真正得到实惠，而不是拿出几个漂亮的数字。办实事更不是办政绩。只有老老实实、真心实意为群众办事情，用实际成效说话，民心工程才能真正得民心。	总结概括，立足论点，再次强调，表达态度鲜明，体现话语之间的严密逻辑性。

——《办实事还是办政绩?》，天津广播电视台 2013 年 4 月 15 日
（获第二十四届中国新闻奖二等奖、2013 年度天津市新闻奖一等奖）

三、大众语言软性表达，突出主旨积极互动

大众语言主要指以百姓口吻传播新闻，解读新闻，通过百姓喜闻乐见的表达形式将新闻评论立体化、动态化。这是一种日常化、生活化的表达形式，近乎“说新闻”，在娓娓道来之间将媒体观点有效传播于受众，使受众乐于接受，易于理解。同时应突出稿件主旨，从媒体立场和百姓立场综合考量稿件传播价值。

1.放下架子交流自然，表达细化真实可信

在革命战争年代，由于武装斗争和反敌作战需要，我们的评论播音往往居高临下，充满着高冷气息，这是特定历史时期的产物，但它在无形中影响着当前播音评论创作，少数人认为评论就应是高高在上，俯视他人，“我说的都是正确的，不容反驳的”，在民生新闻评论中应努力避免此类观点蔓延。放下架子，平和亲切，软性表达是当前评论播音的基本要求。播读者应细化表达样态，在字里行间捕捉到创作灵感，探寻到新闻评论的力量。创作中，应将每句话有机串联起来，形成环环相扣的语态，最后构成表达细化、清晰完整的逻辑链条，集中体现评论观点的鲜明具体，可感可信，在语气、语调、语速等方面与之配合使用，充分运用对象感形成交流语体，根据表达要求，采用上扬语调，体现真实可信、生动活泼的表达氛围，实现话语表达自然平和，细化入微。

2. 运用实声深化主旨，假想受众积极互动

评论播音多用实声，表明观点见解是正确、可信的。这里涉及用声问题。评论话语以中声区为主，找寻到正确的发声着力点，科学控制喉部，做到打开两头，解放中间，保持口腔共鸣和鼻腔通畅，让喉部松弛有度，使气息连贯自如，源源不断支撑声音发出，避免喉部过紧，造成压喉噎声，干哑生涩，毫无情感色彩，没有感召力度。同时应注意播读中形成播读心理状态和语言感情色彩相辅相成、有机融合的良好样态，这样可进一步深化传播主旨，使评论观点深入人心。播读者在备稿和创作中应积极假想受众，努力生成有效互动的格局。伴随着生动、形象的评论语言内化于心，播读者应通过简洁、精炼，富有感召力和凝聚力的话语样态将受众带入民生新闻特定现场之中，使其感受到他就是现场目击者，事件参与者，让受众与播读者一同评说事理，辨明是非。

【例稿 3】

原文	分析
教育实践活动开展以来，一些单位组织党员干部到沂蒙老区，接受传统教育，服务当地群众。回首风雷激荡的革命历程，感受沂蒙精神的坚实与厚重，大家再次深切认识到，是沂蒙人民用小米、乳汁、布头、小车，养育了革命，推动了历史。滴水之恩，当涌泉相报。老区群众的养育之恩，我们要装在心里，永远记住。	备稿中充分知悉稿件播读的时代背景和文化背景，紧密结合当前实际，将民生焦点问题阐释清楚。
有句话，叫“心里装着群众”，很朴素，但是，越琢磨越觉得有很深的道理。心，就像个容器。这个容器里，装着自己，也装着别人；装着理想追求，也装着权力、金钱；装着恩，也装着怨。装自己多了，装别人就少了；装权力、金钱多了，装理想追求就少了；装怨多了，装恩就少了。心里装着群众，就要少装点自己，给群众多留位置；心里装着理想追求，就要少想点名利，给理想追求多留位置；心里装着感恩，就要少想点怨，给感恩多留位置。	重音为“心里装着群众”，这是全篇评论的核心点，同时注意语气的对比变化，形成强有力的听觉感知。
现实生活中，有的人想自己很多，想名利很多，追求的劲头十足。这种情况下，他心中就没有群众的位置了。也正因为心中自我的位置太多，他怨气也多，抱怨他人，抱怨组织，抱怨单位，抱怨社会。怨气十足，心中也就没有了理想信念的位置，没有了人民群众的位置，没有了报恩的位置。	注意梳理语句之间的内在逻辑关系，语调略低，语气包含讽刺之意。

原文	分析
置身沂蒙山区，那段难以忘怀的光辉历史，那些感人至深的英雄事迹，让信仰、信念，牺牲、奉献，宗旨、观念这些抽象词汇鲜活了起来；什么是高尚，什么是卑微，就高下立判了，而我们的心灵也得到了净化和洗礼。践行党的群众路线，就要坚定理想信念，牢固树立宗旨意识和群众观点，时时刻刻想到自己肩头的重大责任；就要增强群众感情，心里装着群众，抑制我们的私欲，多给群众留些空间；就要怀一颗感恩的心，感恩他人，感恩社会，为群众做更多的好事实事。心存感恩，恩恩相报，人间就会充满暖流。	播读态度自然真挚，注意梳理段落间的层次关系，以“践行党的群众路线”为点，之上为第一层，之下为第二层，使表达衔接紧密，过渡自然。

——《心如容器》，《大众日报》2013 年 10 月 8 日（获第二十四届中国新闻奖二等奖）

四、夹叙夹议切中要点，思维发散表达灵活

叙中有议，议中夹叙，这是民生新闻评论中常见表达形式。叙述事件主要内容和细节之处，议论阐发媒体观点，有效引导受众感知理解。这需要从语速、节奏、停连等多个角度予以有力阐释。同时应做到思维发散，向多个分论点扩散延伸，由此形成思维历练的网状结构，把播读思路演绎为多个小观点的表述。

1. 节奏疏密有致，对象感油然而生

民生新闻评论中主要有叙述和议论两种表达语体。表达叙述语言时语气自然平和，语速保持中速，形成对新闻事件发展进程的清晰脉络线索，加以节奏疏密有致的运用，使事件报道更富于新闻时效性的节奏感和新鲜感。节奏是语言表达中由思想情感生发出的表现播读者认识体验的语言表现形式，是评论播音中活化语言、传达主旨的生动载体。运用节奏时，可根据语句之间的逻辑关系和前后承接过渡来进行把握，随着语流进展，急促时节奏加快，舒缓时节奏放慢，处于议论核心点时节奏密度较大，处于次要信息时节奏自然舒展，同时积极生成对象感，将假想的受众转化为真实可感的受众群体，与他们一同分析问题、辨析是非，这样可使民生新闻评论更易于受众接受，可有效调动受众结合生活实际理解评论观点，透彻解读民生新闻背后的多种社会元素。

2. 思维拓展延伸，表达不拘一格

一般而言，播音思维决定播读状态，它可以有效地对稿件播读谋篇布局，形成生动可感的表达格局。播读者在民生新闻评论中也应注意逻辑思维的具体运用。当评论

语言处于阐释论据、解析论证材料时，播读思维可发散拓展，举一反三，围绕论证核心点进行网状延伸，对每一个分论点精细解读，展开环环相扣的分析。处理长句时，语句表达遵循稿件内在逻辑关系，因果、转折、递进、假设等，形成理性为主，畅达明确的播读思维。同时，在表达形式和表达方法上根据思维状态进行有针对性地加工。设问、反问等修辞手法恰当运用，增强对现实问题的质疑和探究；叙述和抒情有机结合，提升民生问题的社会关注度；说明和议论兼而有之，加深受众对新闻事件的感性认识和理性剖析；同时将讽刺适时融于表达中，通过语气低沉暗淡，语调微扬略降，传达出对新闻事件触及百姓根本利益的批评指责之意。

【例稿 4】

原文	分析
春节以后，一场始料未及的“民工荒”波及浙江乃至我国沿海地区，并继续在各地发酵、漫延。企业招不到足够工人，部分生产线停开；一些老板开着小轿车，到车站“抢人”……农民工，似乎一下子变得紧俏起来。 温州中小型企业发展促进会会长周德文，每天都在为当地招工难发愁担忧：【出录音】在未来2到3年，温州用工缺口大致有70万，所以这是成了一个突出的矛盾，也是成了制约温州民营企业，中小企业健康发展一个重要的因素。【录音止】	备稿中深入理解新闻背景，把握当时“民工荒”的基本情况，为下文播读做好积极准备。
企业招不到人的原因何在呢？原本岗位上的农民工又去了哪里呢？ 在杭州劳动力市场，原来在杭州“阿普科技”开卡车的安徽人余飞刚刚辞职，想找个条件优厚的新工作。 【出录音】我才拿1800块钱还吃自己，大家住在一起的高低铺，就是简铺，甚至我们现在用那么点电费都是自己出的。始终没给我加工资，像我们驾驶员，一个安全奖你都没有，所以说我才不干了嘛。【录音止】 来自四川南充的蔡熙也辞掉了城里的工作。 【出录音】搞10个小时以上，星期天什么都没有，人就跟机器一样的。我们那个车间，烧气焊，搞得乌烟瘴气，连排气扇都没有。【录音止】	梳理问句与下文之间的内在逻辑，使播读思路更为清楚。

<table>
<tr><th>原文</th><th>分析</th></tr>
<tr><td>据浙江省社科院最新调查：最近5年，在浙江的农民工，绝大部分年收入只有1万多一点，并且大都每周工作6天，每天工作10小时。
数以亿计的农民工为中国经济发展作出了巨大贡献，可他们却得不到应有的回报。低廉的收入、狭小的蜗居；年年追薪年年欠；医疗和保障无处可寻；身份得不到认同，被看作是边缘人……</td><td>准确理解新闻背景，将其与当前实际情况有机结合，逐渐引向问题深处。</td></tr>
<tr><td>来自河南商丘的祝令坤，谈起打工的遭遇，心有不平。
【出录音】我们跟杭州市民，干的是一样的工种，户口不一样，工资要差很多的，这一点太不公平了。【录音止】
来自山东枣庄的农民工陈文强，在杭州打工5年，眼下，就面临这样的难题，他不得不考虑辞掉城里的工作。
【出录音】现在根本没有能力在这边落户嘛，工资只够你吃、喝，房子那么贵，连婚也结不起。将来小孩送回家去，当留守儿童喽，在杭州，没地方上学啊，就是有地方上，什么借读费啊，学费也出不起的。【录音止】</td><td>语句表达具有一定画面感，生成清晰、可感、可闻的表达图景。</td></tr>
<tr><td>省社科院社会学所副所长杨建华教授认为，“民工荒”的背后，萌发着农民工尊严和维权意识的觉醒，昭示了中国廉价劳动力时代已经结束。
【出录音】目前的用工荒、招工难，真正的荒，真正的难，还是我们农民工的社会权利荒，难就难在我们的农民工的合理的相应的社会权利没有得到基本的保障。所以对这次用工荒，对我们相应的地方政府，相应的企业都是一个警醒。我们如何来善待农民工？【录音止】</td><td>播读中体现一定的理性辨析及由此引发的思考，将受众带入分析问题的纵深处。</td></tr>
<tr><td>面对民工荒，不少企业已经意识到问题所在，纷纷采取措施，“留人留心”。萧山翔盛集团为30多位回族员工开设专门的回族餐厅；浙江德圣龙窗帘有限公司年终给老员工发放中层奖；义乌市一帆日用品有限公司趁着春节假期，专门对员工宿舍进行改造和翻新，配备新的家电；诸暨东伟集团联系学校，为民工子女集体报名入学入园。
在一些用工稳定的企业，工资稳步增长、配备夫妻房、开放娱乐室、帮民工解决子女入学等，已经成为企业“留人留心”的举措，成效明显。民工们过年回家，企业更是“迎来送往”。如果能够这般善待民工，何愁民工离弃企业而去？</td><td>备稿时应细致分析农民工在教育程度、维权意识、生活层次等方面的今夕变化，突显时代快速发展带来的诸多社会问题。</td></tr>
</table>

原文	分析
中国的社会经济变革与发展,必然伴随着大量农民走向大大小小的城市,这些年来,二代农民工越来越多地走进城市,他们跟肩挑手提蛇皮袋的父辈相比,文化程度更高,维权意识更强,找工作越来越挑剔,对报酬和生活条件的要求越来越高。	话语表达清晰流畅,字音饱满有力,圆润集中,实现与受众的信息共享。
此外,这批“新生代农民工”群体,很少愿意留在农村,更渴望融入城市,更加注重自身发展,更加渴望得到尊重。然而,想要成为“新城市人”的障碍实在是太多。一方面他们要面对僵化的户籍制度、城市高昂的房价和高生活成本;另一方面,他们又要接受自身缺乏必要的生产技能、缺少城市生活知识、在劳动力市场缺乏竞争力的事实。	表达时阐述清楚当前“新生代农民工”的美好憧憬与现实羁绊,注意前后文的语气变化,过渡自然。
毋庸讳言,农民工不尽如人意的生存状态,是造成“民工荒”的直接原因。现实表明,要缓解“民工荒”,企业和社会必须告别劳动力低成本,不断提升农民工生存质量,实行制度创新,让农民工沉淀下来,成为城市的主人。浙江省社科院社会学所副所长杨建华教授说:【出录音】我们提出大力推进新型城市化,而新型的城市化首先要化人。你要农民工真正跨进城市,应该降低门槛,提供制度安排,让他们愿意或者留在这个城市工作就业、生活,融入到城市。如果真这样子,就不太会出现每年都会出现的招工难、用工荒。【录音止】	播读中逐渐找出解决问题的办法,语气自然平和,语调积极上扬,语速较快。
想要留得住人,留得久人,善待民工的同时,还要把重点放在民工身上,需要社会注重对他们可持续发展的培养,让农民工真正融入城市。浙江省劳动和社会保障研究院院长陈诗达说:【出录音】从未来经济发展方式转变、从工业化、城市化发展角度出发,我们共同来推动农民工职业技能开发行动。通过几年下来,使他们无论在教育文化、技能方面有大的提高,很多农民工真正能够融入城市。【录音止】	气息平稳通畅,语流自然推进,渐次向文尾靠近。

——《善待民工才能够缓解民工荒》,浙江广电集团浙江之声 2010 年 3 月 24 日

(获第二十一届中国新闻奖一等奖)

第二节　练习材料及播读提示

【练习 1】

【前导语】家电下乡政策是今年国家贯彻落实科学发展观、积极扩大内需的重要举措，也是财政和贸易政策的创新突破。我们天津的家电下乡工作在上个月已经正式启动了，农民购买纳入补贴范围的家电可以享受到 13%的财政补贴，激活了农民的购买力，扩大了农村市场的消费。可是家电下了乡，农民朋友们用着满意吗？他们有哪些担心呢？如何使家电下乡政策做到可持续发展？来看记者的调查。

【正文】

画面：3 月 21 号，天津市家电下乡工作正式启动，短短的十几天，上万台电器的销售量，近 2000 万元的销售额，可以看出咱农民朋友购买家电的热情很高，可称心的电器搬回家，农户们是否用着也顺心呢？

记者出镜："我现在是在宁河县板桥镇田家坨村的一个农户家里，自从上个月家电下乡正式启动了以后，这家的女主人岳大姐就新买了好几样电器，虽然说买是买了，但是在怎么用的问题上，岳大姐还是有些顾虑。"

画面：岳大姐家原本有两台电视、一台洗衣机和一台冰箱，前两天新添置了电磁炉和冰柜，可岳大姐从来都不敢同时开这几样电器，用电磁炉炒菜时就得把冰柜关了，怕电表带不起来。

画面：田家坨村原本只有一台变压器，以前这样的配置满足村民用电是绰绰有余，但随着村民生活水平的提高，特别是家电下乡启动之后，几乎每家都添置了新电器，可村里的电压只能承受不到半数家庭的满负荷用电，一到用电高峰期，好多农户家里的电器就用不了，成了摆设。

画面：家电下乡，不仅要解决用电瓶颈，还要打开"水龙头"。记者在采访中发现，有的自然村还没有通上自来水，但下乡洗衣机大多数是自动进水的；有些家庭虽然有自来水，但是水压不稳定或限时供水，让洗衣机也变成了"摆设"。

采访：北辰区双街镇张湾村村民张丽红："就来那么一会儿水，一个多小时，不到两个小时，洗个衣服费劲，本来是全自动的洗衣机，变成'半自动'了，还得我自个儿往里(舀水)。"

画面：作为四大直辖市之一的天津，从 2001 年就开始对农村自来水管网进行建设，但目前天津农村地区自来水入户率仍不足 70%，而水、电这些基础设施不足的问题恰恰在家电下乡政策推行的过程当中快速集中地显现出来。

画面：家电下乡政策极大地刺激了农民的购买力，家电产品的增加在短时间内呈现出“井喷”的态势。因此,农村基础设施的改造能否跟上农民快速改善生活的步伐,直接影响着家电下乡政策的可持续性。家住宝坻区后槐村的村民刘建平刚刚买了一台家电下乡的洗衣机,虽然洗衣机并没有出现质量问题,但刘大哥已经对售后服务心存疑虑。

采访:天津市宝坻区钰华街道后槐村村民刘建平:“离销售网点毕竟有一定的距离,在农村来讲,不像市里面,有楼层(门牌)什么的,本身我们就不太好找,所以有可能,可以考虑到,在售后服务(方面),怕是有一定的问题。”

画面:刘大哥的顾虑并非杞人忧天。以在天津销售量最大的海尔电器为例,市内六区的售后维修点一共有 12 家,塘沽、东丽等 4 个近郊区县的维修点有两家,而武清、宝坻、静海、蓟县、宁河这 5 个远郊区县的家电维修点竟然都是空白!

画面:其实,产品的售后服务不单包括维修,由于大多数农民是第一次购买新家电,还存在着不会使用、不会保养的问题,因此,普及家电知识也应成为服务的一个重点。毕竟,售后服务不下乡,即使补贴再多,也难以让农民朋友满意,“远水难解近渴”——这项旨在“农民得实惠,企业得市场,政府得民心”的惠民政策就会大打折扣。

采访:南开大学商学院教授李桂华:“家电下乡表面上我们看,最初的起步是为了应对经济危机,作为一个刺激消费的政策;但是从现实和长远来看,它也是(关系到)国计民生的一个重要问题。政府应该将这项工作看作是改善民生、提高(农民)生活质量的一个高度,企业应该站在为消费者负责,特别是为农民消费者负责的这样一个角度来认真对待。”

记者出镜:“家电下乡的确是一个支农惠农的好政策,但是家电产品从商场走入农户的家里并不是一个终点,通过今天的采访我们了解到,电力部门已经在家电下乡配套服务方面先行了一步,我们也希望有更多的职能部门能够参与其中,让我们的农民朋友买家电的时候是买着放心,用着更舒心。”

【后导语】家电下乡是一个系统工程,为使农民朋友买好电器、用好电器,需要很多部门协同努力,我们也希望各方能够增强对农村消费者的服务意识,家电下乡的同时还要送知识、送技能、送服务、夯设施,最终让农民得到实惠,企业得到市场,政府得到人心。

——节选自《家电下了乡　服务要跟上》,天津电视台 2009 年 4 月 9 日

(获第二十届中国新闻奖二等奖)

播读提示:

表达中充分运用内在语等表达技巧,完善评论话语内容,形成更为清晰连贯的播读思路和言语走向;情感态度应把握分寸,自然平和为宜,不可偏颇;语意鲜明突出,语调积极上扬;停连得当,体现语流动态走向。

【练习 2】

大学生就业问题，已经成为一个相当严峻的问题了。西北师范大学 2009 年应届毕业生谢绍东很了解这一点，所以，他把找工作的过程叫做“进攻”。

谢绍东是学教育专业的，但他的“进攻”是全方位的。上大学期间，他在校外英语辅导班做过兼职教师，在一家杂志社当过临时编辑，在北京奥运会期间当过志愿者……因为一次次的主动出击，快毕业时，很多同伴还在到处送求职书，他就已经与北京一家公司签约，实现了自己“进五百强，进北京”的愿望。虽然找到了一份理想的工作，但他找工作的态度却非常现实：“如果找不到一份理想的职业，就先找一份挣钱的工作。”他的意思是：无论你要做什么，首先要做的，就是自己养活自己。或许正因为这种“现实”的就业态度，才使他比较顺利地找到了一份“理想”的工作。

不可否认，上大学的一个重要目的，就是为了将来能找个“好工作”。但是，当就业越来越难的时候，作为一个受过高等教育的人，就应该自觉修正找工作的心态。现在，很多大学生就业时，思想深处仍然钟情于“一步到位”：要上班，就要到足够热闹的单位去上班；要工作，就要到足够稳定的岗位去工作；要挣钱，就要到足够体面的行业去挣钱。结果是，越卖力地“推销”自己，越觉得自己是“滞销商品”。

就业，首先是生存需要。所谓生存需要，首先是养活自己。可以说，养活自己，才是就业的第一义。有了这样的认识，才可能有“退而求其次”的就业观念。省城不行，转而向县城；白领不行，转而向灰领；大单位不行，转而向小单位；高工资不行，转而向低工资。只要愿意一次次地自己给自己降低门槛，也就不难找到一只“饭碗”——铁饭碗不行，转而向一次性饭盒。

无数事实也证明，成长青睐于那些正视低处的人，成功钟情于那些愿意卑微的人。

只有先养活了自己，而后才能谈得上回报别人；只有先解决了自我生存问题，而后才能谈得上自我发展问题。

——节选自《养活自己是就业第一义》，《甘肃日报》2009 年 10 月 30 日

（获 2009 年度《甘肃日报》新闻奖、2009 年度甘肃新闻奖、第二十届中国新闻奖二等奖）

播读提示：

应把握文中观点鲜明，态度真挚，层次脉络清晰等特点。播读中应从广义备稿出发对当前大学生就业难问题有一定深度的理解认知，从该篇评论的论证方法、事例列举、比较对照等方面进行有效的狭义备稿，做到心中有数，胸有成竹。

【练习 3】

“参与男性要求个人资产 3000 万元以上或年收入 100 万元，且要花 99999 元买一张相亲会门票”；“面相、测谎、心理测试，富豪找老婆要求堪比选特工”——一场辗转于国内多个城市的“富豪相亲会”，显然已赚足了眼球，却将误导公众、浊化空气等负能量

统统交给社会去承受，这个问题令人深思。

富豪相亲会放大阶层隔阂，损伤社会和谐。骄奢淫逸，纸醉金迷，为富不仁，富而无德，这几年，部分人的失德行为本来就已经让“富豪”几乎成了一个“被毁掉的词”。现在，富豪相个亲还搞得惊天动地，又是“比基尼选美”，又是“只要20～26岁无性经验的女性”，似乎只要有钱就有选美的特权，有钱就能为所欲为，相亲会变成了炫富会。其实从目前看，所谓的富豪相亲会也没见着什么像样的富豪，但就因为打着富豪的旗号，全国的富豪都为之被“连坐”。这样的相亲会，不能不说是对社会阶层隔阂的放大，是对社会和谐的伤害。

富豪相亲会宣扬扭曲的成功观，误导公众的价值观。财富靠双手创造，成功用汗水浇灌，这是社会永久倡导的价值观念。但富豪相亲会告诉人们的是：嫁而优则富，干得好不如嫁得好，婚姻是手段不是目的。这种不辨方向的富豪相亲如果不作批判与引导，只会让不劳而获、好逸恶劳、坐享其成的成功观更汹涌泛滥，让媚富、傍富等庸俗的财富观愈演愈烈。在这场富豪相亲中，主办方明确表示参加相亲的“富豪”中，不少是离异且年近五旬的，尽管如此，很多妙龄少女依然争先恐后，有的场次竟然报名者多达数千人。这不能不让人反思：是什么让少女们对富豪趋之若鹜？社会该倡导什么样的价值观和成功观？

耐人寻味的是，这场被一些媒体称为炒作的富豪相亲会，“在全国一路走一路挨批”，可是却“批而愈红”“骂而更火”。显然，对这样的“相亲炒作”，有关部门应该理直气壮义正词严地站出来，是对它大声说“不”的时候了。

——《“富豪相亲” 浊化社会空气》，《新华日报》2012年12月4日

（获第二十三届中国新闻奖二等奖）

播读提示：

评论话语态度鲜明，对“富豪相亲”事件持坚决否定态度，力求在话语评析中阐释清楚此活动对社会风气的极大腐蚀性，对公民价值观的错误导向性；话语表达平和自然，语速较快，注意区分叙述和议论的表达层次，使语言表达具有鲜明跃动的时代气息。

【练习4】

第二届广州国际马拉松赛昨日顺利举行。据组委会介绍，今年的比赛组织上有几个新的亮点，一是优化了赛道，新赛道分布在珠江两岸，减少对市民出行的影响；二是提高了参赛标准，参赛选手要通过组委会的测试跑。鉴于去年广马曾出现参赛选手猝死的悲剧，今届比赛增加了医务人员、留出专用救生赛道。同时，为防止上月举行的北京马拉松赛“尿红墙”的现象，广马在沿途设置了600多个临时洗手间。

当然，对于普通市民，广马倒不一定意味着争先恐后，还有4万美元冠军奖金。我

看到昨日许多市民在微博上直播广马实况，许多人纯粹是为了找乐子。照片上有选手打扮成超人、蝙蝠侠，还有以古装示人的。忍着膀胱发胀和 PM 2.5 超标的危险娱乐大众，把马拉松变成一场嘉年华。

无论娱乐他人还是正经参赛，关键是量力而行。马拉松赛越来越多，并不等于"全民健身"的国策真正落到了实处。国家体育总局曾在 2007 年发布过一组数字，"经常参加体育锻炼"的民众比例，中国为 28.5%，发达国家中，美国为 49%，加拿大 48%，日本高达 55.4%，芬兰 39%。

所以，假如您平时不锻炼，遇到广马这样的集体活动千万不要"人来疯"，起码先准备几个月，了解比赛基本知识，比如选手要贴"乳贴"，防止长时间运动摩擦之下的出血。还有，万一三急，又找不到红墙根儿或者电线杆子，专业运动员的做法是，尿在裤子上(这是真的)。最重要的是，千万不要像去年广马那样，有人在距离终点 800 米时开始冲刺。总之，城市天空雾霾散尽，参赛市民准备妥当，这样的广马才会让城市生活变得更美好。

——节选自《广马，让城市生活更美好》，《南方都市报》2013 年 11 月 24 日

播读提示：

播读中应深入领会该篇评论的立论点——全民健身使生活更美好。由此进行多层面多角度地分析解读，注意文中选用事例的代表性，以此为切入口将政府措施、民众观点、社会影响等播读要素进行细致梳理，找寻到正确的播读方法和语言表达技巧。

【练习 5】

广州的垃圾分类为何进展缓慢？近日市城管委官员的回答是：机制不顺、投入不足、运营不畅、法规不全、动力不足、宣传软化。相对当初官方对垃圾分类表现出的信心满满，如今这"六大难题"的喟叹显然要务实得多，问题的核心何在？垃圾分类是垃圾处理的趋势，要做好一方面须对症下药，解决现存问题，另外还有必要回到原点，重新审视此项工作自身的规律。

经过一段时间的尝试，官方对于政府、市场及市民三者在垃圾分类工作中的角色扮演，肯定有了清醒的认识，从城管委官员列举的"六大难题"看，比如投入不足、运营不畅、宣传软化等，都道出了目前的问题，城管委提出问题并表现出一定的担当，值得肯定，不过也给人以"私心太重"的印象，即缺乏分工，工作主要靠政府机构一肩挑。有必要分析这种模式，广州垃圾分类过去经历了高起点，决心可谓不小，如今遭遇尴尬，值得反思的是，主要依靠行政力量来推动垃圾分类，是否会达到预期的效果？

广州城管委官员表态，希望今后让企业和社会力量参与垃圾分类，这无疑是务实的思路，其中，企业角色主要影响垃圾回收的效率，是机制至关重要的环节，而强调社会力量则涉及垃圾回收工作中的主体多元性特征。除了政府和企业，小区物业、市民

的态度无疑将对垃圾回收产生直接的影响，激发、培育这些主体的参与热情，是垃圾回收工作不容回避的环节。广州的学习对象是台湾，回顾后者走过的历程，垃圾回收工作伴随着社会治理模式的转变，今天的成效与民间组织、公民等主体的角色扮演休戚相关，广州要打造出垃圾分类的行业标准，有必要重视这些主体的作为。

激活民众参与热情方面的工作，杭州、上海等地近来作出了一些探索，观察它们的动员模式不难发现官方对垃圾回收观念的转变，或许可以将它看作一场新生活运动，但又不宜单纯视其为环保行为，依靠道德宣誓动员民众参与。随着城市的扩张，垃圾围城状况让人忧虑，当前迫切需要通过优化公共决策来推动垃圾分类，如果各个主体相互配合，分工明确，垃圾分类前景并不黯淡。广州作为国家首批生活垃圾分类试点城市，经过十多年的探索，理应在这个行业作出自己的贡献。

——节选自《垃圾分类无法全凭行政之手做成》，《南方都市报》2014 年 5 月 14 日

播读提示：

垃圾分类处理是百姓日常生活中一个普遍话题。该文从广州垃圾分类“六大难题”的现象分析、划定分工、主体参与和民众关注等方面作出细致评析，有效探寻到解决问题的着力点。播读中应由此形成动态的对象感，强化与市民就此问题的对话交流。

【练习 6】

关于控烟，各界可谓早已是“点子一箩筐”，但凡开“两会”，这事儿就要拿出来说道说道。但始终走不出的一个怪圈是，从实际效果来看，无论罚款还是警告，对烟民的威慑力均着实有限。

一来，舆论对于在公共场所吸烟无法形成合力，讨厌者见烟雾缭绕便恨之入骨，声讨、举报是家常便饭。烟民则大多对同类惺惺相惜，觉得抽根烟没多大点事，旁人的抵制纯属小题大做。二来，相关控烟举措在执行与监督的过程中漏洞百出，作用要打个大大的问号。就拿向未成年人售烟来说，除非执法人数充分富余，否则派人天天守在小卖部旁，执法成本未免太高，何况现在处处人手都紧张。

至于说影视作品出现吸烟镜头会对孩子造成坏的影响，我以为不无道理，因为孩子判断力有限，大人的确需要做好表率。不过，这同样治标不治本。能产生负面影响的镜头目不暇接，吸烟相比之下算是危害小的。

套用一句俗气的话，控烟需要你我共同努力。显然，相比影视镜头的陌生人，孩子他爹毫无忌惮地吞云吐雾，坏影响更大。但在此过程中，我们也要警惕为了控烟，总是脑子发热得去做些注定失败的尝试。

在本次《北京市控制吸烟条例》的审议过程中，就有人大代表建议厨师、司机应在工作中禁烟。这让人丈二和尚摸不着头脑，若他们吸烟有不良影响，端菜的和售票员

就不用禁烟？至于那个建筑物入口20米内应禁烟，以免飘散到建筑物内的提议，我奉劝当事人赶紧把窗户拆掉，早换成铜墙铁壁为好。

——节选自《对影视镜头禁烟前，先管管孩子他爹》，《南方都市报》2014年7月27日

播读提示：

备稿中应从当前社会生活中吸烟和禁烟之间的矛盾点进行解析，将相关正确观点和错误认识进行有效比较对照，找出解决问题的办法。播读思路应清晰完整，把脉内在逻辑关系，进而通过有声语言艺术创作加以生动外化。

【练习7】

公路乱收费乱罚款问题的治理，不能靠单个地方或部门去推动，而应上升到国家层面进行综合治理的改革，理顺执法体系、制定更符合实际的治超等标准。

据报道，11月14日，在河南永城，一辆大货车被运政、路政部门相继罚款。司机称在出示月票(每月给路政3000元)和年票(每年给运政3000元)后，路政部门仍要罚款，女车主求情未果，当场服剧毒农药自杀，最新消息说，服毒女车主已经脱离危险并出院。执法人员称他们“正常执法”，不清楚女车主是否喝药。

一个人到底被逼到什么份上，才会喝下致命毒药？能把车主逼到当场喝农药的执法，要说是“正常”的，外人恐怕很难相信。事实上，除了车主和执法人员的“对抗”显得更惨烈之外，这起事件所揭露的公路收费乱象，公众并不陌生。货车司机口中的“执法人员多、罚款金额多、罚款花样多”，也已是老问题。

自由裁量权过大、编外执法人员过多，这些问题同样潜藏于永城这次罚款冲突背后。超载罚款，只要依法合理，车主本也无话可说。可当地“创新”推出所谓“月票”和“年票”，等于默认甚至“鼓励”所有车辆超载；更匪夷所思的是，当地执法部门不仅公然无视“明规则”，自己定下的“潜规则”也不做准，“月票”“年票”之外，仍是想罚就罚。把车主完全视作刀俎上的“鱼肉”，服毒女车主的两辆车据称半年被罚20万，这简直与“抢劫”无异。

这次三中全会改革《决定》提出，要“整合执法主体，相对集中执法权，推进综合执法，着力解决权责交叉、多头执法问题”；“完善行政执法程序，规范执法自由裁量权，加强对行政执法的监督”。以这些条文来对照公路执法乱象，无疑也是“对症”的。当然，具体怎么落到“路”上，还需要更细化的规定。

公路乱罚款、乱收费加大了物流成本，推高物价，最终转嫁到国民头上，同时，它也是全国统一市场的一大障碍。所以，这个问题的治理，不能靠单个地方或部门去推动，而应上升到国家层面进行综合治理的改革，理顺执法体系、整合执法主体，制定更符合实际的治超等标准。这样的改革需要明确两个原则，一是不能只罚款不治超，罚款不是目的，治超才是关键；二是罚款必须纳入财政预算管理，取消罚款返还奖励，杜绝一

些地方用罚款养人的现象。如此,才能让公路乱罚款、乱收费早日告别历史。

——节选自《公路乱罚款比农药还"毒"》,《新京报》2013 年 12 月 2 日

播读提示:

备稿中应充分运用情景再现方法还原 11 月 14 日河南永城事件情形,将事件场景细节之处清晰地呈现于受众,使其对该新闻事件有一定感性认识,进而通过运用段落划分、确定基调、节奏处理等播读方法,使受众认知提升到理性分析探究层面。

【练习 8】

信用体系应当服务于市场,服务于增加社会福祉的目的,而不能成为地方政府强化社会控制的手段;要依法征信,不能由"长官意志"说了算。

据新华社报道,江苏睢宁县在国内首创大众信用管理打分评级系统,自 2010 年开始全面推行大众信用信息分值,全市 114 万人每年根据分数被划为四个信用等级,然后享受不同"社会待遇",比如 A 级者在入学、就业、低保、社会救助等方面优先照顾。

近年来诚信问题越来越为社会所关注,睢宁探索这样一个评级系统,初衷无可厚非,也获得当地一些民众的支持。目前的主要争议在于,当地政府主导的这个信用评级系统设置是否科学,能不能做到对所有人"一视同仁"?

至少有部分条款是值得怀疑的。比如,扣分比较多的几种行为:"围堵冲击党政机关、企业、工地、缠访、闹访","利用网络、短信诬告他人",虽然从字面看,"缠访""闹访""诬告"等有违法之嫌,但如专家所担心的,这会不会对正常的上访、网络举报都形成威慑?上访、举报是公民合法权利,显然不该为此被扣不诚信的帽子。

建公民信用系统,一个总的原则应是以服务于市场,服务于增加社会福祉为目的,而不能成为政府强化社会控制的手段。还有一个重要原则,就是要依法征信,不能由"长官意志"说了算。睢宁的做法在这两个方面,显然会引来人们的质疑。

此前有媒体报道,国家信用体系也正在建设之中。根据规划,社会信用将覆盖政务、商务、社会、司法等四大领域。但具体的指标体系设计,还是应当多方参与、公开讨论,以寻求共识。

睢宁的做法提供了一个案例。比如,是否有必要将各种不同领域与性质的信用信息统统数字化,弄出一个总评分,从而把人分成三六九等?毕竟信用体系本身不是目的,真正的目的在于"用",用户看重哪些信用指标,应由用户根据行业特点和特定目的灵活选择。

而政府部门根据信用来给予不同"社会待遇",也未必合理,如果所涉待遇属于人们的合法权利,政府更无权力按等分配,更不能以信用分之名随意剥夺。

——节选自《信用评级不能损害居民基本权利》,《新京报》2014 年 6 月 20 日

播读提示：

播读中小腹保持微紧张状态，气息通畅自如，换气偷气自然；声音圆润、集中，注意音量的适当调节，在评论时音量适当加大；情感充沛饱满，态度积极鲜明；科学确定逻辑重音，体现语句内在关系层次。

【练习 9】

父母发来微信验证，你会不会将他们加为好友？加为好友后，你会不会在朋友圈将他们拉黑？近日，有西安媒体就此问题采访了 60 位市民（子女 40 人，父母 20 人）。其中 17 位子女将父母加为微信好友，但他们中有 14 人将父母拉入黑名单。

不必介怀被子女"拉黑"

子女有自己的私密空间。微信朋友圈，就是他们的私密空间，子女不让进就不进，子女拉黑了就算了，不必跟子女计较。

对此，父母要作多角度解读：一者，父母肯定与子女待的时间不够，彼此还没有敞开心扉，子女无法把父母当朋友，父母也没有取得子女的信任；二者，父母总是比较严厉，子女想把父母当朋友，可是却聊不到一块儿，而父母总是以教训的口吻说话，子女听厌了，也害怕父母；三者，子女担心父母"窥视"个人秘密、掌握其隐私，觉得不好意思，或者让父母担心等等。

回到问题本身来，或许这是"代沟"的另类呈现——就像没有微信之前，子女同朋友聊天，有时同样不希望父母在场或听到，有什么心事也不会告诉父母。就此而言，这没有什么值得惊奇的。

别让父母远离你的朋友圈

依笔者看来，不应该将父母拒之于朋友圈之外。据媒体报道，为了更加了解子女的生活，越来越多的父母玩起了微信等社交工具，这应该是值得点赞的，代表父母亲愿意走进孩子的生活。

将父母亲拒之于千里之外，也只会越来越增大双方的代际隔阂，造成不理解和隔膜的产生。之前，一组教爸妈使用微信的漫画在微博上走红，重庆邮电大学毕业生张明用手绘方式教父母使用微信，最终双方通过朋友圈更加了解对方，达到了情感的升华，感动全国网友。故此，孩子应该解除对父母的屏蔽和拉黑，将父母重新定位为朋友角色，实现双方的良性互动。

别让父母远离你的朋友圈。把父母拉进自己的朋友圈，更有利于消除父母的寂寞和孤独，是双方沟通交流的新平台和新渠道。

——《微信拉黑父母》，《楚天都市报》2014 年 8 月 11 日

播读提示：

播读者应认真解读该评论的社会背景、文化背景和教育背景，将三者融会贯通于

表达中，在评论推进中逐渐展现出这三个背景的新闻价值；有效把握评论层次，内化于心，转化为准确详尽的播读思路；细致揣摩话语内涵，生发有情之声。

【练习 10】

7 年前，还在读大三的荆门小伙彭云南不幸患上尿毒症，来自家乡各界的资助，让他得以透析治疗，村里还将一口堰塘免费承包给他养鱼，保证了他的治疗费用。今年鄂北大旱，村里 300 多亩稻田眼看要绝收，接到村里求援后，彭云南二话没说，捞起鱼苗，开闸放水，为干渴大地送去了“救命水”。

年轻的大学生重病缠身，学校、政府、乡邻纷纷伸出援手，与短期的捐助相比，一口鱼塘不仅让他有了抗击病魔的希望，更重要的是，给了他生存的目标和动力。将这一池清水，视为彭云南的“救命水”，毫不为过。而在大旱之年，这口堰塘里的水，也是农田的止渴甘露，是庄稼人的“救命水”。放水之举，看似轻易，其实却蕴含着生命的回馈和感恩。

身为媒体工作者，我们几乎每天，都会听到一些令人悲伤叹息的事：不幸的孩子、贫困的学子、绝望的父母、孤病的老人……听得多了，难免压抑难受。然而，读罢彭云南的事迹，虽然心中也会为其病情担忧，为命运的不公叹惋，但更多的是感觉到，这给予和回馈之间流淌的中国式情义。

这年头，沾上“中国式”三字儿的，往往都带着些自嘲、讽刺。如中国式过马路、中国式相亲等等，好像偌大的中国，就没点值得称道，值得自豪的传统了。那么，不妨将目光投向这位年轻人，这个村庄，这一方水土吧。救病扶困，雪中送炭；珍视生命，自强不息；滴水之恩，涌泉相报；投桃报李，邻里相亲……这难道不是每个人梦魂中熟悉和亲切的家乡吗？这难道不是最朴素、最“中国式”的善良？一塘“救命水”，承载着村民们的慷慨给予，流淌出彭云南的无私回报，这其中深厚缱绻的情义，随着汩汩水流，传承不息。一传十，十传百，百传千万，便是民风蔚然，便是情义担当。

希望彭云南能熬过这一关，希望这个故事能有个光明的结尾。每朵乌云背后都有银边，始终仰望那道银色的幸福线，方能看过世间诸多苦难之后，仍然笑对青山绿水，才能体味到放干“救命水”，保住丰收年中的情义绵延。

——节选自《“救命水”中流淌的中国情义》，《楚天都市报》2014 年 8 月 22 日

播读提示：

播读中应形成鲜明跃动的对象感，强化与受众的话语交流，注入真实质朴的播读情感，实现文字评论向播音评论的生动转化。情感态度积极向上，充分体现出人间真情和社会关爱的浓郁氛围，展现出生生不息的社会正能量传递。

第十一章　综合类评论播音

第一节　综合类评论播音指导

在广播电视有声语言传播中，评论播音不仅涉及时政、民生新闻这两大领域，同样将科技、教育、财经、文化和体育新闻等囊括其中，形成了多层面、多维度的评论播音发展样态。这不仅生动建构出评论播音的表达实践体系，更为重要的是形成以话语评论为核心的广播电视新闻传播模式，深刻影响着受众的心理与认知。这其中既有多样的背景信息，也有对新闻事件的动态报道，同时将当事人与受众有机结合，形成话语交流的生动图景。评论中，以新闻事实为基点，将受众接收信息的心理感受和情感诉求置于重要位置，将媒介话语表达的权威性与受众意见反馈的普遍性结合于一体，将受众参与评说融合于播音员主持人的分析过程中，形成具有一定倾向性的意见传达，或是启示性的提示，或是明确性的结论，都在不经意间表征出评论播音的普遍意义和传播价值。

广播电视新闻评论中，话题的选择带有浓郁的大众性色彩。这一章中我们综合了科学、教育、财经、文化和体育等多领域评论表达，展现出社会生活的多彩景象。这样可有效契合受众的接收心理，将受众对社会热点、焦点问题的关注迁移至有声语言表达中，使受众随播音主持进程的延伸一同解读相关新闻人物和事件。这种传播的普遍性和及时性使得评论播音正在为更多的受众所熟知、所喜爱，同时，还可将感性认知与理性诉求有机结合，形成较强的说服力。这种逻辑力量源自话题的准确评论，源自意见的生动传达，更是根植于广播电视从业人员对新闻事实本真面貌的执著追求和人文关怀。加之传播手段的不断更迭，形象生动、寓教于乐、立体多维、可闻可感的传播形式正在改变着以往评论播音的单一面貌，实现着新闻传播的报道理念和传播模式的双项转型。

一、科技新闻评论——紧扣关键词与语意清晰化并行不悖

在日益昌达的科学技术事业中，我们可以清晰地看到在其快速发展的背后，是强

有力的民族创造力和智慧汗水的无限光芒。科技新闻作为传播国内外最新科技研发及相关活动的表达载体,有着丰富的传播内容和多样的传播形式。科技新闻评论更加有效提升并拓展了相关新闻的信息含量和认知视野。

1.准确理解相关专业知识

在此类评论播音中,对专业知识的理解是传情达意的基础,如果对专业知识认识模糊、杂乱无章、毫无秩序,那么评论的思维也是没有章法可言的。因此,在备稿环节中,应从多方面做好专业知识的理解与分析:查阅相关文献资料,做好阅读笔记,摘抄专家学者精辟论述及学理阐释;走访专业人士,请教播读中遇到的难题或不解之处;收听或观看音视频资料,从中找寻正确解决相关问题的路径。在播读中,叙述事件过程及细节时,音量适中,评析问题发生根源、社会影响及科学价值时,音量较大;语气自然平和,始终体现科学分析的严密性和分析解读的严谨性;节奏疏密相间,随内容推进而有相应变化。

2.播读思路开阔,逻辑严密

科技新闻评论是基于对科学技术发展进程中具有代表性的事件进行评析的,它将国内外处于前沿的最新科技研发成果或科学研究相关事件作为评论对象,向受众说明其深远而持久的科技推动力和社会影响力。因此,播读者应尽量拓宽播读思路,运用自我智慧打开知识之门,积极探寻其中的神奇奥秘。这里,可从播读状态和播读情境进行细致体会。很多练习者认为,播读此类评论,状态应高高在上,俯视受众,表情冷峻。实则相反,我们应将深奥尖端的科学知识转化为富有生命活力的有声语言,在自然、轻松、亲切的分析交流中,潜移默化地将科学知识的影响价值传达给受众,使其闻之即豁然开朗。同时,播读中思维逻辑应规范严密,始终与稿件内容及传播主旨贴合无间,形成逻辑思维统摄之下的语言表达,这样有助于受众在较短时间内快速理解评论观点。

【例稿 1】

原文	分析
“世界滑翔机之父”、德国科学家奥托·李林塔尔说过,“发明一架飞机算不了什么,制造一架飞机也没有什么了不起,而试验它才艰难无比”。试飞的艰难体现在哪里?体现在高技术,还体现在高风险。	备稿中应首先把握其主题:投身祖国航天事业,共铸伟大中国梦。德国科学家奥托·李林塔尔的话语中,前两个分句用波峰类较合适,第三句为重点,用上山类较好,表现出试飞的无比艰辛。“还体现在高风险”也可用上山类,突出试飞工作的高难度和高风险。

原文	分析
一代又一代的试飞员是我国航空事业的探路先锋,他们在与风险为伍、与死神对阵的科研试飞中,显示出过人的胆略和高超的技术。60多年来,他们承担着我国所有国产战机科研试飞的重任;他们的努力,使我国的航空技术不断缩短与发达国家的差距。	播读中应注意话语间的起承转合,停连处理中注意情感的连贯点和转折点,如“他们在与风险为伍、与死神对阵的科研试飞中”中的顿号处可连接,体现语意的连贯。同时,语势多用波峰类,体现出我国试飞员的可贵品质。注意“风险”“死神”“所有”“缩短”的重音处理,表现出评论主题,以赞颂其奉献精神为主基调。
不因寂寞而放弃,也不因危险而退缩,试飞员们把生命融入崇高的使命中,用青春和执著默默支撑着强军梦、强国梦。	备稿中应认真体会试飞员的平凡工作和伟大梦想,前两句语势为上山类,后两句语势为波峰类,平稳上行,注意语流上下起落的自然流畅。语气上扬肯定,充满执著追求和甘于奉献的精神品质。在“生命”“强军”“强国”中加以重音突出,在“两个不因”处语速较快,在最后一句语速较慢。

——【本台短评】《将生命融入使命中》,《新闻联播》2013年8月21日

二、教育新闻评论——节奏律动与逻辑停顿彼此交融互通

百年大计,教育为本。教育新闻在传播我国及国际社会教育事业相关信息的同时,也营造出尊师重教、崇尚知识的浓郁氛围。教育新闻评论立足相关领域最新发展动向,结合多方面社会文化因素,进行有效的信息评析和发展解读。播读中可着眼于以下两点:

1.节奏明朗舒展,富有张弛力度

节奏是有声语言表达中传情达意的生动形式,是表达者将稿件所内含的思想情感加以外化的语言载体。播读教育新闻评论时,节奏应明朗、舒展,富有一定文化气息。节奏运用主要在于气息的调控把握,而这又主要取决于稿件感情色彩的细致体会。当前新闻工作中,评论播音感情色彩以平和为主,兼有凝重、愉快等其他类型。因此,播读教育新闻评论时,呼吸状态应自然松弛,为用声提供有力支撑,充分运用胸腹联合式呼吸方法加以调节,使气息通畅、持久,体现评论话语表现力度和传播广度,应随着评论表达的深入将气息调控由明控制变为暗控制,即由有意为之转化为无意行之。在播读练习初始阶段,可运用明控制有意识地将气息调整到较为自然平和的状态,小腹微紧张。随着业务能力的提升,可调整为暗控制,即在无意识状态下气息通畅,没有刻意造作、生硬呆板之意。

2. 逻辑停顿恰切，具有鲜明层次

停顿是语言表达中随着思想情感的变化而在语句间做间歇式处理的艺术形式。评论播音中使用最为多见的是逻辑停顿，它可将评论话语的思想内容生动恰切地传达于受众。相比较语法停顿而言，它更加自然、传神、有力。教育新闻评论将新近发生的教育事件作为引子，积极多维地进行分析论述，阐发教育工作政策、方针实施价值，普及教育教学先进理念，它在话语表达中具有更加深刻的逻辑性。播读者应在科学划分稿件段落层次的基础上，明确稿件传播主题及行文脉络，梳理其内在逻辑线索，找出每一层次逻辑起始点和归结点，并细致分析每一逻辑层次中的话语含义及传播价值，据此形成清晰、完整、连贯的逻辑表达链条。在语言表达中将其生动外化，每一段落层次衔接过渡自然无痕。

【例稿 2】

原文	分析
教育的本质意义，不仅仅是知识的传授、智慧的启迪，更是心与心的交流、情与情的互动。	作为开篇话语，这句话单独成段，表明作者思想观点。“本质”“交流”“互动”应作为重音，运用延展方法，体现教育初衷是人类情感的交流互动。
女儿上小学后，几年间字体风格大变，老师的话每能脱口而出，原来班主任刘老师是她的偶像，老师的板书成了“字帖”，老师的话像“圣旨”。不由深叹，老师对学生的潜移默化影响竟至如斯。	播读情感自然真切，表达真挚朴实，传达作者思想情感。
老师成为学生的偶像，学生服他、听他、学他、敬他，原因有很多，但个人魅力至为关键。一项调查显示，学生认同的教师人格魅力高居榜首，师德魅力次之，学识魅力更次之，形象魅力则排在末位。同时学生也更多地认同“和蔼可亲”“幽默”“性格开朗”等内涵，而非容貌、衣着。这一调查结果令人深思。	注意梳理逻辑线索，将“教师人格魅力”这一核心点融于表达中，停连得当，语流畅达。
在学生成长的过程中，师者魅力乃是学子的心灯，照亮着他们人生的路，有的甚至照亮一生。为师者无魅力，便得不到学生应有的尊重，难以获得良好的教育效果。换言之，学生如果认为对方不配做老师，就会产生逆反心理，直接导致教育无效。“教师一个肩膀挑着学生的未来，一个肩膀挑着民族的未来”，不能不注重涵养个人魅力，尤以涵养人格魅力为重。	可将“心灯”“一生”“应有”“难以”“不配”“逆反”作为重音，在适度延展中表明文意，在对比中折射出教师人格魅力对学生成长和教育教学成效的直接重要作用。

原文	分析
有一个学习成绩很差的学生，总爱举手回答问题，但当老师问他时又答不上来。老师好奇地问他，他哭着说“别人都会，如果我不举手，别人会笑话我”。于是老师私下里告诉他，以后如果会答就举左手，不会就高举右手。此后，每看他举左手，老师都努力给他机会。这个学生由此变得开朗起来，成绩也有大进步。老师把这个方法悄悄告诉其他几个学习不好的学生。结果，他发现整个班都变了。 这便是尊重的力量。对学生的尊重，正是教师人格魅力的关键。这种尊重，存在于细微处，体现在细节中。“不超越学生的生命健康、不超越学生的人格尊严、不超越学生在智力发展上的个性差异”，这是一些教育家倡导的理念，它的核心价值就是尊重。老师充分尊重学生，也才能赢得学生的敬重。	在教学相长、彼此共进中实现教育教学最优化，其核心就是尊重学生，“生命健康”“人格尊严”“个性差异”“尊重”这些词语生动地表达了尊重在教师和学生之间搭建起相互促进的桥梁。
想起教育名著《爱的教育》翻译者夏丏尊先生。他积极实践这一被称为“妈妈的教育”理念，不仅因材施教、诲人不倦，关心学生的学业，也无微不至关爱他们的生活。只要听说哪位同学病了，他会亲自将煮好的汤药喂给他吃。每逢周日，他早早地守候在学校门口，叮嘱外出的学生要“早些回来，勿可吃酒”，还要加上一句：“铜钿少用些。”对于犯错误的学生，他绝不一棍子打死，而是动之以情、晓之以理，保护自尊、等待觉悟。	语气自然平和，语速疏密相间，应有一定对象感，与受众共同解读夏丏尊先生“妈妈的教育”理念。
教育的本质意义，不仅仅是知识的传授、智慧的启迪，更是心与心的交流、情与情的互动。人格魅力的最高境界就是大爱。没有“爱的教育”就不是真正的教育。一位教育家说：“教师的爱是滴滴甘露，即使枯萎的心灵也能苏醒；教师的爱是融融春风，即使冰冻的感情也会消融。”今天，从一些极端事件的发生，到一些暴戾心理的出现，我们都分明看到教育中“育人”一课的缺失，看到师者“传道”的缺失。	“心与心”“情与情”“大爱”“苏醒”“消融”能较好表现出教师和学生情感交流的重要性，传达出“爱的教育”才是人类真正的教育。
教师节前夕，正在国外访问的习近平总书记向全国广大教师致慰问信。“用爱心、知识、智慧点亮学生心灵”“自觉增强立德树人、教书育人的荣誉感和责任感”“做学生健康成长的指导者和引路人”，言之殷殷，情之切切。以爱养人，以德化人，以学导人，学生方能快乐成长成人。为师者，不能不深思明察之、修习躬行之。	“爱心、知识、智慧”“荣誉感和责任感”“指导者和引路人”，由这些词语可感受到教师个人魅力与教育发展是紧密相连的，播读中运用延展或加重语气方法可生动展现出这些关键点。

——《师者魅力是学子的心灯》，《人民日报》2013年9月10日

三、财经新闻评论——理念抽象化与表达具象化互取所长

财经新闻评论准确把脉财经发展走向，传播新鲜信息并对此作出深入细致的分析解读，将金融、证券、期货和贸易等多方面的信息集于一身，通过广播电视先进技术的播出手段向受众展现出财经领域的最新动态，传达相关专家学者、业界人士的独到见解和分析点评。在播读此类评论时，话语表达应注意以下两点：

1. 评论语言紧贴专业层面

将抽象的专业理念和相关知识与生动具象的语言表达紧密贴合是财经新闻评论中较难处理之处。这里应注意与语气相关联的内外在表达形式。理解专业知识是语气生发的源泉，是不竭创作的动力。在财经新闻播音中，此点已做详尽分析，这里不再赘述。思想情感是语气之本，是将财经信息有效传播的直接推动力。表达形式的多样化是语气生动外化的直观体现。因此，播读者应将这几个要素放在一起思考，融会贯通于备稿和表达中。叙述国家财经政策、方针、路线时，语气平和自然，感情色彩平缓舒展；解读分析国内外财经动态及发展走向时，语气彰显理性，感情色彩略微兴奋有致。这样在尽量做好备稿工作基础上，评论语气靠拢专业层面，形成立体、多维、深刻的评论语境。

2. 话语表达追求通俗易懂

由于财经新闻评论涉及国家相关政策、方针及举措，专业领域的多种知识、术语、行话和简称等，加之受众在知识结构、教育背景、生活环境及理解能力等方面的影响制约，表达者更需要在此类评论播音中追求话语表达的通俗易懂、可闻可感，可在情感、声音和气息三者之间的处理上下功夫。财经新闻评论情感变化趋向较为稳定，在相对区间中动态表达。播读者可根据稿件内容和传播主旨确定情感变化的相对区间，在此进行情感的相对稳定运动。声音是评论力度和深度的形象载体，用声应以中声区为主，可在此基础上根据评论起伏路径进行或高或低的音量变化，辅之以长短相间的音长调整和相应的音色处理。气息是声音传播的动力源泉，在相对稳定的呼吸状态下，主要做好腹式呼吸，加强呼气和吸气的深度，找到最佳呼吸状态的着力点。由此将以上三者共同作用于评论话语表达中，在自然平和、生动恰切、疏密相间、稳步推进的播读状态中，使话语具有通俗易懂、清晰直观、明了具象的传播特征。

【例稿 3】

原文	分析
时隔不到两天，就在我们身边，两家曾经赫赫有名的企业传出的消息撩动了人们的神经： 乐凯胶卷把曾经的辉煌永远定格到“底片”中——9月4日，乐凯胶片股份有限公司发布公告称，由于数码影像对银盐影像产品的冲击，决定停止彩色胶卷的生产。 泊头火柴再也擦不出自己希望的“火花”——9月6日，河北泊头火柴有限公司举行资产处置拍卖会，最后一批设备被拍卖，这标志着亚洲最大的火柴厂彻底走进历史。	播读中应有历史回溯感，语气略低沉，语速稍慢，体现出无奈和惋惜之情。可强调加点词语，增强评论感情色彩。
胶卷和火柴，不只是两种产品，它们已经化身为一个时代的符号、人们生活的记忆。欢乐时刻，多少美好的瞬间定格在那一盒胶片中；漆黑夜晚，火柴盒上擦出的火花又带来了多少温暖和光亮。 乐凯胶卷，泊头火柴，当其盛时，何其壮哉！前者，曾经扛起了民族感光工业的大旗，当之无愧地成为“中国胶卷之王”。后者，则改写了国人依赖“洋火”的历史，并凭借先进的技术在火柴行业长期领跑。	运用情景再现将乐凯胶卷和泊头火柴的辉煌历史画面呈现在受众面前，传达更为深刻的历史反思。
再好的产品，再大的企业，一旦追赶不上时代发展的潮流，结果只有一个：出局。对于乐凯胶卷停产，泊头火柴破产，人们扼腕痛惜，颇有“此天之亡我也，非战之罪”的悲壮。数码浪潮的冲击，别说乐凯，全球胶卷行业的“老大”柯达也没能扛住。打火机、电子打火器等替代品纷至沓来，泊头火柴破产似乎也是命中注定。然而，这注定是难以逃脱的宿命吗？	语气凝重，语速较快，逐渐向问题关键点推进，加强反问语气，随之引出下文。
胶卷退出了舞台，生产胶卷的企业并非一定没落；火柴淡出了生活，生产火柴的企业也并非注定破产。我们不禁想起了荷兰人引以为傲的飞利浦。这家世界上最大的电子公司之一，100多年前，以生产碳丝灯泡起家。碳丝灯泡早已成为博物馆里的展物，生产碳丝灯泡的飞利浦按说有无数个理由退出历史舞台。可贵的是，飞利浦没有把自己局限在传统的照明领域，而是在20世纪的科技巨变中不断超越自我，先后发明了第一台电视机、卡式录音机、CD机等。如今飞利浦不仅是全球第一大照明公司，还是全球第一大医疗系统公司、第一大电动剃须刀生产商，等等。美国作家	播读飞利浦事例时，语气轻松自然，语调积极上扬，与前文形成一定反差。

原文	分析
爱迪斯在《企业生命周期》中说："所有的企业都是一次生命的历程，都会有诞生、成长、成熟、衰落的过程，所不同的是，有些企业能够将其中的成长与成熟阶段无限延长。"在技术革命日新月异的时代，大者并非恒大，强者并非愈强，欲求基业长青，唯有求新求变，不断超越自我。	注意话语内在逻辑，由现象归结出问题关键点，即"唯有求新求变，不断超越自我"。
一位知名企业家曾经这样感叹："要打造百年老店就需要永远创新，守，永远守不住。"一扇门关上的同时，另一扇门往往已经打开；一个机遇消失的时候，另一个机遇或许正在招手。很多企业发现不了另一扇门，看不到另一个机遇，正是因为有"守"的惰性。在这方面，柯达就是一个教训。柯达一度拥有世界胶卷市场 2/3 的份额，在很多企业绞尽脑汁调整乃至更替核心业务的时候，柯达却继续躺在胶卷丰厚的利润上睡觉，尘封了自己已经掌握的数码成像技术。当它被数字化浪潮拍醒时，已经时过境迁、大势已去。	把握逻辑停顿，使播读心理节奏和话语逻辑关系彼此呼应。播读感情应带有审视历史、汲取经验教训之意。
令人欣慰的是，泊头火柴虽然走到了尽头，乐凯胶卷却在全力转型。对于任何一家企业而言，它的产品或许会失去市场，它的技术或许会落后于时代，但是机遇之门却永远敞开着。只要善于发现机遇、抓住机遇，还可以生产出更具市场竞争力的新产品，研发出更具前瞻性的新技术。我们期待乐凯"转"出一片新天地！	表达中充满希望、憧憬之情，语速加快，传达出追赶历史进程、加快转型发展的生动景象。
早转型，就主动；晚转型，就被动。求新求变的意识和转型升级的压力，应当始终伴随着企业的发展成长。我们河北还有一家百年企业——享有"中国煤炭工业源头"盛誉的开滦集团。这些年，尽管挖煤让日子过得还不错，却主动走上了转型之路，大力发展现代物流、文化旅游、高端装备制造等产业，非煤产业比重占到企业经济总量的78%。主动转型让百年开滦重新充满活力，今年7月，开滦集团首次进入世界五百强榜单。我们相信，即便某一天煤竭矿衰，开滦集团也不必惊慌，因为它已经凭借转型跳出了资源型企业的兴衰周期律。	运用内在语完善语句含义，强化主动转型对企业科学发展的积极意义。叙述语言平实质朴，语意鲜明集中，思想感情溢于言表。

原文	分析
身处一个转型的时代，唯有“变”是永远不变的，正如“现代管理学之父”彼得·德鲁克所言：“没有人能够左右变化，唯有走在变化之前”。乐凯胶卷停产，泊头火柴破产，我们期待更多的企业从中得到警示，并努力走在变化之前。	语气中肯，重音运用得当，体现出“走在变化之前”的巨大发展前景。

——《唯有走在变化之前——从乐凯胶卷停产、泊头火柴破产说开去》，《河北日报》2012年9月15日
（获第二十三届中国新闻奖一等奖）

四、文化新闻评论——用语生活化与精神导向性相得益彰

通过文化新闻传播，受众可了解到先进文化的发展动态、文化产业的多样信息，同时可对具有代表性的文化人物的思想观点和文化事件的社会影响有一定了解认知。这其中，文化新闻评论对提升受众文化品位、解析文化观点、构建文化生活和营造文化氛围都有着积极而持久的作用。播读此类评论应注意：

1.语气平实亲切，语流渐次推进

文化新闻评论中语气应具有一定变化，按照评论思路的有效延展推进，“提出问题——分析问题——解决问题”中每个环节的语气把握有细微变化。提出问题时，语气自然，略有凝重意味，意在引发受众深度思考，语流运动速度较慢，留给受众更多思考遐想空间；分析问题时，语气平和，带有质问、疑惑色彩，旨在将受众引向问题深处，语流运动速度较快，体现新闻评析的时效性和快捷性；解决问题时，语气庄重，可有乐观向上之意，主要使受众有明达事理、豁然开朗、指引方向的感受体会。同时，根据新闻工作的实际情况，播读此类评论还可加入嘲讽、严峻等多种语气变化，适当、恰如其分地表达出来。

2.深挖文化内涵，明确宣传导向

深度挖掘文化新闻内涵，有效提取主要信息，立体动态评析论述，有效明确宣传导向，这是文化新闻评论中应做到的另一重要内容。播读者应沿着稿件评论思路努力开掘出文化事件及人物背后的多种背景信息，给自己多提出这样的问题，该评论中人物观点的立足点和切入点是什么？他的话语代表了当前文化发展的何种趋向？该文化事件产生的直接因素和间接因素是什么？它的发生与哪些人、哪些事有着关联？该事件有哪些文化传播价值或负面社会影响？等等。做好上述工作，播读者可较为准确地提炼出主要信息和核心信息，可从不同层面探究其文化深层内涵，有效开掘出它对推动文化产业发展的积极作用和深远影响。

【例稿 4】

原文	分析
西方文化要学习借鉴，传统文化更要珍惜呵护，所谓固本开新，即是此意。找回课本中的诗词之美，要旨都是秉持对后世负责、对文化负责的态度。	点明稿件主旨，语气明朗跃动。
今年教师节当天，习近平总书记在北师大看望师生时，提到古典诗词的重要性问题，引起广泛热议。此前，上海市新版小学语文教材删减古诗的做法引起了很大争议，虽然上海市教委当时回应称，此次对小学语文教材的修订并非删除古诗，而是将这些古诗重新编排至各学期，改变古诗教学的方式。	梳理话语内在逻辑关系，话语层次分明，语调可略低一些。
减少教科书中古典诗词的观点一度显得很有说服力。包括上海在内的一些地方，目前已经删去了《寻隐者不遇》《登鹳雀楼》等诗词。为什么要把古典诗词从教材中剔除出去？目前主要的观点有两个：其一，古典诗词生僻字多，背诵起来难度大，删除古典诗词可以给学生减负；其二，古典诗词毕竟难以“与时俱进”，以西方美文取代之，便于教育与国际接轨。	气息调控得当，声音变化随气息变化而自然生发，在一问一答间流露对此类观点的有力反驳。
上述两个理由都有待商榷。古诗合辙押韵，极富音律感，读起来朗朗上口，虽三岁童蒙，背诵亦非难事。生僻字，完全可以拼音注解、教会学生认知，这本身也是基础教育的内容之一。中国古典诗词源远流长。“后皇嘉树，橘徕服兮。受命不迁，生南国兮”，屈子一首《橘颂》，开楚辞之新天地。其后逾千年，古典诗词不断凝聚民族思想与文化精神。赋兴于汉、诗兴于唐、词盛于宋、曲盛于元，古典诗词一脉相承，成为中国乃至世界的文化长城，见证并构建了人类文明的重要一阕，对日本、韩国以及世界上许多国家的文化演进、文明进步都有直接而深远的影响。	将古典诗词对我国文化发展乃至对世界文明进程的巨大推动作用融于表达中，充满自豪、肯定和弘扬之情。
这种影响不仅存在于过去，而且指向现今与未来。中国古典诗词的活力还在与时俱进、不断展现。今天，包括习近平同志在内的中国领导人，在外交活动中常常随手拈来古文佳句，既凝练又贴切，世界因此叹服于中国文化之博大，民族精神之儒雅。目前，美国、英国以及一些北欧国家的不少汉学家正在潜心研究中国古典诗词。还有为数众多的外国青少年对中国古典诗词如痴如醉。可以预见，未来中国古典诗词作为中国特色文化名片、世界伟大文明成果的地位将得到进一步确立和发扬，其生命力必将更加旺盛。	播读中充分调动自身语感，加强对中国古典诗词文化的深刻理解。播读思路开阔，表达指向性鲜明突出。

原文	分析
西方文化要学习借鉴，传统文化更要珍惜呵护，所谓固本开新，即是此意。当然，重视古典诗词，重新增加课本中的古诗文，也不是说要大干快上，越多越好。还是要通过教育界专业人士深入研究，遵循教育规律，审慎合理地添加。	体现科学严谨的教育研究态度，散发理性的智慧光芒。
找回课本中的诗词之美，要旨都是秉持对后世负责、对文化负责的态度。还记得敦煌的莫高窟吗？还记得那个邋遢的王道士吗？揣着珍宝却不认识，以为“那玩意无甚大用”，以致于后人只能跟在外国人后面长吁短叹。现在已经是21世纪，王道士的老路，对我们是个提醒。	对王道士的叙述充满讽刺之意，语意鲜明，含义清晰。

——《古典诗词之美不可丢》，《光明日报》2014年9月12日

五、体育新闻评论——专业化与平民化相融合的表达形式

在缤纷多彩的体育赛事和相关活动中，不仅有及时快捷的新闻资讯报道，同时有见解独到、评析精辟的体育新闻评论，它们共同优化着体育新闻传播体系，形成多维、立体、动态的话语表达图景。具体到体育新闻评论，可从以下两点予以重点把握：

1.态度肯定，情感多样，专业见解独到

体育赛事及活动具有极强的跃动感和生机感，始终彰显着人类强身健体、追求幸福的精神品质，体现出青春、激情、昂扬、自信、拼搏的理想信念。受众可为之感染，情感在瞬间迸发，达到兴奋欢悦的状态。据此，播读者在此类新闻评论表达中，应持有积极肯定的播读态度，表达情感多样，营造跃动分明的语言传播氛围。具体方法为，声音表达注重对比变化，在“刚与柔”“纵与收”“强与弱”“快与慢”“松与弛”之间实现声音的多重变化，进而延伸出多种表达情感，紧张急促、舒缓从容、兴趣盎然、沉郁低落，这些在体育评论中常见的情感样态通过声音的多重对比淋漓尽致地展现在受众面前。同时应将体育专业常识及理念融于表达中，在字里行间体现出体育运动的精神品质，全民健身的高涨热情，使感性体验与理性诉求有机结合。

2.点染情致，适当烘托，平民视角切入

播读此类评论时，应通过充满热情、大方、得体、自然的话语评析有效点染受众情致，充分调动受众热情，使其一同进入体育评论的语境氛围中。在充分调动小腹运动的前提下，保持气息通畅自如，努力做到“抓两头，解放中间”，即有效控制吐字归音及口腔共鸣状态，喉部放松，使声带处于自如振动的状态。这样可保证多种情感驱动之下

气息持久不断地运动，为烘托现场气氛、增加评论力度发挥积极的基础作用。同时应注意颧肌等肌肉保持松弛状态，可缓解紧张情绪，使播读语流更加自如。以平民视角进行评论，体现在表达的大众化、通俗化、具体化等方面，适时加入娱乐化元素，如幽默诙谐用语，拉近与受众的心理距离，满足非专业人群的欣赏需求、精神需求和知识需求等。

【例稿 5】

原文	分析
“鸟巢”上方，熊熊燃烧了 15 天的奥运圣火即将熄灭。 这将是一个令人难忘的时刻。充满生机与活力、传递激情与梦想的北京第 29 届奥运会，将以空前宏大的规模、精彩纷呈的竞技、绚丽多姿的文化、海纳百川的胸怀，定格在人类奥运史册上，化作一部永恒的经典，留下一座历史的丰碑。 中华儿女可以自豪地宣告：我们没有辜负国际社会、国际奥委会的信任与重托；世界人民可以欣慰地回应：选择中国、选择北京是一个正确的决定！	语气铿锵有力，充满自豪、喜悦、肯定之意，停连运用得当，加强话语表现张力。
——2008 年 8 月 8 日到 8 月 24 日，人类文明史将收录、珍藏、传诵这辉煌的十七天！ 这是一届创造奇迹、超越梦想的奥运会。迄今已诞生了 38 项世界纪录，蒙古、多哥、阿富汗、塔吉克斯坦等代表团实现了各自国家金牌、奖牌的历史性突破，菲尔普斯独得 8 金并打破 7 项世界纪录，博尔特包揽男子 100 米、200 米这两颗奥运会“皇冠上的明珠”并双破世界纪录，中国代表团历史上首次跃居金牌榜首位……一项项优异的成绩，一个个辉煌的瞬间，让人类骄傲，让世界沸腾。	梳理总—分评论脉络，语言层次分明，播读过渡连接处应自然平稳，气息控制张弛有力，展现出一幅幅令人欢欣雀跃的生动画面。
这是一届彰显人性、迸发真情的奥运会。俄罗斯选手帕杰林娜和格鲁吉亚选手萨鲁克瓦泽在女子气手枪决赛结束后相拥相吻，让人类追求和平的天性尽情展现。从一群年龄只有自己一半的小女孩手中夺得一枚银牌，德国体操女选手丘索维金娜“高龄”参赛，为自己的儿子筹措治病费用，伟大的母爱感天动地。颁奖仪式上，德国选手施泰纳把亡妻苏珊的照片和奥运举重金牌高高举起，展露出一份催人泪下的爱情。南非残疾姑娘杜托伊特在游完 10 公里马拉松后直言：“我从来没想到过自己少一条腿”，激情四射，豪气干云……	话语表达中包含人间真情，亲情、友情和爱情在北京奥运会中迸发出感人的火花。感情深沉厚重，不乏喜悦、憧憬之意。

原文	分析
“同一个世界、同一个梦想”。热情好客的中国人民为了北京奥运会的成功倾注了心血，诠释了这个古老而青春勃发的民族对奥运理念的认识。人类共有的理想，超越了肤色、信仰、文化、语言的障碍。一句句问候、一次次握手、一个个微笑，多少年以后，也许人们会忘记金牌的归属，但崇高的人性光辉，将被永远地珍藏。一位位英雄的问世，一幕幕经典的诞生，一个个奇迹的出现，一份份情感的涌动，多少年以后，人们也许各自天南海北，但同一份美好的记忆，将被深深地镌刻。	重音把握得当，体现出“同一个世界、同一个梦想”的深刻含义和人性光辉。播读中，语气应积极肯定，主旨要鲜明突出。
——在中华民族伟大复兴的征程中，北京奥运会是永恒的经典、历史的丰碑！ 中华民族曾有过辉煌的历史，骄人的文明，也曾遭受磨难、饱受屈辱。但不屈不挠的民族追求复兴的梦想和步伐从来没有停止。	呼应前文，再次点题，自豪奋发、激越澎湃之情应融于表达之中。
新中国诞生，中国人民结束了“东亚病夫”的历史。伴随着改革开放的进程，中国人民昂首进入奥林匹克舞台。申奥成功7年来，中国人民呕心沥血，不负众望，向全世界奉献了一台成功的奥运会。正如北京奥运会开幕式上展现中华民族五千年灿烂文明的“中国长卷”那样，中华民族有灿烂的过去，有辉煌的今天，也必定有光明的未来。	回溯与展望并存，语气应富于变化，强化其传播主旨，营造主旨明晰的表达语境。
北京奥运会让中国成为全球的焦点。全世界如此真切和集中地感受到中华民族的进取心、创造力、责任感和追求和平、和谐、友谊的国家品格和民族特性。可以告慰先人的是，几代人百年来梦寐以求的壮举，在我们手中完成！	加强语言感受，由外而内活化语言表达。
——在社会主义中国改革开放的伟大进程中，北京奥运会是永恒的经典、历史的丰碑！ 我们兑现了对国际社会的郑重承诺，认真履行了国际义务，以空前开放的思维和务实的举动，集北京之力、举全国之力办好奥运。正是改革开放30年所积累的物质财富和精神财富，使我们成功实现了举办有特色、高水平奥运会的目标。北京奥运会的成功，展现了中国30年改革开放的丰硕成果。	播读节奏应随情感潮水的流淌而自然生成，充分彰显民族精神和时代品质。

原文	分析
这是中国的机会，北京奥运会推动了中国的进步！通过举办奥运会，中国人民更加增强了民族自豪感和凝聚力，增强了对社会主义中国和平发展的信心，也使全世界进一步了解、正视、尊重中国的社会制度和发展模式。通过举办奥运会，加快了中国的开放步伐，使全世界清晰地看到一个发展进步、友好和谐、重诺守信、尊重国际规则的中国，有助于中国进一步走向世界。通过举办奥运会，我们留下了“鸟巢”“水立方”等一大批中外建筑大师精诚合作而创造的标志性建筑和城市基础设施，为提升城市实力、改善民众生活打下了良好的基础。通过举办奥运会，“绿色奥运、科技奥运、人文奥运”的理念深入人心，极大地提升了全社会的环保意识、科技意识、文明意识、人文意识和公民意识；活跃在奥运赛场内外的上百万志愿者、拉拉队和观众，既为中国选手和热点项目加油助威，也为外国选手、非热点项目呐喊击掌，这份真诚、热情和包容让全世界动容，彰显了中国人民的善良和责任感，彰显了改革开放的中国自信成熟的胸襟。通过举办奥运会，作为西方文明的奥林匹克精神与中华文明有机融合，奥林匹克课程惠及中国亿万民众，规则意识、参与意识和公平竞争意识，成为奥林匹克带给中国的宝贵精神财富。北京、中国，使国际奥委会7年前“北京奥运会将给中国和世界体育运动留下独一无二的遗产”的预言变成了活生生的现实。	播读中充满自豪感和成就感，运用情景再现将一个个感人的场景，一幅幅形象的画面呈现给受众，加强对象感，形成互动交流的浓郁氛围。
——在奥林匹克运动百余年的历史上，北京奥运会是永恒的经典、历史的丰碑！ 这是世界的机会，北京奥运会推动了奥林匹克运动的发展！历经112年的奥林匹克运动作为一种现代文明，奥运会作为一项全球盛会，五环旗作为一面全人类共同的旗帜，只有来到占世界人口五分之一的东方文明发源地，才具有更加完整的定义。经过中国人民、国际奥委会和全世界的共同努力，奥运圣火终于在古老而现代的中国熊熊燃烧，这使奥林匹克运动更加具有广泛性和全球性，也使这项源于西方的文明由于融合了东方中华文明的精髓而具有更加博大精深的内涵，具有更大的感召力、影响力。这是中国给奥林匹克运动作出的巨大贡献。	播读视角应更加开阔，表达重点应明确体现，将中国人民与世界人民生生不息的友谊之情，彼此提升的发展之道融于表达中。

原文	分析
中国需要世界,世界需要中国。奥运会上以“团结、友谊、和平”为主旨的交流有利于世界各国和地区消除隔阂、摒弃歧见、化解矛盾、增进了解,从而达到建设和谐世界的目的。这不仅是中国的渴望,也是全世界的憧憬。北京奥运会,使全世界看到了一个执著追求富强、民主、开放、和平、友谊的大国形象。这是中华民族通过北京奥运会献给世界的一声最真诚的问候,一份最珍贵的礼物。	播读中体现出北京奥运会对中国对世界发展的历史意义和深远影响。
8月18日晚,俄罗斯女子撑竿跳高名将伊辛巴耶娃以5米05的成绩第24次打破世界纪录后说:“只有天空是我的极限!” 把横杆架设到天空上,让奥运的激情和人类的梦想在无垠的宇宙中翱翔吧!伟大而崇高的追求永无极限、瑰丽无比!	结合伊辛巴耶娃比赛画面生发出有情之声,传神之音。

——《永恒的经典　历史的丰碑——写在北京第29届奥林匹克运动会闭幕前夕》,
新华社2008年8月22日(获第十九届中国新闻奖特别奖)

第二节　练习材料及播读提示

【练习1】

主播:新知识、新技术的不断产生,使科技型中小企业的发展成为必然,而加快产业结构调整的宏观政策,更为我国科技型中小企业的发展提供了广阔空间。然而,科技型中小企业的成长发展过程不可能是一帆风顺的,特别是原始性创新技术,因为缺少可以借鉴的先例,往往会受到各方的质疑。政府部门和社会各界如何给予他们应有的支持?请听记者朱旭、孙昭荣采制的录音述评:《把鼓励创新、宽容失败落在实处》:

记者:把“中国制造”变为“中国创造”是几代中国人的梦想,因此,原始性创新技术就显得弥足珍贵。萌芽长成大树可能需要诸多条件,鼓励创新、宽容失败则是萌芽破土而出的关键。

鼓励创新、宽容失败不是拍脑门儿,而是源于科学分析。

2008年,一个消息在天津滨海高新区内部掀起了不小的风浪:高新区所属的海泰担保公司,将出1500万,为一家科技型中小企业进行担保。如果项目一旦失败,这笔费用由高新区承担!

原来,这家名叫华翼蓝天的企业,研制出了我国第一台拥有自主知识产权的飞行训练器,打破了国外长期垄断这一领域的局面。2008年,华翼蓝天在一次全球招标中获得了1500万元的一个大单，然而，当时的华翼蓝天才起步不久，对方对华翼蓝天能否完成好这个项目表示质疑。就在此时，高新区作出了一个大胆的决定：由区内所属的海泰担保公司进行担保，出了问题政府埋单！滨海高新区科技局局长谢文魁说，之所以敢冒这么大的风险，一方面是基于高新区对这家企业从创业之初的长期跟踪考核，并由区内专设的投融资专业委员会对其进行了全面评估；另外一方面，也是考虑到这家企业的创新能力和产业发展前景：

（录音略）

鼓励创新、宽容失败，需要形成制度，用制度进行保障。

日前，天津市科委、市财政局联合出台了《天津市科技创新专项资金管理办法》，滨海新区率先拿出5000万资金，鼓励企业自主创新；市科委还启动了“创新驿站”的建设，未来将组织专家免费到科技型中小企业实地“上门问诊”。滨海高新区已经在搭建“鼓励创新、宽容失败”的平台，滨海高新区科技局局长谢文魁：

（录音略）

鼓励创新、宽容失败，尊重人才、信任人才是关键。

美国硅谷之所以取得成功，关键因素之一就是因为它拥有了一批世界一流科技人才。据了解，全世界科技移民的40%都被吸引到了美国，目前仅在硅谷地区供职的中国科技人才就已经超过10万人。那么，如何才能使这些尖端人才不流失出去，为我所用呢？除了政府和社会各界要营造鼓励创新、宽容失败的良好环境，建立科学的评价体系和激励机制，关键还是要把这些制度、政策落在实处。来自中科院遥感所的彭玲博士，目前正在带领一支优秀的科研团队，在天津开展遥感技术的研发和产业化应用。她认为，科研项目不是立等可取，社会各界对科研人员应该给予充分的理解和信任，此外，如何把一系列政策和制度落在实处是他们最为关心的：

（录音略）

鼓励创新、宽容失败，根本在于要解放思想，形成共识。

近些年，许多知名企业和大项目落户在天津、落户在滨海新区：空中飞的有空客320，航天用的大推力火箭，中航直升机；地上跑的有丰田汽车，高速铁路用机车车辆；海上项目还有大型的“大造船”。大项目的成功引进和投产，使天津的工业结构、产业结构迅速变化，形成了高新、高端、高质的航空航天、装备制造、生物制药等八大支柱优势产业。这八大支柱产业对工业的贡献达到92%，天津GDP上半年增速18%，位列全国前茅。

然而，天津市委、市政府并没有站在成绩上故步自封，而是冷静地看到了快速发展背后的隐忧和结构矛盾：天津的经济总量还是小，特别是民营经济发展滞后，只相当于北京的三分之一，上海的五分之一。这一切都和科技型中小企业、民营企业不能充分发育、发展有直接关系，而仅仅依靠大项目也并不可能为天津经济发展提供持久动力。

为此，今年9月19号，天津市委、市政府召开了加快科技型中小企业发展动员大会，出台了包括筹集200亿财政支持资金等促进本市科技型中小企业发展的一揽子计划和措施。

目前，各项扶植政策正逐步落实。我们希望，落在实处的，不仅仅是物质支持，更是鼓励创新、宽容失败的胸怀和眼光。

——节选自《把鼓励创新、宽容失败落在实处》(获天津广电学会2010年广播新闻作品评论类一等奖)

播读提示：

应注意内在逻辑关系的梳理，从企业内部创新能力到外部评估考核，通过科学全面地通盘考察之后才作出这样的决定。中科院遥感所彭玲博士的观点主要集中在相关政策和制度的落实上，备稿中可查阅相关资料，从中可更为真切地体会到她的话语中所包含的深意，也可提高自身备稿能力，有助于在播读中清晰准确地表达她的观点。

【练习2】

转方式、调结构是当今中国经济发展的核心任务，也是未来中国保持全球竞争力的不变主题。它既不可能一蹴而就，也不会有收兵之日。换句话说，转方式、调结构本身就是中国经济的新常态。攀登世界技术新高地，占据全球产业链上游，夯实社会发展和民生福祉的财富基础……中国经济肩负的这些历史使命，决定了我们必须摆脱落后发展模式的思维束缚，以壮士断腕的智慧和勇气，用科学的发展观铺开长治久安的前进道路，用正确的政绩观培育以人为本的思想土壤，把创新作为动力之源，把全面深化改革作为活力之源，在打造现代国家治理体系中，获得持久的繁荣。

——【本台短评】《转方式　调结构　就是中国经济新常态》,《新闻联播》2014年8月14日

播读提示：

注意梳理稿件逻辑关系和脉络层次，分析其传播主旨，把握其语意要点，做到心中有数，胸有成竹。表达中站在中国经济发展全局高度播读全篇稿件，从宏观层面做到播读情感分寸得当，语气自然平和，用声以中声区为主，语速平稳推进，体现出对中国经济发展的自信心和拼搏奋发之情。

【练习3】

刚刚过去的这个周末，我们又一次迎来了“高考季”。930多万考生，30多万个考场……短短几天的高考，就像炎夏等待已久的一场透雨，融入无数人的人生记忆，也汇入了不舍昼夜的时代洪流。

有国外媒体感叹，“中国正以飞快的速度发生着改变，而高考制度依然像中国人使用筷子那样难以改变”。这样的结论显然有失偏颇。今年高考改革的一些进展，就见证着高考的时代之变。

比如,28个省份实施“异地高考”,5.6万名随迁子女在居住地参考,同比增长近12倍。尽管各地门槛高低不同,但短短一年间,从户籍限制的“破冰”,到开放范围的拓展,流动社会的教育公平已站上了新的起点。又比如,粤浙沪等地先行先试,打破“一考定终身”。无论是“三位一体”式选拔,还是“六三一”录取方式,都在为综合评价、多元录取的机制探路。

看似波澜不惊,其实已走过万水千山。恢复高考至今,37年间,录取率从不足5%到突破70%,从“一卷试天下”到“全国统考,分省命题”,从文理分科到“3+X”科目方案,从“唯分数论”到科学选材,高考的改革脚步从未停息。正是在这个不断变化的舞台上,千千万万人找到了人生出彩乃至改变命运的机会。

“门与路”,今年浙江省高考作文题意蕴颇深。门是路的起点,也是路的终点。门可以挡住你前进的脚步,也可以让你通向未来。从这样的语境来理解,高考的意义正在于,它既是一扇开启精彩的人生之门,也是一条向上流动的社会之路。

30多年来,不管试题怎么变、规则怎么改,一届又一届的学生,始终怀揣着改变命运的梦想、社会公平的期待,这是恒久不变的时代呼声。从多年前鼓舞考生的口号“梅花香自苦寒来”,到如今“没有高考,你如何拼得过富二代”的校园横幅,这场考试承载的希望非比寻常。

诚然,今天的高考再也不是“千军万马过独木桥”,个人成才的途径日益多元化,在一个深刻转型的社会,高考也在变动中寻求新的定位。但高考依然是国家选拔人才、打通社会向上流动的重要途径,依然是教育公平的最重要底线。从这一视角看,今天高考面临的难题,其升级和难解的程度,丝毫不亚于考生笔下的试题。

异地高考虽然已经起步,但巨大需求与现实可能之间的缺口,决定了这扇大门有一个徐徐打开的过程。这几天,大别山深处安徽六安毛坦厂中学的“苦修”场景让很多人动容,甘肃会宁“学生苦学、教师苦教、家长苦供”模式遭遇的挑战引人深思,他们忧心“时代的列车会不会把我们越抛越远”?仔细倾听这样的焦虑之声,个体艰辛背后的城乡差别、区域鸿沟,更显得触目惊心。面临期望与困境、机遇与风险,更需要勇气与智慧、决断与耐心,社会目光交织下的高考改革,不正是全面深化改革的一个生动样本?

“百年能几何,三十已一世”。1977年冬天的那次高考,点燃了570万青年的希望,许多人由此迎来了命运的拐点,中国也开始了“春天的故事”。37年来,高考在改革时代写下了自己的答卷,而现实又不断提出新的问题,呼唤新的解答。无论是人生的奋斗,还是社会的进步,一次考试不是全部,前行的路就在脚下延伸……

——《高考,在改革中书写新的答卷》,《人民日报》2014年6月9日

播读提示：

播读语气肯定，充满自信奋进之情；语速较快，表现出高考改革前行的有力步伐；气息调控得当，逻辑停顿和语法停顿处理有致；播读思路清晰，坚持正向引导受众；加强对象感的运用，有效生成多重交流沟通的生动图景。

【练习4】

新学期开学伊始，各中小学校校长进入工作高峰期。然而，据媒体报道，近几天，新疆乌鲁木齐市的名校或老牌学校校长的电话，却很难打通，不是被“呼叫限定”，就是关机。开学季，校长却“躲起了猫猫”，有的学校校领导甚至集体“消失”了，这背后是怎样的无奈？笔者认为，校长“躲猫猫”是教育生态压力的反映。

个别学校领导集体“躲猫猫”，躲的是什么呢？躲的是各种走关系、择校生的电话。有校长表示，不关机的时候一天能接到七八个甚至十多个“办择校”的电话。一些学生家长出于对所谓名校的追捧，总是想尽办法把孩子办到名校去，这是一种不正常的现象。事实上，随着义务教育均衡工作的不断推进，城市各学校的办学条件已基本实现了均衡，无论是师资水平还是教学质量，差异都越来越小。然而，即便在这种情况下，一些学生家长的观念依然没有转变，一心想择校，这就导致择校仍然是不少校长要面临的压力。

从校长“躲猫猫”，可以看出当下教育生态面临的问题和挑战。作为校长，本应该一心一意管理好学校，想方设法提高教育教学质量。然而，在现实中，校长面临着来自社会关系的各种压力和干扰，变得难以安心。

除此之外，一些地方的校长还面临办学经费的压力，有的还需要去跑项目、跑资金、搞关系，虽然倍感无奈，但又不得不做。有校长告诉笔者，他当校长前是一名教师，自己很喜欢讲台，本想利用空余时间给学生做讲座，给学生开设选修课，结果当上校长后，忙于日常事务和社会交往，跑各种关系，几乎消耗了全部业余时间，以至于想静下心来走进教室听听课，都变成一种奢侈。

笔者认为，校长的工作岗位应该在学校，应该在课堂，应该在教师和学生们身边，为他们提供帮助和指导。然而，现实是，很多校长缺乏这样的环境。如何把校长从繁忙的日常事务和社会关系网中解放出来？笔者认为，这需要一个良好的教育生态环境。要营造这样的教育生态环境，既需要政府和教育行政部门的努力，也需要引导全社会形成共识，还需要家长们转变教育观念。

只有我们的教育生态步入了良性发展轨道，校长才能真正成为一名“校长”，到那个时候，校长们“躲猫猫”的现象，相信也就不会再出现了。

——《校长“躲猫猫”反映教育生态压力》，《中国教育报》2014年9月2日

播读提示：

吐字清晰饱满，完整准确地叙述相关事件现象；表达议论性话语时，音量适当提高，加强论证力度；完善内在语，使语意更为明确；播读节奏疏密相间，积极跃动，将稿件中蕴含的思想情感生动外化，实现播读者与受众的心理共鸣。

【练习 5】

留白，传统绘画的一种极高境界，讲究着墨疏淡，空白广阔，以留取空白构造空灵韵味，给人以美的享受。

在蓝色经济版图上充分留白，亦是别有韵味。

莱州拥有山东半岛北部最大的浅滩，面积达 5500 公顷，浅滩及附近海岸蕴藏的石英砂资源，具有可观的经济效益，可谓寸土寸金。但为了保护海洋生物资源和生态环境，莱州在去年申请设立了省级特别保护区，对一切向浅滩掘金的活动说“不”。面对巨大利益毅然“留白”，“舍”与“得”、“进”与“退”尽在方寸之间，“画”之格调，高下立判。

发展蓝色产业，要的是高端、高效和生态，开发与保护并重是基本要求。如果说开发是“运笔”，那么保护就应该是“留白”了。依照我们目前的开发技术，全面开花式的开发，资源利用率不会很高，浪费在所难免，在很多方面还难以达到开发与保护共赢。为此，采取有取有舍的态度，对于那些技术和市场条件成熟的资源，在科学规划的基础上，给予积极开发；对于那些开发条件不具备的资源，则“冷藏”起来，留足空间，留给子孙后代们破土开发，这是富有远见的选择。

留白最讲究的是，既有热情又掌控热情。若热情过度，势必烧灼美的空间。

起步阶段的蓝色经济区，是一片发展的热土，最热的当然是项目。没有新项目，高端高质高效无从谈起；发展蓝色经济，上项目天经地义。但上项目必须考虑“要素效率”。如果有菜就拾到筐里，拾到筐里再贴标签；有空白土地就上项目，把项目搬到海边就当是蓝色产业，以为这样就是抓住了机遇、用好了资源，而把“留白”抛诸脑后，则不可避免地带来诸如“土地指标不够用，优势项目无法落地”等问题。拾到篮子里就当菜，项目的“要素效率”势必低下，不但规划内的土地和资源不够用，就是本该留白的土地和资源也终会耗尽，在这种情况下搭建蓝色经济框架，极易进退失据，而且只能是原有路径的重复和循环。

抓住发展蓝色经济的宝贵机遇，需要勇进，更需要审慎。既讲发展热情，又讲科学理性，找准开发与保护的最佳结点，异常重要。

在蓝色经济区走走看看，积极作为而又科学务实者，大有人在。在海阳市的蓝色工业园区，有一个铁的规定，入驻园区的项目，厂房建设不能低于两层，并且鼓励盖多层厂房。在市场法则效应失灵的时候，发挥“政府之手”的作用，是制止资源浪费的有效办法。

但从根本上消除资源浪费，还是要走市场的路子，通过理顺能源资源价格体系，建立起有利于资源节约、环境保护、可持续发展的体制机制。过去那种不能反映资源稀缺程度的价格体系，只能诱导和放任企业大手大脚耗费资源，甚至寅吃卯粮。而理顺资源价格体系，企业生产成本相应上升，将倒逼企业加快自主创新，降低生产耗费，从而促进发展方式转变。

深圳的可用土地本多于香港，到2003年末，深圳的GDP仅为香港的1/6，却已出现用地紧张情况，而香港只开发了可用地的22%。有经济学家分析，粗放型发展方式是出现这种症状的病根。据此，在蓝色经济区建设过程中，要将蓝色经济区建设与高端产业聚集区、高效生态经济区建设结合起来，发展高端高质高效产业，上生态环保项目，大力提高资源的利用效率，为资源环境充分留白。在这种意义上，留白的艺术，其实就是科学发展的艺术。

——《留白的艺术》，《大众日报》2010年7月19日(获第二十一届中国新闻奖二等奖)

播读提示：

备稿中准确把握当前我国经济发展走向，将科学发展观核心理念融入于其中，形成宏观把握和微观处理有机结合；精准确定重音，尤其是表达逻辑重音时更应紧密贴合评论主旨，使这两者彼此呼应。

【练习6】

当今，"快乐"已成为一种最畅销的消费文化产品，生产"快乐"的文化产业如日中天，娱"风"乐"雨"日益弥漫于我国的荧屏、银幕、歌厅、网吧、各种晚会以至节日庆典，成为人民生活中须臾不可离的一种流行文化。

有人说得好：我们在强调提升国家文化软实力的时候，不能把诸多为大众提供娱乐的流行文化产品从视野中划出去，而是应当把它们划进来。在今天人民大众的文化权益受到充分尊重的时代背景下，我们已不能再以远离大众的审美需求为前提，以放弃文化的消费市场为代价来完成"艺术圣殿"的营造。从满足人们休闲、消遣和审美的需要看，大众娱乐(俗)和高雅艺术(雅)之间的界限并不是那么泾渭分明而又一成不变的。人们知道，早在19世纪美国的艺苑，莎士比亚剧作既是高雅的戏剧艺术，也是充满世俗性的歌舞杂耍。在中外艺术史上，又有多少往日"曲低和众"的"下里巴人"，随着时空条件的转换和推移，后来都成了雅俗共赏的"阳春白雪"?!

谁也离不开娱乐，谁也不能反对娱乐。但我又始终认为，娱乐仍然有文野、高低之分，即具有不同的品位。从美学和心理学的角度分析，娱乐的内在结构包含三个层次，它们构成娱乐完整的文化内涵。

首先，娱乐意味着游戏，它源自人们与生俱来的游戏心态，是一种自我宣泄的方式。那种由于感官刺激和情绪宣泄而产生的快感,属于较低层次的娱乐。其次,娱乐具有益智的意义,它可以激活人们的想象力,满足人们的好奇心和求知欲,增长人们的知识、技能和智慧。那种足以开启人的心智、健全人的体魄的娱乐,已属于高层次的娱乐。最后,娱乐具有审美享受和美育的意义,这是它的更高层次的内涵。这样的娱乐追求高尚的情调和思想,可以让人的娱乐本性在审美中获得升华。换句话说,高品位的娱乐不只是让人快活,也不是让人在这种快活中沉醉,而是以游戏和审美为桥梁,通过潜移默化,使人的本性中那些美好的东西释放出来,从而点燃人的希望和理想的火炬,让人们在人生旅途漫长而艰难的跋涉中,获得勇气和力量,找到心灵慰藉、补偿、休憩的"家园"。

由此可见,感性的直观形象(形式、技术、包装等)只是娱乐的外在形态和表现手段,文化内涵(特别是其核心的价值观)才是娱乐的灵魂。具有不同的思想文化内涵和外在表现形态的娱乐活动(节目),也就有着不同的品位。正是在这个意义上,如果说真、善、美的统一是艺术的最高标准的话,那么,它也应当是娱乐的最高境界。

放眼今日的电视荧屏和歌厅、剧院等娱乐场所,那种文化内涵浅薄、品位不高和缺乏创意的现象,在许多娱乐节目中都或多或少地存在,可谓司空见惯;而真正达到思想性、艺术性、观赏性有机统一的高品位的娱乐文化精品,却较为少见。尤有甚者,一些庸俗、低俗、媚俗的文化垃圾,总是打着娱乐的幌子,变换各种花招,不时出现在人们的眼际,污染文化环境,败坏社会风气。这种现象告诉我们,大众文化在坚持娱乐性的同时,如何以社会主义核心价值观和先进文化理念为指导,努力提升各种娱乐活动(节目)的文化品位,并力求创造出更多一些为广大群众喜闻乐见的娱乐文化的精品力作,是当前一个亟待重视和解决的问题。同时提醒我们,要时刻警惕市场化操作对娱乐活动文化品位的侵蚀,在任何情况下,都要坚持把社会效益放在首位,远离"三俗"之风。

人民大众呼唤高品位的娱乐!这是他们不断提高的精神文化需求所决定的,也是社会主义文化艺术的性质和任务所决定的。马克思说得好:"艺术对象创造出懂得艺术和能够欣赏美的大众——任何其他产品也都是这样。"包括大众娱乐产品在内的精神文化生产,从根本上决定、支配着精神文化消费的走向。

媒体和艺术家的神圣使命是,不断增强自己的责任感和精品意识,用优秀的产品(作品)去引导、提高、改造、拓展和丰富广大受众的审美视野、艺术素养、欣赏趣味和人格情操,从而培养、造就出能够理解、接受和欣赏更高品位的精神文化产品(包括娱乐产品)的大众,而不是反其道而行之,充当少数人不健康的消费趣味的应声虫和代言人。

——《娱乐,别忘了文化品位》,《湖南日报》2010年11月23日(获第二十一届中国新闻奖三等奖)

播读提示：

从本篇评论可知，正反两方面的分析解读是准确把握其传播主旨的重要方法。播读中，亦可从正反两面进行语言表达加工，播读正面内容时，语气积极跃动，音量可适当加大，换气偷气密度较大，以此传达出媒体使命的正能量效应；播读负面内容时，语气略微暗淡，音量可有意放小，形成鲜明对比。

【练习 7】

“出场费”报出天价，已不是一天两天的事。近来各媒体的话题逐渐从歌星的天价转向影视明星的涨价。如何遏制这种暴涨势头，引发了广泛议论和担忧。其中触目惊心者，在于明星报酬畸形上升，竟占影视剧投资的 50 %以上，致使一部剧作编、导、摄、舞美、服装、效果、制作等等捉襟见肘，甚至不得不粗制滥造。以电视剧为例，国内一线巨星的每集片酬，纪录已经一破再破。前些时候最高者闻听为每集 30 万元，不久又传为 50 万元、60 万元、70 万元，新近据称抵达 90 万元。提升速度之快，超过任何一个暴利行业；涨幅巨大也超过任何一种文化产品。

天价“出场费”，发端于歌星，并随着诸文艺产品在市场的崛起，泛滥至电视文艺晚会、电影、电视剧、书画、收藏鉴定、图书出版、热销文学、流行音乐、网络文艺等等，造就了一批文化富人，也使文化市场一片混乱。人们在探寻规范之道时，往往要问：是什么原因推动了价格走高？

原因很多，问题复杂。其中有这样一种解释：近日，某当红影视明星解释说，之所以不断提高身价，是因为接到很多烂片的片约，碍于种种关系不好推辞，于是报出天价，以图吓退投资方，未曾想别人照价付钱，于是只好如此这般。无独有偶，某报披露，美术评论家日前行情大涨，一篇画评润笔费超过 30 万元，有评家自嘲，是故意“狮子大张口”，意欲以天价吓退那些有求者，未果。

这种“吓退”说，乍一听，很雷人；细一想，很忧人。因为所谓天价“出场费”，并没有吓退烂片劣作的市场逐利，而真正受害者、被吓退的是艺术本身。

首先，被吓退的是创作者的艺术良知。一部作品无论多么低劣，只要出的钱多就为其表演、为之评论，艺术家的操守、艺术创作的基本原则和标准一概弃之不顾，到末了，这样的艺术家身上还有多少艺术呢？很显然，这是一种艺术的慢性自杀行为，当事者不可不察。

其次，被吓坏了的是我们良好的创作生态。艺术界目前越来越盛行互相攀比之风，你要多少，我也不弱，于是价格疯涨。一方面使一种非理性的要价恶性蔓延，打破艺术投资格局和合理结构，使集体创作变成畸轻畸重；另一方面使病态的创作理念成为常态，致普遍性丧失艺术良知。此风一长，艺术亡矣。

再次，被吓倒了的是受众的艺术欣赏热情。明星和名家之所以有名，是他们的艺术创作有影响、有权威、有魅力。这种知名度不仅来自业内人的首肯,更多的来自于受众的喜好、追捧和认同。要维持这样一种艺术影响的广度和高度,除了在艺无止境的道路上精益求精外,别无他途。企图把滥片演成佳作,把劣作评为精品,这是昧着艺术的良心掩耳盗铃、舍本求末。这不仅是艺德败坏的征兆,更是对受众作为衣食父母的大不敬。有句俗话说"群众的眼睛是雪亮的",千万不可自以为是,明明是瞒天过海却还以为受众是好糊弄的愚民。水可载舟,水亦可覆舟。口碑可以成就艺术家,口水也可以唾弃从艺者。这个道理很浅显,但也很容易被忘记。

诚然,以天价吓人的毕竟是极少之人,更多情况下,我们看到很多很多的艺术家不惜息影息戏,只为了等待一个合意合适的本子;也有明星名家不为五斗米折腰,劣作面前,勇于对天价说不。他们不但维护了自己的声名,也使大量水货夭折,为文艺生态的净化作了无声的贡献。这才是真正艺术家的气节。

——《天价"出场费"吓退了谁?》,《中国艺术报》2012 年 4 月 9 日(获第二十三届中国新闻奖三等奖)

播读提示:

注意把握稿件逻辑关系,梳理其内在结构脉络;划分段落层次,使播读思路更为明晰开拓;联系相关背景,如社会背景、文化背景、行业背景等;播读语气应与稿件基调协调一致,形成内在情感色彩与外在语言表达相融相合的生动境界;打破标点符号限制,使停连运用更加贴合评论观点和主旨。

【练习 8】

近日,民资进入电信业成为该行业被热议的话题。相关专家和业内人士已经就民资进入电信业具体的开放方式、路径、资本市场配套和监管等一系列问题进行了研讨。有关部门负责人也指出,民资进入增值电信服务等领域将是大势所趋。

自中国提出以公有制为主体,多种所有制经济共同发展开始,民间资本就充分显示了其实力。由于灵活的资本运作模式,民资成为社会主义市场经济中不容忽视的一股力量。2010 年发布的"新 36 条"也明确表示要鼓励民间资本参与电信建设,促进公平竞争,推动资源共享。从目前电信市场看,民资只在电信增值业务领域有所涉猎,想要真正进入网络设施和基础电信业务等核心领域,却受到众多门槛限制。但即便如此,一些早期进入电信业的企业还是通过创新理念在市场中找准了用户的需求,并借用三大运营商的既有渠道为用户提供增值业务等信息服务。

针对新资本的进入,传统电信业运营商总会觉得不安。但事实上,将民营资本引入电信市场是这一市场的完善和进步,表明了一个市场的开放意愿。从未来大的市场前景看,民资进入这一市场对于促进市场竞争、优化现有市场格局也是有利的。既然传统的三大运营商掌握着电信市场的基础设施和业务,那么民资利用自身运作灵活的优势去市场中寻找精和专的盈利点也未尝不可。与其在恶性竞争中两败俱伤,不如在市场中发挥各自优势做好自己的一块业务。几年前的电信业三大运营商重组就是一个很好的例子。如今移动做自己的移动业务，联通发展自己的3G网络，电信开发自己的宽带领域。虽然偶尔也有竞争，但各自把自己的一块蛋糕做好，让用户按需选择才是一个成熟的市场应该展现的。

有人说民资的进入是“狼”来了，也有人说传统的三大运营商本身也不是什么“羊”，谁吃谁还说不准。其实即便都是“狼”又如何？狼作为人类繁盛之前世界上散布最广的野生动物之一，是一种兼具竞争性、合作性、服从性、忠诚性的智慧动物。在某一规则下它们勇于竞争，但在既已确定的组织和规则下，只遵循团体协作、服从的原则，同时表现出对狼王最高限度的忠诚。电信业市场想要健康发展离不开竞争，同时也需要业内参与者的合作，但它们最终是要服从于用户需求的。传统运营商通过技术水平的提升做好基础设施建设，民资通过对市场的解读做好细节的服务，合理发挥各自优势才是最有利于这一行业健康发展的。与其让群狼彼此厮杀内耗，不如整合成狼群后各司其职去对抗更强大的对手，因为一个狼群的力量连猛虎也不敢忽视。

——《把“群狼”整合成“狼群”》，《中国技术市场报》2012年11月23日

（获第二十三届中国新闻奖三等奖）

播读提示：

播读中应做到层次清晰、观点鲜明，将形象生动的比喻转化为具体可感的有声语言，使稿件观点更为清楚明了，强化“以用户为本”这一观点的重要意义和社会影响；话语表达充满美好憧憬，体现出我们有信心有决心使行业未来发展更为科学、健康和持久。

【练习9】

德国队圆满了，可阿根廷队却留下了与24年前相同的遗憾。话说回来，在决赛前的两场淘汰赛，阿根廷队都打满了120分钟，和荷兰队的半决赛，他们甚至是通过点球决战才分出了胜负，相比于1/4决赛和半决赛都在常规时间内解决的德国队来说，体能成为阿根廷队的一大劣势，全场坚持了113分钟，体能问题成为了压倒潘帕斯雄鹰的最后一根稻草。

比赛的上半场，阿根廷队虽然控球不占优势，但是通过防守反击，一度在场上连续制造破门危险。上半场，德国队之所以连续制造黄牌就是源自于此。拉维奇今天在场上非常地活跃，而正是他的这种灵活的变向，快速的突破，这种灵巧的踢法让德国队的队员在防守他的时候显得非常困难。而拉维奇和萨瓦莱塔这两名被犯规的球员正好是阿根廷队上半场的活跃分子。两人加上伊瓜因在边路的三角配合打得有声有色，一度把德国队的防线撕开空当。可惜包抄的22号拉维奇和6号比利亚都没能赶上步点。阿根廷队上半场另一大危险来自梅西。他的速度和技术优势帮助球队在对手的

禁区中屡屡制造险情。本场比赛，梅西的跑动比平时积极很多，但经过整个赛季俱乐部的三线作战，加上世界杯场场首发，连续打满120分钟加时赛，梅西的体能已经接近极限。上半场还没有结束，梅西就已经开始出现干呕和恶心吐水的不良反应。

下半场一开始，阿根廷抓住德国后卫身材高大、转身速度慢的特点，总从身后传球，梅西错过了单刀机会，此后他在场上再没能打出更有威胁的进攻。德国队的团队优势终于在加时赛中转化成胜势，两名替补球员格策和许尔勒在左边路完成配合。许尔勒一路突破，吸引对方三人防守，格策切入禁区空当，前后不过10秒钟，德国队终于冲垮了对手的防线，成为淘汰赛中第一支运动战攻破阿根廷大门的球队。连续三场比赛打满120分钟，阿根廷队最终没能迈过体能关。

——《体能问题压倒潘帕斯雄鹰阿根廷》，中央电视台《体育新闻》2014年7月14日

播读提示：

表达中语气跃动鲜明，情感态度分寸把握得当；语速较快，体现出足球比赛的紧张激烈和扣人心弦；节奏跳跃感强，密度较大，传达出决赛中两支球队不相上下、紧咬对方、严守防线的态势；充分调动小腹处于微紧张状态，使得气息运动能为播读提供更为持久的动力。

【练习10】

要说这苹果手机和咱们体育圈还真有点关系。有人说现在的苹果手机感觉有点像曼联，每一年都让人更加怀念从前。这个比喻很巧妙，再说曼联和苹果，不仅神似形更似。我暂时充当一把导购，英超的球迷朋友瞧过来。您可以根据自己喜欢的球队选择合适自己的机型。这排名前十的请买5S，排名前十二的请买6，曼联的球迷请购买6 Plus。您看iPhone 6 Plus这屏幕，正好显示到排名第十四的曼联。有网友说，范加尔主帅，苹果手机也就只能帮您到这儿了。曼联可得好好努力，要不就算每年为您加长1.5寸，也很难跟上您这成绩下滑的节奏，虽然是个老梗，但的确形象。

——《晨言网事：曼联与苹果不仅神似形更似》，中央电视台《体育晨报》2014年9月11日

播读提示：

播读状态轻松自然，表达大方得体，平和亲切带有几分诙谐幽默意味，可充分调动起受众热情；在形象对比中将主题思想呈现给受众；有效挖掘稿件内在多重信息，使语感更为具化，语意鲜明集中。

后　记

深夜伏案写下此文之时，意味着此阶段撰写工作接近尾声，心中油然而生振奋欣喜之情。作为一名工作在播音主持教学岗位的老师，总结教学心得，提升教学认知，本是分内之事，但又感当前我们对新闻播音的理论探析和实践寻索力度不够，意识不强，有待形成科学清晰的研究脉络，有待深化详细明确的播读要求。这本《新闻播音实务》尚且当作抛砖引玉之用，给丰富多样的播音主持理论与实践工作带来些许可鉴之处。

从2002年踏入天津师范大学学习播音主持艺术专业之日算起，至今已经有十三年的时间了。在读本科期间，母校给予我无限的知识营养，总记得课余之时，向关山老师、贾宁老师请教新闻播音的相关专业知识。关山老师曾言，新闻播音是播音主持艺术的基础之基础，贾宁老师对此也说过，新闻播音是决定播音工作能走多远的直接因素。这让我深感学习新闻播音的重要性。于是，从那时起，我就试图深入探寻这方天地的广博与深邃。中国传媒大学高蕴瑛老师是我难以忘怀的恩师。她对我的指点教诲，让我认识模糊的学习思路豁然开朗，使我对新闻播音的用声、重音等技巧把握有了很大提升。中央台于芳老师是我非常敬仰的老师，每当听到《新闻和报纸摘要》中传出她那铿锵有力、饱满坚定的话语时，我都久久沉浸于其中。她认为，新闻播音要有大国气势，要有民族气魄，新闻播音绝非简单的铺摆文字，它是中华民族的时代传达。这是多么令人振奋的话语。正是在这些名师大家的启迪教导中，我逐渐走上规范科学的播音学习之路，走上日渐宽广的播音实践之路。

“工欲善其事，必先利其器。”在播音主持的艺术探索中，我们注重吐字归音的饱满有力，注重用气发声的持久恒定，更重视本学科人文素养的深厚积淀。每一位从事新闻播音相关工作的人士可以在“人文精神为先，传情之声为重”的精神实质中下功夫磨练自我，探究意蕴。那种视新闻播音只是见字出声，并无科学研究体系的错误认识至今还有一定存活空间，那种将新闻播音与政治觉悟、社会责任和民生观念相割裂的不良倾向仍左右着一些人的头脑。基于此，我们更应以传媒人的责任，在黄钟大吕的民族之声中，在响彻寰宇的祖国之声中，积极构建出新闻播音的理论研究框架与实践探索模式，在不断发展变化的时代洪流中，努力开辟出新闻播音的新天地。

每每思考于此，心潮总难以平静。为钟爱的播音主持事业添砖加瓦是吾辈之担当，吾辈之幸事！本教材撰写完成之时，首先要感谢母校各位恩师的谆谆教导，感谢黄冈师范学院教务处领导及工作人员的大力帮助，感谢新闻与传播学院各位领导老师的关心支持，感谢中国传媒大学出版社李唯梁编辑为此付出的大量时间精力，更感谢同我一路走来的家人对我工作生活给予的莫大支持与默默付出。

本书在撰写中不免有疏漏之处，敬请广大读者指正。

李 强

于湖北长江之滨

二零一五年仲秋

图书在版编目(CIP)数据

新闻播音实务 / 李强著. -- 北京 :中国传媒大学出版社, 2015.9(2023.6 重印)
ISBN 978-7-5657-1325-5

Ⅰ. ①新… Ⅱ. ①李… Ⅲ. ①新闻—播音 Ⅳ. ①G222.2

中国版本图书馆 CIP 数据核字(2015)第 071423 号

新闻播音实务
XINWEN BOYIN SHIWU

著　　者　李　强
策划编辑　李唯梁
责任编辑　黄松毅
封面设计　拓美设计
责任印制　李志鹏

出版发行　中国传媒大学出版社
社　　址　北京市朝阳区定福庄东街 1 号　　邮　　编　100024
电　　话　86-10-65450528　65450532　　传　　真　65779405
网　　址　http://cucp.cuc.edu.cn
经　　销　全国新华书店

印　　刷　唐山玺诚印务有限公司
开　　本　787mm×1092mm　1/16
印　　张　16
字　　数　313 千字
版　　次　2015 年 9 月第 1 版
印　　次　2023 年 6 月第 4 次印刷

书　　号　ISBN 978-7-5657-1325-5/G · 1325　　定　　价　39.00 元

本社法律顾问: 北京嘉润律师事务所　郭建平